Inhalt

Vorwort

Die erste Manuskriptfassung für diesen Band über „Massenmedien in der Bundesrepublik Deutschland" stammt aus dem Jahr 1966. Damals gab es noch keine Proteste der Außerparlamentarischen Opposition gegen die Konzentration in der Presse; das Stichwort „Redaktionelle Mitbestimmung" war unbekannt, von „Kassetten-Fernsehen" und „Medienpolitik" noch keine Rede. Seitdem ist das öffentliche Interesse an Presse-, Hörfunk- und Fernseh-Fragen erheblich gewachsen.

In der vorliegenden überarbeiteten Fassung sind deshalb auch Themen behandelt worden, die vor sieben Jahren zu kurz kamen, nicht aktuell oder nicht ins Bewußtsein gehoben waren – Themen wie die „Anzeigenabhängigkeit der Presse", die „Entwicklung neuer technischer Medien" oder die „Kommunikationspolitischen Konzepte der Parteien". Im Mittelpunkt der Darstellung steht dabei nach wie vor die Frage, ob Presse, Hörfunk und Fernsehen den Aufgaben gerecht werden, die sie im politischen System der Bundesrepublik erfüllen sollen. Die Frage scheint nicht zuletzt deshalb so berechtigt zu sein, weil im Durchschnitt werktäglich jeder Bundesbürger eine Stunde und 53 Minuten fernsieht, eine Stunde und dreizehn Minuten Radio hört und 35 Minuten auf die Lektüre einer Tageszeitung verwendet.

1. Einführung:
Die politischen Funktionen
der Massenmedien in der Demokratie

Demokratie ist nach einem Wort von Ralf Dahrendorf „Regierung durch Konflikt". Demokratie ist unter anderem dadurch gekennzeichnet, daß sie die in jeder Gesellschaft auftretenden Konflikte akzeptiert und versucht, sie rational zu regeln.

Die Massenmedien* bieten die Chance, möglichst viele Staatsbürger mit den politischen und sozialen Auseinandersetzungen ihrer Gesellschaft zu konfrontieren. Sie stellen für zahlreiche Fragen eine Öffentlichkeit her, in deren Licht die streitenden Gegner sich bewähren müssen (z. B. die Sozialpartner, Regierung und Opposition). Presse, Hörfunk, Fernsehen und Film können Gegenstände des Konflikts durch Information erst bewußt machen (z. B. durch Berichte über einen Korruptionsfall), für die Parteien ein Forum sein oder auch selbst Stellung beziehen.

Ohne Massenmedien bestände die Gefahr, daß unbekannt, undiskutiert und ungeregelt bliebe, was als Streit der Interessen und Meinungen in der Demokratie ausgetragen werden muß. Der Konflikt würde erstickt.

Parlamentarisch-demokratisches Regierungssystem
Die Bundesrepublik hat ein parlamentarisch-demokratisches Regierungssystem. Parlament und Regierung sollen die Entscheidungszentren sein, wo die verschiedenen rivalisierenden Interessen und Vorstellungen aufeinanderstoßen und der Versuch eines Ausgleichs stets von neuem gemacht werden muß, um das Gemeinwohl zu verwirklichen. Auf die Dauer kann dieses System nur funktionieren, wenn keiner seiner Machtfaktoren – Regierung, Parlament, Parteien, Interessengruppen und Massenmedien – einen anderen völlig verdrängt. Unabdingbare Voraussetzung ist, daß Presse, Hörfunk, Fernsehen und Film frei sind.

Drei politische Funktionen
Im allgemeinen werden den Massenmedien in der Demokratie drei sich zum Teil stark überschneidende politische Funktionen zugeordnet:
1. **Information,**
2. **Mitwirkung an der Meinungsbildung,**
3. **Kontrolle und Kritik.**

Information
Die Massenmedien sollen so vollständig, sachlich und verständlich wie möglich informieren, damit die Staatsbürger in der Lage sind,

---

* Im allgemeinen werden heute Presse, Hörfunk, Fernsehen und Film als Massenmedien (engl. mass media) bezeichnet.

mit kritischem Bewußtsein das öffentliche Geschehen zu verfolgen. Mit ihren Informationen sollen die Massenmedien dafür sorgen, daß der einzelne seine Interessenlage erkennt, die demokratische Verfassungsordnung begreift, ökonomische, soziale und politische Zusammenhänge versteht und über die Absichten und Handlungen aller am politischen Prozeß Beteiligten so informiert ist, daß er selbst aktiv daran teilnehmen kann.

Die zweite Funktion ist die **Mitwirkung an der Meinungsbildung.** Daß den Massenmedien dabei eine bedeutsame Rolle zufällt, ergibt sich aus der Überzeugung, in der Demokratie sei allen am meisten damit gedient, wenn Fragen von öffentlichem Interesse in freier und offener Diskussion erörtert werden. Es besteht dann die Hoffnung, daß im Kampf der Meinungen das Vernünftige die Chance hat, sich durchzusetzen. Die Massenmedien wirken dabei meinungsbildend, indem sie zum Beispiel von sich aus in Kommentaren politische Alternativen entwickeln, publizistische Kampagnen für oder gegen bestimmte politische Maßnahmen führen oder Interviews mit Politikern veröffentlichen. Die Funktion der Presse sei es, so hat auch das Bundesverfassungsgericht im „Spiegel"-Urteil betont, die in der Gesellschaft und ihren Gruppen unaufhörlich sich neu bildenden Meinungen und Forderungen kritisch zusammenzufassen, sie zur Erörterung zu stellen und an die politisch handelnden Staatsorgane heranzutragen, „die auf diese Weise ihre Entscheidungen auch in Einzelfragen der Tagespolitik ständig am Maßstab der im Volk tatsächlich vertretenen Auffassungen messen können."

Mitwirkung an der Meinungsbildung

Eben diese Maklerfunktion unterstreichen auch die Münchner Kommunikationswissenschaftler Peter Glotz und Wolfgang Langenbucher: „Zuerst und in ihrer eigentlichen Berufsrolle haben Journalisten und Verleger ehrliche Makler, Spezialisten zur Betreuung des geistigen Austausches in der Gesellschaft zu sein; eben Gesprächsanwälte und dann erst Vertreter des eigenen Standpunkts, zuerst Gesprächsleiter und Moderatoren und dann erst gleichberechtigte Mitsprecher im demokratischen Meinungsbildungsprozeß" (Der mißachtete Leser. Köln/Berlin 1969, S. 29).

Der Kritik- und Kontrollfunktion der Massenmedien muß eine besonders große Bedeutung beigemessen werden, wenn andere im parlamentarischen Regierungssystem vorgesehene Kontrollinstitutionen (wie zum Beispiel die Opposition) diese Aufgabe nicht erfüllen. Ohne scharfäugige Wächter wie die Massenmedien, die Mißstände aufspüren und durch ihre Berichte u. a. zur Einbringung von parlamentarischen Anfragen und zur Einsetzung von Untersuchungsausschüssen anregen, liefe die Demokratie Gefahr, der Korruption oder der bürokratischen Willkür zu erliegen. Wenn Beamte aus falsch verstandener Rücksicht auf ihre Vorgesetzten und Politiker aus Furcht vor der Reaktion der Wähler Mißstände mit dem Mantel der Nächstenliebe zudecken möchten, dann muß es Sache der Massenmedien sein, sich zu Wort zu melden. Wo zarte Töne überhört werden, scheint es manchmal geradezu geboten zu sein, daß eine sensationelle Aufmachung gewählt wird. Nicht jene, die Mißstände aufdecken, schaden —

Kritik und Kontrolle

7

wie so oft behauptet – dem Ansehen der Bundesrepublik (in diesem Zusammenhang heißt es dann häufig: „Das eigene Nest ist beschmutzt worden!"), sondern allein diejenigen, die für solche Mißstände die Verantwortung tragen.

Wo die Grenzen der Kritik liegen sollten, ist allerdings umstritten.

Grenzen der Kritik Der Soziologe Günter Hartfiel meint: „Dort, wo Kritik reduziert wird auf das Offenlegen von systemimmanenten Ungereimtheiten, unzulänglichen Problemlösungen, Reibungsverlusten, funktionalen Diskrepanzen u. a., da dient Kritik letztlich nur zur Konsolidierung etablierter Herrschaftsverhältnisse" (Die autoritäre Gesellschaft. Köln und Opladen 1970, S. 11).

Da kritische Aussagen von Massenmedien den einen schon als systemzerstörend und den anderen noch als systemstabilisierend erscheinen, helfen letztlich alle gut gemeinten Versuche, den Begriff „Kritik" näher zu bestimmen, nicht über die Tatsache hinweg, daß die Frage nach den Grenzen der Kritik eine Frage des politischen Standorts ist. Der Verfasser bekennt sich zu der Auffassung, daß die Massenmedien bei Beachtung der verfassungsmäßigen Normen in ihrer Kritik nicht davor zurückschrecken sollten, Strukturdefekte des politischen und gesellschaftlichen Systems der Bundesrepublik zur Diskussion zu stellen. Ob sie das überhaupt noch können, ist eine Frage, die später zu erörtern sein wird.

Bedingungen für Funktionsfähigkeit Damit ist bereits angedeutet, daß die Massenmedien ihren Funktionen in der Demokratie nur unter bestimmten Bedingungen gerecht werden können. Zwei der wichtigsten **rechtlichen Voraussetzungen** sind die durch Verfassung garantierte

☐ freie Meinungsäußerung

☐ und die freie Wahl der Informationsquellen.

Die Funktionsfähigkeit der Massenmedien hängt ferner von zwei **politischen Bedingungen** ab:

☐ Sie müssen so organisiert und strukturiert sein, daß eine Vielfalt der Berichterstattung und Kommentierung möglich ist („Vielfalt").

☐ Die von ihnen artikulierte Vielfalt muß im Prozeß der Meinungs- und Willensbildung wirksam werden können („Wirksamkeit").

Ob Presse, Hörfunk, Fernsehen und Film in der Bundesrepublik pluralistisch strukturiert sind, soll bei der Darstellung der einzelnen Massenmedien untersucht werden. Dagegen soll die Frage der Wirksamkeit bereits an dieser Stelle grundsätzlich betrachtet werden.

Unabhängige Justiz Die Funktion der Massenmedien, Kritik zu üben, unterscheidet sich von der Kontrollfunktion des Parlaments dadurch, daß die Massenmedien über **keine eigenen direkten Sanktionsmittel** verfügen, mit denen sie die Beachtung ihrer Kritik erzwingen können. Sie wirken also im politischen Bereich nur mittelbar durch andere Institutionen. Wenn Presse, Hörfunk, Fernsehen oder Film beispielsweise Verstöße gegen Recht und Gesetz aufdecken, dann kann diese Kritik nur wirksam werden, wenn die Vorwürfe und Anschuldigungen gerichtlich geprüft werden. Eine wichtige Voraussetzung für die Funktionsfähigkeit der Massenmedien in der Demokratie ist deshalb die **Unabhängigkeit der Gerichte**. Eine parteiliche Rechtsprechung würde nämlich zum Beispiel die Kritik der Presse an Zuständen, die ein schlechtes Licht auf die Regierung werfen, gar nicht erst aufgreifen.

Die Wirksamkeit der Massenmedien hängt ferner von der Funktionsfähigkeit des Parlaments ab. Durchschlagender Erfolg ist der Kritik nur beschieden, wenn das Parlament sie zum Anlaß für politische Aktionen nimmt, indem es zum Beispiel die Regierung in Großen und Kleinen Anfragen zur Rede stellt, zur Revision politischer Entscheidungen zwingt, den Sturz der Regierung herbeiführt oder die Initiative zur Einsetzung eines Untersuchungsausschusses oder zur Einbringung neuer Gesetzesvorlagen ergreift.

Funktionsfähigkeit des Parlaments

Dieses Wechselspiel zwischen öffentlicher Kritik und anschließender Debatte im Parlament war in der „Spiegel"-Affäre zu beobachten. Damals griff das Parlament die von den Massenmedien vorgenommene Kritik an „Begleiterscheinungen" bei der Beschlagnahmeaktion gegen das Nachrichtenmagazin auf und forderte von der Regierung Rechenschaft.

Beeinflussung der Wähler

Neben den Gerichten und dem Parlament können schließlich auch die Wähler der Kritik der Massenmedien Wirksamkeit verschaffen. Bei Wahlen können die Aussagen der Presse, des Hörfunks, des Fernsehens und des Films unter Umständen die politische Meinungs- und Willensbildung der Staatsbürger beeinflussen.

Linke Kritiker bezweifeln seit Ende der sechziger Jahre in zunehmendem Maße, daß die privatwirtschaftlich organisierte Presse die ihr in der Demokratie zugeschriebenen politischen Funktionen überhaupt erfüllen kann. So betont beispielsweise Christel Hopf: *„Sowohl die Profitinteressen der Eigentümer als auch ihre System- und Klassenverbundenheit tragen dazu bei, daß die soziale Realität dem einzelnen Bürger nur bruchstückhaft und in ideologischen Verzerrungen zugänglich wird und daß an die Stelle der ,Vielfalt' möglicher Standpunkte und Sichtweisen die system- und interessengebundene „Einfalt' der Eigentümer tritt."* (Zu Struktur und Zielen privatwirtschaftlich organisierter Zeitungsverlage, in: Brokmeier, Peter (Hrsg.): Kapitalismus und Pressefreiheit, S. 29).

Kritik an der privatwirtschaftlichen Struktur der Presse

Die Erfüllung politischer Funktionen stehe, so wird weiter argumentiert, in der privatwirtschaftlichen anzeigenabhängigen Presse gegenüber **Rentabilitätsgesichtspunkten** zurück. Die Presse passe sich in ihrem Inhalt den Wünschen der Inserenten und des Marktes an, verschleiere Herrschaftsverhältnisse, weil sie sich selbst nicht in Frage stellen lassen wolle, und identifiziere sich mit der bestehenden Wirtschaftsordnung, von der sie selbst profitiere. Deshalb tabuisiere sie bestimmte Bereiche (Produktions-, Eigentums- und Herrschaftsverhältnisse). Statt gesellschaftlich relevanter Informationen werde vorrangig jener Stoff präsentiert, der sich in der Regel besser verkaufe als Politik: **Unterhaltung**.

Auch der eher konservative als liberale Hamburger Staatsrechtler Herbert Krüger erklärt: „Ein auf Gewinnerzielung gerichteter Wettbewerb ist notwendigerweise nicht imstande, denjenigen Leistungsstand der Medien zu bewirken, den Gesellschaft und Staat vor allem unter dem Gesichtspunkt ‚Öffentliche Meinung' ebenso fordern wie voraussetzen" (Die öffentlichen Massenmedien als notwendige Ergänzung der privaten Massenmedien. Frankfurt 1965, S. 61).

Demgegenüber argumentieren die Anhänger des Wettbewerbsmodells: Die privatwirtschaftlich organisierte Presse werde durch den **Wettbewerb** mit der Konkurrenz gezwungen, die tatsächlichen Informationsbedürfnisse der Leser zu befriedigen. Der Verleger müsse sich an den **Erwartungen der Leser** orientieren. Sie allein bestimmten deshalb den Inhalt der bundesdeutschen Presse.

Tägliche Abstimmung am Kiosk

Einmal abgesehen von der Tatsache, daß der Wettbewerb lokal und regional häufig gar nicht mehr stattfindet, weil nur noch ein Bewerber auf dem Markt zurückgeblieben ist (siehe 4.2.1), geht die These von der täglichen Abstimmung am Kiosk von einer falschen Voraussetzung aus: Eine demokratische Legitimation bekäme das Plebiszit der Leser erst, wenn den Kaufentscheidungen eine Diskussion vorausginge, in der kein Verleger im Hinblick auf die Unterrichtungsmöglichkeiten der Leser Startvorteile hätte. Das ist jedoch bekanntlich eine Utopie. Ausgehend von der Kritik linker wie rechter Autoren an der privatwirtschaftlichen Struktur der Presse wird in späteren Abschnitten zu erörtern sein, ob der tatsächliche Inhalt der Zeitungen und Zeitschriften in der Bundesrepublik so miserabel ist, wie Kritiker behaupten.

Literatur:
Brokmeier, Peter (Hrsg.): Kapitalismus und Pressefreiheit. Am Beispiel Springer. Europäische Verlagsanstalt Frankfurt a. M. 1969, 196 S.
Habermas, Jürgen: Strukturwandel der Öffentlichkeit. (Politica Bd. 4) Luchterhand Verlag Neuwied/Berlin, 2. Auflage 1965, 310 S.
Holzer, Horst: Massenkommunikation und Demokratie in der Bundesrepublik Deutschland. (Beiträge zur Sozialkunde Bd. 7). Leske Verlag Opladen 1969, 96 S.
Maletzke, Gerhard (Hrsg.): Einführung in die Massenkommunikationsforschung. Verlag Volker Spiess Berlin 1972, 187 S.
Müller-Dohm, Stefan: Medienindustrie und Demokratie. Verfassungspolitische Interpretation. Sozio-ökonomische Analyse. Athenäum Verlag Frankfurt a. M. 1972, 300 S.
Wildenmann, Rudolf, und Kaltefleiter, Werner: Funktionen der Massenmedien. Athenäum Verlag Frankfurt a. M./Bonn 1965 (Demokratische Existenz heute. Schriften des Forschungsinstituts für politische Wissenschaft der Universität zu Köln H. 12.), 84 S.
Zoll, Ralf (Hrsg.): Manipulation der Meinungsbildung. Zum Problem hergestellter Öffentlichkeit. (Kritik Bd. 4), Westdeutscher Verlag Opladen, 2. Auflage 1972, 372 S.

2. Die historische Entwicklung der Pressefreiheit

Meinungs-, Informations- und Pressefreiheit wurden ähnlich wie zahlreiche andere klassische Freiheitsrechte im ausgehenden 18. Jahrhundert erkämpft (z. B. USA und Frankreich), im Obrigkeitsstaat des 19. Jahrhunderts zeitweilig geduldet (z. B. Preußen), im totalitären Staat des 20. Jahrhunderts beseitigt (z. B. NS-Deutschland und UdSSR) und in den demokratisch regierten Staaten der Gegenwart verfassungsrechtlich gesichert.

Pressefreiheit und politische Freiheit

Die Pressefreiheit kann als Thermometer betrachtet werden, an dem man ablesen kann, wie es um die politische Freiheit in einem Land überhaupt bestellt ist. Der Kampf für die Pressefreiheit war lange Zeit identisch mit dem Kampf um die Befreiung von der Zensur. Schon kurze Zeit nach der Erfindung der Buchdruckerkunst durch Johann Gutenberg (um 1450) ergingen von kirchlicher und staatlicher Seite Anordnungen, die den Druck und die Verbreitung von Schriften ohne vorherige Genehmigung (= Vorzensur) untersagten.

Der Staat entdeckt Nutzen der Presse

Friedrich der Große erkannte als einer der ersten die politische Bedeutung der Presse. Ebenso wie nach ihm Napoleon bereitete er seine kriegerischen Unternehmungen durch erfundene oder geschickt formulierte Pressemeldungen publizistisch vor. Der preußische Militär- und Beamtenstaat war nicht gewillt, sich der Kritik einer freien Presse zu stellen und hielt bis 1848 an der Zensur fest.

Pressefreiheit – „Bollwerk der Freiheit"

Nachdem in England bereits 1644 John Milton die Abschaffung der Zensur gefordert, der amerikanische Bundesstaat Virginia 1776 in seiner Verfassung die Pressefreiheit als „eines der großen Bollwerke der Freiheit" bezeichnet und die Pressefreiheit ebenfalls Eingang in die Verfassungen der Französischen Revolution (1791 und 1793) gefunden hatte, wurde die Presse in Deutschland erst durch die Revolution von 1848 vorübergehend frei. In den voraufgegangenen drei Jahrzehnten war das „politische Lied" in der deutschen Presse infolge strenger Zensurbestimmungen der Karlsbader Beschlüsse (1819) völlig verstummt.

Presse wird „Massenmedium"

Hand in Hand mit der schnellen Entwicklung der Technik (Erfindung der Rotationsmaschine 1865, Erfindung der Setzmaschine 1885) und der Entfaltung des kapitalistischen Systems vollzog sich bis zum Ende des 19. Jahrhunderts der Aufstieg der Presse zu einem „Massenmedium". Die Presse wurde auf Grund der wachsenden Auflagen und des sich erweiternden Publikums zu einer **wirtschaftlichen und politischen Macht.** Neben der Parteipresse entstand die sich unpolitisch gebende, aber gerade deshalb politisch wirkende Generalanzeigerpresse, in deren Bereich die ersten Konzerne (in Berlin: Scherl, Ullstein, Mosse) gebildet wurden.

Die beginnende **Kommerzialisierung der Presse** wurde schon damals von Ferdinand Lassalle gerügt. Er beklagte, einst sei die Presse „wirklich der Vorkämpfer für die geistigen Interessen in Politik, Kunst und Wissenschaft" gewesen, „der Bildner, Lehrer und geistige Erzieher des Publikums. Sie stritt für ihre Ideen und suchte zu diesen die große Menge emporzuheben. Allmählich aber begann die Gewohnheit der bezahlten Anzeigen, der sogenannten Annoncen oder Inserate, die lange gar keinen, dann einen sehr beschränkten Raum auf der letzten Seite gefunden hatten, eine tiefe Umwandlung in dem Wesen derselben hervorzubringen ... Von Stund' an wurde eine Zeitung eine äußerst lucrative Spekulation für einen kapitalbegabten oder auch für einen kapital-hungrigen Verleger. Aber um viele Anzeigen zu erhalten, handelte es sich zuvörderst darum, möglichst viele Abonnenten zu bekommen, denn die Anzeigen strömen natürlich in Fülle nur solchen Blättern zu, die sich eines großen Abonnentenkreises erfreuen. Von Stund' an handelte es sich also nicht mehr darum, für eine große Idee zu streiten und zu ihr langsam und allmählich das große Publikum hinaufzuheben, sondern umgekehrt, solchen Meinungen zu huldigen, welche, wie sie auch immer beschaffen sein mochten, der größten Anzahl von Zeitungskäufern (Abonnenten) genehm sind."

Der Bedeutung der Presse trug der Reichstag 1874 durch die Verabschiedung des Reichspressegesetzes Rechnung, das alle Zensur- und sonstigen Präventivmaßnahmen gegen die Presse untersagte. Der Reichsgesetzgeber konnte jedoch weiterhin mit einfacher Mehrheit die Pressefreiheit einschränken oder aufheben. Der Kulturkampf (1872 bis 1880) wurde zum Schulbeispiel für die praktische Beseitigung der Pressefreiheit im Wege systematischer Strafverfolgung.

Das führende Zentrumsblatt „Germania" hatte an einem Tag bis zu elf Strafverfahren durchzustehen und wurde insgesamt in 610 Fällen verurteilt.

Ähnlich erging es der sozialdemokratischen Presse von 1878 bis 1890. Das Reichspressegesetz war in weitem Umfang durch das Ausnahmerecht des Sozialistengesetzes außer Kraft gesetzt. Von 1914 bis 1918 unterlag die gesamte Presse einer strengen Zensur.

Nach diesen Erfahrungen mit der Handhabung des Reichspressegesetzes in einem Obrigkeitsstaat war es deshalb als ein Fortschritt zu werten, daß die Nationalversammlung in Weimar die Pressefreiheit in den Grundrechtskatalog aufnahm.

In Art. 118 der Verfassung hieß es: „Jeder Deutsche hat das Recht, innerhalb der Schranken der allgemeinen Gesetze seine Meinung durch Wort, Schrift, Druck, Bild oder in sonstiger Weise frei zu äußern. An diesem Rechte darf ihn kein Arbeits- oder Anstellungsverhältnis hindern, und niemand darf ihn benachteiligen, wenn er von diesem Rechte Gebrauch macht. Eine Zensur findet nicht statt ..."

Von nun an war zur Wiedereinführung der Zensur eine verfassungsändernde Zweidrittelmehrheit notwendig. Die Einschränkung der freien Meinungsäußerung konnte nur noch auf Grund eines allgemeinen Gesetzes erfolgen. Sondergesetze zum Nachteil der Presse wie das Sozialistengesetz von 1878 wurden unmöglich.

Von der Möglichkeit, durch allgemeine Gesetze die Pressefreiheit einzuschränken, machten die Regierungen in der Weimarer Republik allerdings häufig Gebrauch. Die Gesetze zum Schutz der Republik (1922 und 1930) sahen ein erweitertes Beschlagnahmerecht für politische Druckschriften und deren Verbot vor, falls diese zu Gewalttaten gegen die Mitglieder der Regierung aufforderten oder die republikanische Staatsform verächtlich machten. Die 1931 erlassenen Notverordnungen der Regierung Brüning gingen noch einen Schritt weiter: Alle Zeitungen wurden unter anderem verpflichtet, Veröffentlichungen amtlichen Charakters, an deren Bekanntmachung ein allgemeines Interesse bestand, auf Verlangen einer obersten Reichs- oder Landesbehörde unentgeltlich aufzunehmen.

Verhängnisvoller als die staatlichen Maßnahmen zur Einschränkung der Pressefreiheit war ihre innere Aushöhlung. Kurt Koszyk hat in seiner „Geschichte der deutschen Presse" kürzlich nachgewiesen, in welchem Maße industrielle Kreise durch Kapitalbeteiligungen bestimmte Zeitungen und Agenturen, darunter so renommierte wie die „Deutsche Allgemeine Zeitung" und „Wolff's Telegraphisches Bureau" (WTB), gefördert und gesteuert haben. Als besonders republikfeindlich erwies sich der Hugenberg-Konzern, der wesentliche Teile der deutschen Presse beherrschte. Die Frage, ob Hugenbergs „Meinungsfabrik" durch die Verbreitung „nationaler Parolen" starke Wählerschichten in eine Oppositionsstellung zum bestehenden Staat gebracht hat, kann nur aufgeworfen, aber nicht schlüssig beantwortet werden, da es beispielsweise keine Wählerbefragungen gibt, aus denen hervorgeht, ob die Lektüre der Hugenberg-Presse bei der Wahlentscheidung ein ausschlaggebender Faktor war. Zu vermuten ist jedoch, daß Hitlers Propaganda kaum auf einen so fruchtbaren Boden gefallen wäre, wenn er nicht durch einen Teil der Hugenberg-Presse so aufnahmebereit für „nationale Parolen" gemacht worden wäre. Auch der während der Weimarer Republik geschaffene Rundfunk ist nach dem Urteil von Hans Bausch, der heute Intendant des Süddeutschen Rundfunks ist, nicht zu einem „publizistischen Integrationsfaktor der ersten deutschen Republik geworden" (Der Rundfunk im politischen Kräftespiel der Weimarer Republik. 1923 – 1933. Tübingen 1956, S. 193). Ähnliches gilt für den deutschen Film vor 1933, über den der Filmhistoriker Siegfried Kracauer zusammenfassend urteilt: „*Vergleicht man die zwei Hauptgruppen von Filmen aus der Vor-Hitler-Zeit miteinander, so erkennt man, daß in dem Konflikt zwischen autoritätsfeindlichen und autoritären Strömungen diese die weitaus stärkeren waren.*" (Von Caligari bis Hitler, S. 179).

Während des nationalsozialistischen Regimes sorgte das im März 1933 neu errichtete Reichsministerium für Volksaufklärung und Propaganda für die zentrale Lenkung der Presse, des Rundfunks und des Films. In täglichen Pressekonferenzen wurden Weisungen wie diese erteilt:

Gleichschaltung der Journalisten

Die Gleichschaltung der Journalisten geschah durch das Reichsschriftleitergesetz, das Juden von weiterer journalistischer Tätigkeit ausschloß und alle Journalisten zu Vollstreckern des politischen Willens des Regimes machen sollte. Verlegern, die das Regime nicht voll und ganz unterstützten, wurde die weitere Betätigung untersagt, zahlreiche Verlage wurden vom NSDAP-Parteiverlag Franz Eher Nachf. aufgekauft. Aus technischen Gründen vollzog sich die Gleichschaltung beim Rundfunk schneller und kompromißloser als bei der Presse. Das prinzipiell Neue bestand in der totalen Politisierung des Rundfunkprogramms. Presse und Rundfunk hatten vorrangig die Aufgabe, die nationalsozialistischen Thesen zu propagieren.

Film im Dritten Reich

Beim Film verlief die Entwicklung ein wenig anders. Die Einrichtung der nationalsozialistischen Filmkontrolle und zahlreiche wirtschaftliche Maßnahmen der neuen Machthaber bedeuteten keinen sehr tiefen Einschnitt, weil das Entscheidende, nämlich die **autoritäre Tendenz,** bereits vor 1933 im deutschen Film vorherrschend war. Die Nationalsozialisten erkannten richtig, daß der Film am nachhaltigsten NS-Propaganda trieb, wenn er es hinter der Maske unpolitischer Unterhaltung oder im Gewand der nationalen Geschichte (z. B. Fridericus-Rex-Filme, „Ohm Krüger", „Jud Süß") tat.

Obwohl das Regime über das Informationsmonopol verfügte und zeitweilig in hohem Maße eine Abriegelung gegenüber der Außenwelt erreichte, funktionierten nicht alle Massenmedien immer im Sinne des Systems.

Widerstand

So schrieb zum Beispiel am 29. April 1934 Ehm Welk, der Chefredakteur der im Ullstein-Verlag erscheinenden „Grünen Post", wenige Tage nach einer Rede, in der Goebbels die von ihm selbst herbeigeführte Eintönigkeit der deutschen Presse kritisiert hatte: „Sie sind, Herr Reichsminister, ein Freund des Witzes und der Ironie. Wer so arbeitet, wird nicht leicht gleichförmig. Unsere Grenzen sind da aber enger gezogen. Früher, da konnten wir zum Beispiel diese geistige Übung gelegentlich auch an behördlichen Maßnahmen und behördlichen Personen erproben – Herr Reichsminister, bei aller Aufforderung von Ihnen: Ich weiß nicht recht –." Auf Grund dieses Beitrages wurde die „Grüne Post" für drei Monate verboten. Welk wurde fristlos entlassen und ins Konzentrationslager Oranienburg gebracht.

Über die Methoden der publizistischen Opposition hat der langjährige Herausgeber der „Deutschen Rundschau", Rudolf Pechel, eine prägnante Darstellung gegeben: *„Bei der nüchternen Untersuchung, welche Möglichkeiten eine Zeitschrift als Mittel des Widerstandes bot, war mir klar geworden, daß ein Kampf gegen den Nationalsozialismus in der Öffentlichkeit durch eine Zeitschrift nur auf zwei Wegen möglich war. Der erste forderte, daß man die deutsche Wirklichkeit ständig mit Zuständen konfrontierte, die eine von den Grundsätzen des Rechts und der Sittlichkeit beherrschte Welt zeigten ... Der zweite Weg folgte den Spuren Montesquieus ... Man übte Kritik an Gewaltherrschern und begangenem Unrecht aus allen Zeiten der Geschichte, um wiederum dem Leser die daraus zu ziehenden Schlüsse zu überlassen."* (Rudolf Pechel: Deutscher Widerstand. Erlenbach-Zürich 1947, S. 286 f.)

Die „Deutsche Rundschau"

Diese Technik der verdeckten Kritik, der Kritik zwischen den Zeilen, beherrschte unter anderen Rudolf Pechel. Er schrieb zum Beispiel im Juli-Heft 1933 der „Deutschen Rundschau" eine Rezension über den Roman „Falsche Edelsteine" der russischen Schriftstellerin A.J. Woinowa, die scharfe Kritik an den Verhältnissen in der Sowjetunion geübt hatte. Pechel schloß seinen Beitrag mit den Sätzen: „Trotz oder gerade wegen seines abstoßenden Stoffes sollte jeder nachdenkliche Leser dieses Buch in die Hand nehmen. Es eröffnet tiefe Erkenntnisse – und nicht nur über russische Verhältnisse."

Neben der „Deutschen Rundschau" und dem „Hochland" (katholisch), zwei Zeitschriften, sind unter den Tageszeitungen vor allem die „Frankfurter Zeitung" und das „Berliner Tageblatt" wegen ihres Widerstandes gegen den Nationalsozialismus bekannt geworden.

„Frankfurter Zeitung" und „Berliner Tageblatt"

Literatur:

Abel, Karl-Dietrich: Presselenkung im NS-Staat. Eine Studie zur Geschichte der Publizistik in der nationalsozialistischen Zeit. Colloquium Verlag Berlin 1968, VI + 172 S.

Albrecht, Gerd: Nationalsozialistische Filmpolitik. Eine soziologische Untersuchung über die Spielfilme des Dritten Reiches. Enke Verlag Stuttgart 1969, XI + 562 S.

Bausch, Hans: Der Rundfunk im politischen Kräftespiel der Weimarer Republik 1923–1933. (Tübinger Studien zur Geschichte und Politik 6) Mohr Verlag Tübingen 1956, 224 S.

Becker, Wolfgang: Film und Herrschaft. Organisationsprinzipien und Organisationsstrukturen der nationalsozialistischen Filmpropaganda. (Zur politischen Ökonomie des NS-Films, Bd. 1) Verlag Volker Spiess Berlin 1973, 297 S.

Boveri, Margret: Wir lügen alle. Eine Hauptstadtzeitung unter Hitler. Walter Verlag Olten und Freiburg im Breisgau 1965, 744 S.

Dovifat, Emil (Hrsg.): Handbuch der Publizistik, 3 Bde. Verlag de Gruyter Berlin 1968 – 1969, 333 + 583 + 655 S.

Hale, Oron J.: Presse in der Zwangsjacke. 1933 – 1945. Droste Verlag Düsseldorf 1965, 345 S.

Koszyk, Kurt: Deutsche Presse im 19. Jahrhundert. (Geschichte der deutschen Presse. Teil II. Abhandlungen und Materialien zur Publizistik. Bd. 6) Colloquium Verlag Berlin 1966, 376 S.

Koszyk, Kurt: Deutsche Presse 1914 – 1945. (Geschichte der deutschen Presse. Teil III. Abhandlungen und Materialien zur Publizistik Bd. 7) Colloquium Verlag Berlin 1972, 588 S.

Kracauer, Siegfried: Von Caligari bis Hitler. Ein Beitrag zur Geschichte des deutschen Films. (rde 63) Rowohlt Taschenbuch Verlag Hamburg 1958, 200 S.

Löffler, Martin: Presserecht. 2 Bde. Verlag C. H. Beck München, 2. Auflage 1968/ 1969, XXXI + 830 und IX + 632 S.

Mendelssohn, Peter de: Zeitungsstadt Berlin. Menschen und Mächte in der Geschichte der deutschen Presse. Ullstein Verlag Berlin 1959, 523 S.

Storek, Henning: Dirigierte Öffentlichkeit. Die Zeitung als Herrschaftsmittel in den Anfangsjahren der nationalsozialistischen Regierung. Westdeutscher Verlag Opladen 1972, 156 S.

Wulf, Joseph: Presse und Funk im Dritten Reich. Eine Dokumentation. Mohn Verlag Gütersloh 1964, auch: (rororo 815 – 817) Rowohlt Taschenbuch Verlag Reinbek 1966, 419 S.

3. Die rechtliche Stellung der Presse

3.1 Meinungs-, Informations- und Pressefreiheit

Rechtsquellen

Art. 5 des Bonner Grundgesetzes bildet die verfassungsrechtliche Grundlage der Meinungs-, Informations- und Pressefreiheit in der Bundesrepublik.

Art. 5 Abs. 1 Grundgesetz

Jeder hat das Recht, seine Meinung in Wort, Schrift und Bild frei zu äußern und zu verbreiten und sich aus allgemein zugänglichen Quellen ungehindert zu unterrichten. Die Pressefreiheit und die Freiheit der Berichterstattung durch Rundfunk und Film werden gewährleistet. Eine Zensur findet nicht statt.

Die rechtliche Stellung der Presse ist darüber hinaus im Reichspressegesetz von 1874 festgelegt, das in den letzten Jahren in allen Bundesländern durch Pressegesetze ersetzt worden ist. Zahlreiche Regelungen dieser Pressegesetze (wie zum Beispiel der gegebenenfalls einklagbare Rechtsanspruch auf Auskünfte durch die Behörden) gelten nicht nur für die Presse, sondern für alle Massenmedien.

Meinungsfreiheit

Die politische Bedeutung der Meinungsfreiheit hat das Bundesverfassungsgericht 1958 in einem Urteil mit den Worten umschrieben: *Das Grundrecht auf freie Meinungsäußerung ist als unmittelbarster Ausdruck der menschlichen Persönlichkeit in der Gesellschaft eines der vornehmsten Menschenrechte überhaupt. ... Für eine freiheitlich-demokratische Staatsordnung ist es schlechthin konstituierend, denn es ermöglicht erst die ständige geistige Auseinandersetzung, den Kampf der Meinungen, der ihr Lebenselement ist. Es ist in gewissem Sinn die Grundlage jeder Freiheit überhaupt ..."* (Lüth-Urteil. Entsch. d. BVerfG Bd. 7 Nr. 28. 1958. S. 208 – siehe Kapitel 3.4).

Informations-freiheit

Die Bestimmung des Art. 5 GG, wonach jeder das Recht hat, ,, . . . sich aus allgemein zugänglichen Quellen ungehindert zu unterrichten", betrifft die Informationsfreiheit. Während des nationalsozialistischen Regimes war dieses Recht zum Beispiel seit Kriegsbeginn durch das Verbot, ausländische Sender zu hören, beträchtlich eingeschränkt. Die Informationsfreiheit ist eine wichtige Voraussetzung für das Funktionieren der Demokratie: Nur wenn es dem Staatsbürger möglich ist, sich frei zu informieren, kann er sich eine begründete Meinung bilden, ist er in der Lage, im demokratischen Sinne verantwortlich zu handeln, beispielsweise am Wahltag. Daher sind Verbote des Bezuges ausländischer Zeitungen, Abhörverbote für Rundfunksender und -sendungen oder ein Staatsindex verbotener Schriften verfassungsrechtlich nicht zulässig.

Einschränkungen durch Strafgesetzbuch

In der Bundesrepublik wurde die Informationsfreiheit bis zum 31. Juli 1968 durch § 93 des Strafgesetzbuches eingeschränkt, der die Herstellung, Vervielfältigung, Verbreitung und Einfuhr von Publikationen untersagte, deren Inhalt verfassungswidrig war. Tages- und Wochenzeitungen aus der DDR — wissenschaftliche Zeitschriften fielen nicht unter diese Regelung — konnten nur bezogen werden, wenn eine Unbedenklichkeitserklärung der Staatsanwaltschaft vorlag. Bescheinigungen wurden nur an einen kleinen Kreis interessierter Behörden, Institute und Privatpersonen ausgegeben.

Zeitungsaustausch

Nach dem 1968 in Kraft getretenen 8. Strafrechtsänderungsgesetz ist die Einfuhr von Zeitungen und Zeitschriften aus der DDR gestattet. Diese Publikationen können sowohl im Postzeitungsdienst wie über Zeitungsvertriebsgesellschaften bezogen werden. Bislang haben sich die DDR-Behörden nicht an einer Verbreitung ihrer Zeitungen und Zeitschriften in der Bundesrepublik interessiert gezeigt.

Pressefreiheit mehr als Individualrecht

Im Gegensatz zur Meinungs- und Informationsfreiheit ist die Pressefreiheit heute in der Bundesrepublik mehr als ein Individualrecht (Recht des einzelnen Bürgers gegenüber dem Staat). In der Weimarer Republik wurde die Pressefreiheit noch ausdrücklich als ein Individualrecht betrachtet, das nur für die im Presseberuf Tätigen galt. Art. 5 GG schützt aber nach Ansicht des Bundesverfassungsgerichts über dieses Individualrecht hinaus die Presse in ihrer Gesamtheit als eine im demokratischen Staat unentbehrliche Einrichtung (Institutsgarantie). Daß im Staat Pressefreiheit herrscht, liegt nicht nur im Interesse der Presse, sondern aller Staatsbürger. Eine staatliche Reglementierung der Presse durch Zulassungsverfahren, die Kontingentierung von Papier nach politischen Gesichtspunkten, die staatliche Unterbindung von Nachrichtenquellen und ähnliches mehr sind verfassungswidrig.

Keine Garantie wirtschaftlicher Interessen

Die Pressefreiheit ist jedoch nicht nur gegenüber staatlichen Eingriffen geschützt. Im sogenannten „Blinkfüer"-Urteil betonte das Bundesverfassungsgericht: *„Meinungs- und Pressefreiheit wollen die freie geistige Betätigung und den Prozeß der Meinungsbildung in der freiheitlichen Demokratie schützen; sie dienen nicht der Garantie wirtschaftlicher Interessen. Zum Schutz des Instituts der freien Presse muß aber die Unabhängigkeit von Presseorganen gegenüber Eingriffen wirtschaftlicher Machtgruppen mit unangemessenen Mitteln auf Gestaltung und Verbreitung von Presseerzeugnissen gesichert werden ... Die Ausübung wirtschaftlichen Drucks, der für den Betroffenen schwere Nachteile bewirkt und das Ziel verfolgt, die verfassungsrechtlich gewährleistete Verbreitung von Meinungen und Nachrichten zu verhindern, verletzt die Gleichheit der Chancen beim Prozeß der Meinungsbildung."*

Zensurverbot

Das Grundgesetz verbietet ferner ausdrücklich jede Zensur, die Kontrolle des Inhalts eines Presseorgans **vor** seinem Erscheinen. Ein Gesetz, das eine derartige Präventivzensur zulassen würde, stände im Widerspruch zur Verfassung. Zulässig ist jedoch, daß ein Presseorgan, das gegen straf- oder grundgesetzliche Bestimmungen verstoßen hat, **nach** dem Erscheinen beschlagnahmt wird.

Nach dem Berliner Pressegesetz zum Beispiel kann diese Beschlagnahme nur durch einen Richter angeordnet werden.

3.2 Auskunftspflicht der Behörden und Zeugnisverweigerungsrecht

Die Presse und die anderen Massenmedien sind auf Informationen angewiesen, wenn sie die ihnen in der Demokratie zugeschriebenen politischen Funktionen erfüllen wollen. In der Bundesrepublik gibt es bei Bundes-, Länder- und Gemeinde-Behörden amtliche Pressestellen. Die von ihnen ausgegebenen Nachrichten sollen

Die amtlichen Pressestellen

- dem Staatsbürger das Regierungs- und Verwaltungsgeschehen durchsichtig machen,
- der Bevölkerung die Maßnahmen und Ansichten von Regierungen und Behörden nahebringen
- und, vor allem im kommunalen Bereich, durch „Mitwisserschaft" die Bereitschaft zur Teilnahme an den öffentlichen Angelegenheiten wecken.

In der Praxis dienen jedoch Pressestellen häufig weniger der Presse und der allseitigen Unterrichtung der Bevölkerung als vielmehr den Interessen von Regierungen und Behörden: Sie neigen dazu, genehme Nachrichten zu verbreiten und unangenehme zurückzuhalten. Die Bundesländer haben die Behörden gesetzlich zur Auskunftserteilung verpflichtet. § 4 Abs. 1 des Berliner Pressegesetzes lautet zum Beispiel: *„Die Behörden sind verpflichtet, den Vertretern der Presse, die sich als solche ausweisen, zur Erfüllung ihrer öffentlichen Aufgabe Auskünfte zu erteilen."* Die Presse kann Schadensersatzansprüche geltend machen, wenn Auskünfte verweigert oder unwahre Auskünfte gegeben werden.

Auskunftspflicht der Behörden

Nach § 4 des Berliner Pressegesetzes dürfen allerdings in bestimmten Fällen Auskünfte verweigert werden, und zwar „soweit
1. Vorschriften über die Geheimhaltung entgegenstehen oder
2. Maßnahmen ihrem Wesen nach dauernd oder zeitweise geheimgehalten werden müssen, weil ihre Bekanntgabe oder ihre vorzeitige Bekanntgabe die öffentlichen Interessen schädigen oder gefährden würde oder
3. hierdurch die sachgerechte Durchführung eines schwebenden Verfahrens vereitelt, erschwert, verzögert oder gefährdet werden könnte oder
4. ein schutzwürdiges privates Interesse verletzt würde."

Verweigerung von Auskünften

Mangelnde Auskunftsbereitschaft
Der nicht selten festgestellte Mangel der Auskunftsbereitschaft läßt sich damit begründen, daß besonders untergeordnete Beamte oft noch einem Autoritätsdenken verhaftet sind ... Der Beamte als Staatsdiener sieht häufig über sich den Staat und seine Repräsentanten, ohne darüber die Repräsentierten zu sehen. Der Anspruch der Presse auf Unterrichtung um der Anteilnahme der Bevölkerung an den Angelegenheiten des Gemeinwesens willen ist noch nicht in das Rechtsbewußtsein aller Behörden eingedrungen.
Gisela Sänger: Die Funktion amtlicher Pressestellen in der demokratischen Staatsordnung, dargestellt am Beispiel der Bundesrepublik Deutschland. Frankfurt am Main – Berlin 1966. S. 96/97.

Da es zunächst im Ermessen der Behörden liegt, ob sie die Auskunft aus einem der vier genannten Gründe verweigern, sind in der Praxis Auseinandersetzungen zwischen der Presse und den Behörden über Informationsrecht und -pflicht unvermeidlich. Häufig hegt die Presse den Verdacht, daß die Behörden immer dann sehr schnell Auskünfte verweigern, wenn ein Sachverhalt vertuscht werden soll, der auf die Arbeit dieser oder jener Dienststelle ein schlechtes Licht werfen könnte.

Besonders lebhaft waren die Kontroversen über die richtige Grenzziehung zwischen den Ansprüchen der Massenmedien und den Interessen staatlicher Dienststellen im August 1964 in West-Berlin. Mehrere Zeitungen griffen damals die Informationspolitik des Senats bei den Passierscheinverhandlungen scharf an und verlangten unter Berufung auf den Unterrichtungsanspruch der Presse genauere Informationen über den Stand der Verhandlungen. Der Senat lehnte das im Einvernehmen mit der Bundesregierung ab. Er argumentierte, durch vorzeitige Veröffentlichungen über noch nicht abgeschlossene Gespräche seien bereits in der Vergangenheit häufig die Verhandlungen mit Ostberlin erschwert worden.

Auf diesen Standpunkt stellte sich auch im Sommer 1970 die Bundesregierung, als die Tageszeitungen „Die Welt" und „Bild" das sogenannte „Bahr-Papier" publizierten – den Entwurf für den Gewaltverzichtvertrag zwischen Bonn und Moskau.

Die Presse besitzt im Zeugnisverweigerungsrecht ein weiteres gesetzliches Hilfsmittel zur Verwirklichung ihrer politischen Funktionen. § 53 der Strafprozeßordnung: *„Zur Verweigerung des Zeugnisses sind ferner berechtigt . . . Redakteure, Verleger, Herausgeber, Drucker und andere Personen, die bei der Herstellung oder Veröffentlichung einer periodischen Druckschrift mitgewirkt haben, über die Person des Verfassers, Einsenders oder Gewährsmannes einer Veröffentlichung strafbaren Inhalts, wenn ein Redakteur der Druckschrift wegen dieser Veröffentlichung bestraft ist oder seiner Bestrafung keine Hindernisse entgegenstehen . . ."*

Nach § 53 der Strafprozeßordnung kann der Journalist also in bestimmten Fällen vor Gericht die Aussage darüber verweigern, von wem er seine Informationen bezogen hat. Eine ausschließlich auf die amtlichen Informationsstellen angewiesene Presse könnte ihrer Informationsfunktion nur in sehr beschränktem Maße gerecht werden. Sie braucht die Mithilfe von Privatpersonen. Aus Scheu vor dem „Lärm der Straße" und dem „Ins-Gerede-Kommen", aus Furcht vor gesellschaftlichem und geschäftlichem Boykott und aus Angst vor einem Verlust der Stellung machen es viele Gewährsleute zur Vorbedingung ihrer Mitarbeit, daß die Presse ihre Anonymität wahrt.

Generell kann der Journalist ein solches Garantieversprechen allerdings kaum abgeben, da er nach der Strafprozeßordnung längst nicht immer vor Gericht die Informationsquellen verschweigen darf. Die Berufung auf das Zeugnisverweigerungsrecht ist nur dann möglich, wenn

– eine Veröffentlichung strafbaren Inhalts vorliegt

- und wenn wegen dieser Veröffentlichung der Redakteur bestraft ist oder seiner Bestrafung weder rechtliche noch tatsächliche Hindernisse entgegenstehen.

Diese Beschränkungen des Zeugnisverweigerungsrechts sind in letzter Zeit häufig kritisiert worden. Ergibt sich zum Beispiel in einem Prozeß, daß ein Journalist wahrheitsgetreu über Mißstände in der städtischen Verwaltung berichtet hat und daher eine Veröffentlichung strafbaren Inhalts nicht vorliegt, findet das Zeugnisverweigerungsrecht keine Anwendung. Bedenklich ist ferner, daß in allen Fällen, in denen der Grund der straf- oder disziplinarrechtlichen Untersuchung mit der Veröffentlichung selbst nicht im Zusammenhang steht, der Journalist zur Preisgabe der Anonymität gezwungen werden kann. **Kritik am geltenden Zeugnisverweigerungsrecht**

Die in den letzten Jahren verabschiedeten Landespressegesetze verzichten weitgehend auf Beschränkungen des Zeugnisverweigerungsrechts für Journalisten. Bis heute ist jedoch ungeklärt, ob die Länder überhaupt zur Regelung dieser Materie berechtigt waren oder ob sie ihre Gesetzgebungskompetenz überschritten haben. Darum ist auch unklar, welches Zeugnisverweigerungsrecht gegenwärtig in der Bundesrepublik gilt, das der Strafprozeßordnung oder das der Landespressegesetze.

Eine Klärung ist durch das Bundesverfassungsgericht zu erwarten, das auf Antrag der Landgerichte in Frankfurt und Hamburg prüfen muß, ob die Regelungen des hessischen und Hamburger Pressegesetzes zum Zeugnisverweigerungsrecht mit Bundesrecht vereinbar sind.

In der journalistischen Praxis ist es häufig schwieriger, Nachrichten abzuwehren als zu beschaffen. Parteien, Verbände, Regierungen, Behörden und Firmen sorgen ständig für Informationen. Dem Journalisten droht daher zuweilen die Gefahr, in das Schlepptau der „Öffentlichkeitsarbeit" partikularer Interessen zu geraten. Die Versuchung, zum Diener eines einzelnen zu werden, ist für den Journalisten besonders groß, sobald er zum Vertrauten eines hochstehenden Politikers geworden ist, der ihm Sonderinformationen verschafft. **Schutz vor zu vielen Informationen?**

3.3 Die öffentliche Aufgabe, die Sorgfalts- und Gegendarstellungspflicht der Presse

Die politischen Funktionen der Presse werden auch häufig allgemein mit dem Begriff „öffentliche Aufgabe" umschrieben.

---

§ 3 des Berliner Pressegesetzes
(1) Die Presse erfüllt eine öffentliche Aufgabe.
(2) Die Presse hat alle Nachrichten vor ihrer Verbreitung mit der nach den Umständen gebotenen Sorgfalt auf Inhalt, Wahrheit und Herkunft zu prüfen.
(3) Die Presse nimmt berechtigte Interessen im Sinne des § 193 StGB wahr, wenn sie in Angelegenheiten von öffentlichem Interesse Nachrichten beschafft und verbreitet, Stellung nimmt, Kritik übt oder in anderer Weise an der Meinungsbildung mitwirkt.

**Presse hat
öffentliche
Aufgaben**

Die Zuerkennung einer „öffentlichen Aufgabe" ist für die Presse in strafrechtlicher Hinsicht von großer Bedeutung.

In der Weimarer Republik ging ein Journalist bei ehrverletzenden Veröffentlichungen nur dann straffrei aus, wenn er zur veröffentlichten Angelegenheit eine nahe Beziehung im Sinne einer besonderen Interessenberührung hatte. Kritische Presseäußerungen über den Zustand der Eisenbahnen waren zum Beispiel nur dann von einem berechtigten Interesse gedeckt, wenn der Journalist auch tatsächlich die Eisenbahn benutzte. Ansonsten hatte die Presse nach damaliger Auffassung kein besonderes Recht zur Erörterung öffentlicher Angelegenheiten.

**„Wahrnehmung
berechtigter
Interessen"**

Bundesverfassungsgericht und Bundesgerichtshof haben hingegen in der Bundesrepublik der Presse generell die Wahrnehmung berechtigter Interessen der Allgemeinheit und damit die Berufungsmöglichkeit auf § 193 des Strafgesetzbuches eingeräumt, in dem es heißt: *„Tadelnde Urteile über wissenschaftliche, künstlerische oder gewerbliche Leistungen, ingleichen Äußerungen, welche zur Ausführung oder Verteidigung von Rechten oder zur Wahrnehmung berechtigter Interessen gemacht werden, ... sind nur insofern strafbar, als das Vorhandensein einer Beleidigung aus der Form der Äußerung oder aus den Umständen, unter welchen sie geschah, hervorgeht."*

**Kritik an
Erscheinungen des
wirtschaftlichen
Lebens**

Unter Berufung auf § 193 darf die Presse zum Beispiel auch zu Erscheinungen des wirtschaftlichen Lebens kritisch Stellung nehmen. In der Rechtsprechung ist mittlerweile allgemein anerkannt, daß die Veröffentlichung der Ergebnisse von **Warentests** zulässig ist. Dabei muß die Presse allerdings vier Grundsätze beachten:
- Die Veröffentlichung muß der Wahrnehmung des Informationsinteresses der Öffentlichkeit dienen;
- bei der Durchführung der Tests muß die absolute Neutralität des Testveranstalters gewährleistet sein;
- das Testergebnis muß inhaltlich richtig sein;
- und die Veröffentlichung darf den Rahmen sachlicher Kritik nicht überschreiten.

Ob diese Prinzipien eingehalten wurden, ist vor allem im Zusammenhang mit Berichten der Zeitschrift „DM" über den VW 1500 S diskutiert, aber nicht gerichtlich geklärt worden, da die beiden Kontrahenten einen Vergleich schlossen. Damals entstand in der Öffentlichkeit die Sorge, ob nicht ein Prozeß mit außergewöhnlich hohem Streitwert – wie in diesem Fall – eine Zeitung oder Zeitschrift ruinieren und damit die Pressefreiheit ernsthaft gefährden könne.

**„DM" kritisiert
Lebensmittel**

Das Oberlandesgericht Nürnberg hat 1964 zugunsten der Test-Zeitschrift „DM" entschieden, die in ihrem Bericht zwei von einem Metzgereigeschäft in N. hergestellte Leberwurstsorten als „nicht empfehlenswert" bezeichnet hatte.

Nach Ansicht des Gerichts lag in diesem Fall ein Informationsinteresse der Öffentlichkeit vor. „Einmal hat der Einzelverbraucher", so heißt es in dem Urteil wörtlich, „durchaus ein Interesse daran, zu erfahren, wie sich Qualität und Preis der in seinem Bezirk angebotenen Lebensmittel im Vergleich zu den in anderen Städten verkauften Lebensmitteln halten. Zum anderen interessiert zumindest die in N. beheimateten Leser der Testzeitschrift ein Warentest über die vom Kläger angebotenen Fleisch- und Wurstwaren auch deshalb, weil sie evtl. als Kunden des Klägers in Betracht kommen. Der Anwendung des Grundsatzes der Meinungs- und Pressefreiheit auf die Veröffentlichung von Warentests steht auch nicht entgegen, daß solche Berichte sich naturgemäß und in der Regel unvermeidbar auf die Wettbewerbslage auswirken. Denn jeder Gewerbetreibende stellt sich mit seinem Angebot der Kritik der Verbraucher und damit der Öffentlichkeit. Er muß daher grundsätzlich hinnehmen, daß seine Waren und Erzeugnisse von der Presse oder dem Rundfunk mit denen anderer Unternehmer verglichen und gegebenenfalls kritisiert werden."

Um die Wahrnehmung berechtigter Interessen im Sinne des § 193 geht es häufig auch, wenn Politiker oder Richter kritisiert werden. Politiker müssen eine kritische Würdigung ihrer Person und ihres Verhaltens in der Öffentlichkeit durch die Presse hinnehmen, selbst dann, wenn sie persönlich die Kritik als zu scharf empfinden. Im politischen Meinungsstreit ist es dem Journalisten zum Beispiel gestattet, bei der Durchleuchtung der Persönlichkeit eines Wahlkreiskandidaten mit kritischen Äußerungen erheblich weiter zu gehen, als wenn er sich mit einem Filmsternchen befaßt. Soweit das Privatleben des Politikers für die politische Stellung von Bedeutung ist, darf auch daran Kritik geübt werden. Der Bereich, der grundsätzlich dem Bekannten- und Freundeskreis nicht zugänglich ist, die Intimsphäre, ist auch beim Politiker in der Regel vor jeder Kritik geschützt.

Kritik an Politikern

Eine wichtige „öffentliche Aufgabe" kommt der Presse ferner bei der Gerichtsberichterstattung zu. Wenn der Grundsatz der Öffentlichkeit der Prozeßführung, der an sich nur den freien Zugang zur Hauptverhandlung gewährleistet, noch einen Sinn haben soll, dann ist es unerläßlich, daß die Presse für eine wirkliche Öffentlichkeit sorgt und den Interessierten ermöglicht, sich ein Bild von der Rechtspflege zu machen und eine gewisse Kontrolle auszuüben. Es gibt keinen Naturschutzpark für irrende Richter; grundsätzlich darf die Presse also Gerichtsurteile und Richter kritisieren.

Kritik an richterlichen Entscheidungen

So hat zum Beispiel das Landgericht Frankfurt 1961 in einem Prozeß zwischen einem Journalisten und einem Haftrichter den Leitsatz entwickelt: „Kritik an einer richterlichen Entscheidung durch einen Presseartikel ist auch dann gerechtfertigt, wenn der Richter (in dem Artikel) als ‚unfähig' bezeichnet wird, den Kampf um die moralischen Fundamente des Staates und die Wiederherstellung der Menschenrechte zu begreifen."

Der Presse wird häufig vorgeworfen, sie greife durch ihre Berichterstattung in „schwebende Verfahren" ein.

Eingriffe in „schwebende Verfahren"

Der Presserat (siehe 3.5) sah sich zum Beispiel im Zusammenhang mit der Berichterstattung über den Prozeß gegen Vera Brühne und Johann Ferbach gezwungen, seine 1958 beschlossenen Richtlinien in Erinnerung zu bringen, in denen es heißt: „Die Presse soll vor Beginn und während der Dauer eines Gerichtsverfahrens in Darstellung und Überschrift jede einseitige, tendenziöse oder präjudizierende Stellungnahme vermeiden und nichts veröffentlichen, was die Unbefangenheit der am Verfahren beteiligten Personen oder die freie Entscheidung des Gerichts zu beeinträchtigen geeignet ist." Im „Brühne-Prozeß" haben vor allem einige Illustrierte gegen den Grundsatz verstoßen: Jeder Beschuldigte hat ein Recht darauf, daß dem Urteil nicht vorgegriffen wird. Andererseits muß gerade an dieser Stelle erwähnt werden, daß es – aus welchen Motiven auch immer – Illustrierte waren, die sich in mehreren Fällen in die Bemühungen um die Wiederaufnahme von Verfahren erfolgreich eingeschaltet haben.

Namensnennung im Gerichtsbericht

Ein besonders schwieriges Problem betrifft die Namensnennung im Gerichtsbericht. Richter, Staatsanwalt und Anwalt müssen durchaus mit Namen genannt werden dürfen, wenn sie in der Öffentlichkeit in Erscheinung treten. Auch die Angeklagten, Zeugen und Sachverständigen haben, sofern sie in öffentlicher Hauptverhandlung als Person zu Wort kommen, nicht ohne weiteres Anspruch auf Anonymität.

Als ungeschriebene Regeln des fairen Journalismus, die leider häufig von einem bestimmten Zeitungstyp nicht beachtet werden, gelten:
- ☐ Niemals Privatsphäre preisgeben, soweit es für eine anständige Unterrichtung der Öffentlichkeit überflüssig ist.
- ☐ Niemandes Namen nennen, der beispielsweise als Jugendlicher oder als erstmals Straffälliger und nicht in Form eines Kapitalverbrechens gegen die Strafgesetze verstoßen hat und dem man die Rückkehr ins Leben keinesfalls durch Namensnennung verbauen sollte.
- ☐ Namen vor Erhebung der Anklage auch bei Kapitalverbrechen nur mit der Betonung aussprechen, daß lediglich ein Verdacht vorliegt.
- ☐ Der volle Name sollte genannt werden, wenn es sich um den Freispruch eines ursprünglich unter schwerem Verdacht Genannten handelt.

Presse als Zufallspranger

Besondere Bedeutung sollte auch der Überlegung zukommen, daß eine Nennung des vollen Namens insofern sehr häufig eine große Ungerechtigkeit darstellen würde, als die Presse ja in unzähligen ähnlichen Fällen mangels Interesses oder mangels Präsenz überhaupt nicht berichtet, sie also droht, zu einem gemeingefährlichen Zufallspranger zu werden.

Ernst Müller-Meiningen: Namensnennung im Gerichtsbericht, in: Süddeutsche Zeitung Nr. 118/19 vom 18./19. 5. 1966. S. 4.

Selbstkritik der Presse

Zu dem von mehreren Zeitungen geäußerten Mordverdacht gegen einen bekannten Berliner Kabarettisten schrieb die Berliner Zeitung „Der Abend" am 4. August 1966: „. . . das Urteil hat nicht die Öffentlichkeit, sondern allein die Justiz zu fällen . . . Den Publikationsorganen obliegt in diesem Zusammenhang eine besondere Verantwortung . . . Mit ihrer Berichterstattung können sie Emotionen aufputschen oder eindämmen. Tun sie das erstere, werden sie mitschuldig. Mitschuldig an der Verletzung der jedem Menschen zustehenden Persönlichkeitsrechte, mag ein Verdacht später auch zur Gewißheit werden. Der entstehende Schaden, erweist sich der Verdacht als unbegründet, ist kaum wiedergutzumachen."

Als sich die Unschuld eines der Spionage beschuldigten Berliner Polizeibeamten herausstellte, erklärte die Berliner Zeitung „Telegraf" am 12. August 1966: „Es ist so leicht, einen Menschen zu verurteilen, noch bevor der Richter das letzte Wort gesprochen hat. Als Journalist gerät man immer wieder in Konflikte, wenn man von der Verhaf-

tung eines Mitbürgers und dem Schuldvorwurf durch die Polizei hört.
Oft genug ist man versucht, zugunsten einer Schlagzeile Dinge vor-
auszusagen, die erst im Stadium der Ermittlungen sind oder einer
endgültigen Klärung durch das Gericht bedürfen . . .
Erstaunlich nur, daß die Boulevardpresse diesmal nicht in Schlag-
zeilen berichtete. Auch Presseinformationen von Seiten der Staats-
anwaltschaft wurden nicht gegeben. Es ist ja auf jeden Fall interes-
santer, einem Polizeimeister Spionageverdacht vorzuwerfen, als dem
Leser zu melden, daß sich einmal die Unschuld eines Menschen her-
ausgestellt hat, der ungerechterweise in die Mühlen unserer Justiz
geriet."

Von Ausnahmen abgesehen ist die sich aus der „öffentlichen Auf- **Kritik der Presse**
gabe" ergebende Kritik- und Kontrollfunktion von der Presse in der **an der Presse**
Bundesrepublik in erster Linie als Kritik an staatlichen Instanzen, an
Verbänden und einzelnen Bürgern verstanden worden. Da viele Journalisten dazu neigen, die Polemik mit dem Kollegen zu unterlassen,
findet die Kritik der Presse an der Presse nur selten statt. Wann
greift schon einmal „Die Welt" die „Frankfurter Allgemeine" an oder
umgekehrt, wann kritisiert eine Heimatzeitung eine andere, wann
schreibt die Tagespresse über Mißstände in der Tagespresse? Es
gibt allerdings Gegenbeispiele. Das Nachrichtenmagazin „Der Spiegel"
und die Wochenzeitung „Die Zeit", um nur zwei zu nennen, setzen
sich häufig kritisch mit den politischen Auffassungen anderer Presseorgane auseinander und nennen dabei auch offen den Namen der
Zeitung oder Zeitschrift, gegen die Stellung bezogen wird. „Der
Spiegel" zählt – ebenso wie die vom Deutschen Journalisten-Verband
herausgegebene Zeitschrift „Der Journalist" und „die feder" (Herausgeber: Industriegewerkschaft Druck und Papier) – zu den wenigen
Publikationsorganen, die sich oft mit Mißständen in der deutschen
Presse beschäftigen.

Hörfunk- und Fernsehsendungen werden zwar schon seit langem
regelmäßig von Zeitungen besprochen. Die Organisationsform und
die Finanzierung der Anstalten des öffentlichen Rechts werden hingegen erst seit Einführung des Werbefernsehens von einigen Zeitungen kritisiert.

Die Presse hat – wie es in mehreren Landespressegesetzen heißt – **Die**
die Pflicht, „. . . alle Nachrichten vor ihrer Verbreitung mit der nach **Sorgfaltspflicht**
den Umständen gebotenen Sorgfalt auf Wahrheit, Inhalt und Her-
kunft zu prüfen". Mißachtet die Presse diese Pflicht, so entfällt der
Schutz aus Art. 5 GG und §193 des Strafgesetzbuches (Wahrnehmung berechtigter Interessen) mit der Folge, daß der Journalist zivil-
und strafrechtlich voll für sein unzulässiges Verhalten haftet.

Die Sorgfaltspflicht der Presse ist keine Pflicht zur Leisetreterei: Wo
Mängel in Staat und Wirtschaft in Erscheinung treten, ist sie befugt,
scharfe Kritik zu üben, doch gilt der Grundsatz: Der Umfang der
Sorgfaltspflichten richtet sich **auch** nach der Schwere der erhobenen

Vorwürfe. Die Presse ist nicht gehalten, die Wahrheit von Nachrichten und Behauptungen nach den Maßstäben gerichtlicher Wahrheitsermittlung festzustellen – dann würde ja die freie Kritik der Presse praktisch ausgeschaltet. Eine Überprüfung mit „pressemäßiger, berufsmäßiger Sorgfalt" genügt.

So erscheint es zum Beispiel nicht als erforderlich, die Meldung einer als seriös bekannten Nachrichtenagentur, die selbst keine Ungereimtheiten enthält, noch einmal nachzuprüfen.

Wenn eine Nachricht starken Öffentlichkeitswert besitzt, wenn also zum Beispiel gegen einen führenden Politiker der Verdacht aufkommt, während des nationalsozialistischen Regimes an Verbrechen beteiligt gewesen zu sein, darf die Presse auch über einen bestehenden Verdacht berichten. Der Journalist ist keinesfalls, sofern er sich über die Richtigkeit einer Nachricht keine Gewißheit verschaffen kann, in allen Fällen verpflichtet, die Nachricht deshalb nicht zu veröffentlichen.

Der Gegendarstellungsanspruch

Um die „Waffengleichheit" zwischen der Presse und den von ihren Veröffentlichungen Betroffenen herzustellen, ist in mehreren Landespressegesetzen das Recht auf Gegendarstellung verankert. Dadurch sollen private und juristische Personen, aber auch Behörden, Gerichte und gesetzgebende Körperschaften die Möglichkeit erhalten, die in der Presse zuvor behaupteten Vorgänge aus ihrer Sicht darzustellen, wobei allerdings nur Tatsachenbehauptungen gegen Tatsachenbehauptungen gestellt werden dürfen. Bei Werturteilen besteht kein Gegendarstellungsanspruch. „Bürgermeister X ist bestochen worden" ist eine Tatsachenbehauptung, also Gegendarstellungsanspruch. „Bürgermeister X hat sein Amt schlecht verwaltet" ist ein Werturteil, also kein Gegendarstellungsanspruch. Die Gegendarstellung muß ohne Einschaltungen und Weglassungen abgedruckt werden, auch dann, wenn sie nach Ansicht der Redaktion nicht der Wahrheit entspricht.

Diese Vorschrift kann die Redaktion jedoch nicht daran hindern, die Gegendarstellung mit einem Vorspann oder Nachwort, dem von jeher gefürchteten „Redaktionsschwanz", zu versehen. Dagegen ist der manchmal zu beobachtende Versuch von Zeitungen, sich der Pflicht zur Richtigstellung einer irrtümlichen oder falschen Meldung durch Anregung und Veröffentlichung eines Leserbriefes zu entziehen, rechtlich nicht zulässig. Im übrigen muß auch nach Aufnahme eines Gegendarstellungsanspruches in den Landespressegesetzen bezweifelt werden, ob in jedem Fall der Schaden, der beispielsweise einem Bürger durch eine falsche Berichterstattung in der Presse zugefügt worden ist, durch eine Gegendarstellung überhaupt wieder gutgemacht werden kann.

Häufig gelingt es dem einzelnen Bürger erst gar nicht, seinen Gegendarstellungsanspruch durchzusetzen, da er – im Gegensatz zu Großunternehmen mit personell hervorragend besetzten Rechtsabteilungen – bei der Ablehnung seines Berichtigungsbegehrens durch einen Verlag davor zurückschreckt, eine Klage anzustrengen und einen sich möglicherweise lange hinziehenden, mit hohen Streitwerten belasteten Prozeß zu führen.

3.4 Die rechtlichen Grenzen der Meinungs-, Informations- und Pressefreiheit

Meinungs-, Informations- und Pressefreiheit finden nach Art. 5 Abs. 2 GG „. . . *ihre Schranken in den Vorschriften der allgemeinen Gesetze, den gesetzlichen Bestimmungen zum Schutze der Jugend und in dem Recht der persönlichen Ehre"*. Zu den allgemeinen Gesetzen gehören auch das Bürgerliche Gesetzbuch und das Strafgesetzbuch. Ein Journalist, der einen Soldaten zur Fahnenflucht verleitet, das Andenken Verstorbener verunglimpft oder einen Mitbürger verleumdet, verstößt gegen das Strafgesetzbuch und kann sich nicht auf die Pressefreiheit berufen. Jedes allgemeine Gesetz muß in seiner das Grundrecht beschränkenden Wirkung so interpretiert werden, daß der besondere **Wertgehalt des Grundrechts auf jeden Fall gewahrt** bleibt. Diesem vom Bundesverfassungsgericht im sogenannten Lüth-Urteil (15. Januar 1958 – siehe Kapitel 3.1) entwickelten Leitsatz lag folgender Sachverhalt zugrunde:

Die allgemeinen Gesetze

Der Hamburger Senatsdirektor Lüth hatte öffentlich zum Boykott der Veit-Harlan-Filme aufgerufen. Eine Filmproduktions- und eine Verleihfirma, die einen neuen Veit-Harlan-Film herstellen wollten, strengten daraufhin eine Zivilklage auf Unterlassung derartiger Äußerungen an, in denen sie einen Verstoß gegen § 826 BGB sahen („Wer in einer gegen die guten Sitten verstoßenden Weise einem anderen vorsätzlich Schaden zufügt, ist dem anderen zum Ersatze des Schadens verpflichtet."). Das Bundesverfassungsgericht erklärte dazu, allgemeine Gesetze dürften das Grundrecht der Meinungsäußerung nicht relativieren, und gab Lüth recht.

Das Lüth-Urteil

Um die Aushöhlung der Grundrechte durch den Gesetzgeber zu verhindern, enthält Art. 19 GG die Bestimmung: *„In keinem Falle darf ein Grundrecht in seinem Wesensgehalt angetastet werden."* Für den Gesetzgeber hat sich in der Praxis im Bereich des Persönlichkeitsschutzes die Güterabwägung zwischen einzelnen Gesetzen und dem Grundrecht der Pressefreiheit als besonders schwierig erwiesen. Hier besteht ein **theoretisch kaum aufzuhebender Spannungszustand** zwischen der Kritik- und Kontrollfunktion der Presse auf der einen Seite und dem Persönlichkeitsrecht auf der anderen Seite. Der Versuch der Bundesregierung, durch Änderungen und Ergänzungen des Bürgerlichen Gesetzbuches 1959 den Persönlichkeits- und Ehrenschutz in einem Gesetz zivilrechtlich neu zu regeln, stieß in der Presse allgemein auf Ablehnung, weil sie die Einführung eines „Maulkorb- und Leinenzwanges" befürchtete.

Persönlichkeitsschutz

Die Problematik des Verhältnisses von Pressefreiheit und Staatsschutz wurde deutlich, als die Bundesanwaltschaft im Oktober 1962 gegen das Hamburger Nachrichtenmagazin „Der Spiegel" ein Ermittlungsverfahren wegen des dringenden Tatverdachts des Landesverrats einleitete. Nach dem damals geltenden § 99 des Strafgesetzbuches beging Landesverrat, wer vorsätzlich ein Staatsgeheimnis an einen Unbefugten gelangen ließ oder es öffentlich bekanntmachte

Pressefreiheit und Landesverrat

und dadurch das Wohl der Bundesrepublik Deutschland oder eines ihrer Länder gefährdete.

Das 1968 in Kraft getretene 8. Strafrechtsänderungsgesetz hat die Möglichkeiten der Bestrafung eines Publizisten wegen Landesverrats – oder besser gesagt: Geheimnisoffenbarung – eingeschränkt. Seitdem macht sich derjenige einer Geheimnisoffenbarung schuldig, der „... *ein Staatsgeheimnis, das von einer amtlichen Stelle oder auf deren Veranlassung geheimgehalten wird, an einen Unbefugten gelangen läßt oder öffentlich bekanntmacht und dadurch die Gefahr eines schweren Nachteils für die äußere Sicherheit der Bundesrepublik Deutschland herbeiführt...*" Entscheidend ist also, ob durch die Veröffentlichung ein schwerer Nachteil für die äußere Sicherheit der Bundesrepublik entsteht.

Der Deutsche Presserat hält diese Regelung für unbefriedigend. Nach seiner Ansicht gibt es Sachverhalte, deren Bekanntwerden einen schweren Nachteil für die äußere Sicherheit nach sich ziehen kann und trotzdem, weil für die politische Willensbildung der Bürger unentbehrlich, gerechtfertigt ist.

Lebenswichtige militärische Geheimnisse müssen auch in der Demokratie der öffentlichen Aussprache entzogen bleiben. Unter Umständen genügt es, wenn der Verteidigungsausschuß des Parlaments informiert ist. Das darf aber nicht dazu führen, daß die offene Diskussion vor der Verteidigungspolitik haltmachen muß. Hinzu kommt, daß es einige Dinge gibt, die selbst der Gegner „wissen muß", wenn Sicherheitspolitik erfolgreich sein soll, vor allem dann, wenn man den Gegner überzeugen will, daß er nicht erfolgreich angreifen kann und man ihn umgekehrt auch nicht angreifen will.

Aus Mangel an deutschen Beispielen sollen zwei ausländische demonstrieren, welchen Nutzen öffentliche Diskussionen über militärpolitische Fragen, die so leicht in den Bereich der Geheimnisoffenbarung hineinreichen, haben können:
– Während des Ersten Weltkrieges machte Lord Northcliffe einen Engpaß in der englischen Munitionsversorgung öffentlich bekannt und sorgte auf diese Weise für Abhilfe.
– In der sogenannten „Mirage"-Affäre, in der das schweizerische Parlament – wie sich 1964 herausstellte – bei der Beschaffung von 100 französischen Kampfflugzeugen vom Typ Mirage III S über deren Qualität von der Regierung getäuscht worden war, zeigte sich, daß die öffentliche Diskussion der strategischen Fragen die Fehlentscheidungen der Militärs und Beamten korrigieren kann.

Zu den Grenzen der Pressefreiheit gehört auch die Frage nach ihrer Verwirkung. Die Bundesregierung hat 1969 einen Antrag an das Bundesverfassungsgericht gestellt, dem Herausgeber und Chefredakteur der „Deutschen National-Zeitung", Dr. Gerhard Frey, das Grundrecht der freien Meinungsäußerung abzuerkennen und sein Druck- und Verlagshaus in München aufzulösen. Gesetzliche Grundlage für diesen Schritt der Bundesregierung ist der Artikel 18 des Grundgesetzes, in dem es heißt: „*Wer die Freiheit der Meinungsäußerung, insbesondere die Pressefreiheit ... zum Kampfe gegen die freiheitliche demo-*

kratische Grundordnung mißbraucht, verwirkt diese Grundrechte."
Den letzten Anstoß für die Entscheidung der Bundesregierung gab
Freys Beitrag „Verbrecherstaat Israel will uns Moral lehren".
Zahlreiche als kommunistisch bezeichnete Zeitungen und Zeitschriften sind in der Bundesrepublik verboten worden. Die Gerichte haben
sich dabei auf das Urteil des Bundesverfassungsgerichts über das
Verbot der KPD berufen und erklärt, es handele sich bei diesen Zeitungen und Zeitschriften um „Ersatzorganisationen". Diese Auffassung ist jedoch in der Rechtswissenschaft umstritten.

3.5 Die Selbstkontrolle der Presse

Zwischen dem rechtlich feststellbaren Mißbrauch der Pressefreiheit **Rechtlich**
und ihrer schonungslosen, rechtlich zulässigen Ausnutzung durch be- **zulässige**
stimmte Presseorgane liegt ein großer Spielraum. Anschauliche Bei- **Ausnutzung der**
spiele für die Tendenz, bis an den Rand des Möglichen zu gehen, **Pressefreiheit**
liefert täglich die Boulevardpresse. In der Demokratie muß jedoch
das Risiko in Kauf genommen werden, daß im Rahmen der Pressefreiheit manches geschieht, was zwar rechtlich zulässig ist, aus moralischen oder politischen Gründen aber von vielen verurteilt wird.
Jede stärkere Beschneidung der Pressefreiheit birgt die Gefahr der
Verletzung eines der Grundprinzipien der Demokratie in sich.
Der Grundsatz, daß die Pressefreiheit unteilbar ist, kann nicht auf- **Pressefreiheit**
gegeben werden. Auch eine Zeitung oder Zeitschrift, die nichts an- **unteilbar**
deres ist als „gedrucktes Varieté", die nur für die Kurzweil oder Sen-
sationslust der Leser sorgen will, darf den ausdrücklichen Grund-
rechtsschutz der Pressefreiheit für sich beanspruchen. Rechtlich gesehen ist die Unterscheidung zwischen „guter" und „schlechter"
Presse unerheblich. So, wie das Grundgesetz in Art. 6 nicht nur die
„gute Ehe", sondern die Ehe im allgemeinen schützt, so ist der Schutz
der Pressefreiheit keine moralische Auszeichnung für die „gute" Zeitung oder Zeitschrift, sondern gilt allgemein für die Presse.
Darum müssen Bestrebungen abgelehnt werden, zwischen einer
„verantwortungsbewußten politischen Presse" und einer sogenannten „Geschäftspresse" zu unterscheiden und nur der ersteren den
Schutz des Art. 5 GG zuzubilligen. Eine derartige Argumentation
würde die Justiz in die Lage versetzen, über das „Verantwortungs-
bewußtsein" der Presse zu urteilen. Wer nach einer rechtlichen Unterscheidung zwischen „verantwortungsbewußter" und „verantwor-
tungsloser" Presse ruft, muß sich darüber im klaren sein, daß er in
Wirklichkeit nach einer Zensurinstanz ruft.

So unbefriedigend die Berichterstattung von „Bild" beispielsweise auch sein mag,
wer – wie der Münsteraner Staatsrechts-Professor Erich Küchenhoff – verlangt,
daß Zeitungen die Berufung auf die Pressefreiheit versagt wird, weil sie die „demokratischen Grenzen der Pressefreiheit" verletzt haben, mißachtet – nach Ansicht
des Autors – das Prinzip der Unteilbarkeit der Pressefreiheit.

der Deutsche Presserat gegründet. Er ist frei von staatlichem Einfluß.

Ihm gehören zehn Journalisten und zehn Verleger an, die vom Bundesverband Deutscher Zeitungsverleger, dem Verband Deutscher Zeitschriftenverleger, dem Deutschen Journalisten-Verband und der Industriegewerkschaft Druck und Papier benannt werden.

Aufgaben des Presserates sind:
– Schutz der Pressefreiheit.
– Feststellung und Beseitigung von Mißständen im Pressewesen und Abwehr freiheitsgefährdender Konzern- und Monopolbildungen.
– Beobachtung der strukturellen Entwicklung der deutschen Presse.
– Vertretung der Presse gegenüber Regierung, Parlament und Öffentlichkeit besonders bei Gesetzesvorlagen, die Leben und Aufgaben der Presse berühren.

Der für die gesamte Presse von den Verbänden, also nicht von einzelnen Zeitungen oder Zeitschriften, gegründete Presserat kann Erklärungen formulieren und Veröffentlichungen rügen, aber er kann die Beachtung seiner Beschlüsse nicht erzwingen, sondern ist auf die freiwillige Anerkennung seiner Maßnahmen angewiesen. Seine Bedeutung steht und fällt mit dem Maß an Autorität, das er sich durch seine Tätigkeit zu verschaffen vermag. Über seine Arbeit informiert der Deutsche Presserat die Öffentlichkeit jährlich in einem Tätigkeitsbericht.

Tätigkeitsbereiche In **zahlreichen Resolutionen** hat der Presserat zu Gesetzentwürfen, in denen die Presse eine Rolle spielte, Stellung genommen.

So lehnte er zum Beispiel 1958 den von der Bundesregierung verabschiedeten Entwurf zur Verstärkung des Ehrenschutzes für ausländische Staatsoberhäupter („lex Soraya") mit der Begründung ab: „Der Entwurf ist nach Auffassung des Presserates gekennzeichnet durch die Bestimmung, daß eine Beweiserhebung über die Wahrheit einer ‚herabwürdigenden Behauptung' unzulässig sein soll, die das Privat- oder Familienleben eines ausländischen Staatsoberhauptes oder eines seiner Angehörigen betrifft. Damit wird ein in der demokratischen Rechtsgeschichte Deutschlands beispielloser Einbruch in das Grundrecht der freien Meinungsäußerung versucht, dessen Folgen für die Freiheit der Presse unübersehbar wären."

Kritik
an Mißständen
im Pressewesen
Der Presserat sparte bisher nicht mit Kritik an Mißständen im Pressewesen: Er
– verurteilte die Vermengung von Text- und Anzeigenteil,
– verfaßte Resolutionen gegen das Einladungs- und Geschenkunwesen,
– legte Ende 1967 mehrere Berichte über die Konzentrationstendenzen in der deutschen Presse vor
– und appellierte unter anderem an die Presse, bei Meldungen über Fluchtversuche an der Grenze zwischen den beiden deutschen Staaten auf Einzelheiten zu verzichten.

Gerade beim letzten Beispiel wurden die Grenzen der Wirksamkeit des Presserates recht deutlich. Spekulationen auf den geschäftlichen Erfolg groß aufgemachter Berichte über Fluchtversuche haben sich gelegentlich stärker erwiesen als die Mahnungen des Presserates.

Appell des Presserates
Der Deutsche Presserat hat bereits mehrfach die Redaktionen des In- und Auslandes darauf hingewiesen, bei Berichten über die Flucht von Deutschen aus Ostberlin und der DDR Zurückhaltung zu üben. Das gilt auch im Falle der Flucht über dritte Länder.
Berichte mit Einzelheiten über die Geflüchteten, die Vorbereitung und Durchführung ihrer Flucht gefährden Menschenleben, verbauen Fluchtmöglichkeiten und beeinträchtigen damit auch das Menschenrecht auf Freizügigkeit.
Der Deutsche Presserat appelliert aufs neue an Presse, Rundfunk und Fernsehen, sich bei diesen Berichten aus humanitären und politischen Gründen zurückzuhalten.
Stellungnahme des Deutschen Presserates vom 22. Januar 1970.

Für die Entschließungen des Presserates gibt es keinen Veröffentlichungszwang. Über seine Resonanz in der Presse schreibt der Presserat im Tätigkeitsbericht für 1960: *„Wendet sich der Presserat gegen einen gesetzgeberischen Plan, gegen eine Haltung der Exekutive, so ist ihm genügend Publizität sicher. Enthält aber eine Entschließung Kritik an Erscheinungen in der Presse, dann herrscht weithin Schweigen im Blätterwald. Eine natürliche Scheu, eigene Mängel nicht an die große Glocke zu hängen? Es ist eher falsch verstandene Solidarität, die zu einer Minderung der Wirksamkeit des Deutschen Presserates auch dort führt, wo es um die Abwehr von Angriffen auf die Pressefreiheit geht."*
Recht unterschiedlich ist auch das Echo auf Rügen des Presserats. Sie werden, wie der Rat Anfang 1973 in einer Erklärung betonte, überwiegend von den Konkurrenzblättern, selten in den betroffenen Zeitungen veröffentlicht.

Beispiel für eine Rüge: Die Überschriften der „Hamburger Morgenpost" in den Ausgaben vom 11. und 28. April 1972 („CDU kaufte NPD-Wähler für eine halbe Million", „Wen haben Sie noch gekauft, Herr Strauß?") wurden gerügt, weil die in beiden Beiträgen geäußerten Vermutungen die Überschriften nicht rechtfertigten.

1972 hat sich der Presserat eine neue Beschwerde-Ordnung gegeben. Danach kann jedermann *„Beschwerden, die sich gegen bestimmte Zeitungen oder Zeitschriften, gegen deren Verleger, Herausgeber oder Redakteure richten",* vorbringen. Allerdings kann eine Beschwerde dann nicht behandelt werden, *„soweit der ihr zugrunde liegende Sachverhalt bereits Gegenstand eines anhängigen Ermittlungs- oder Gerichtsverfahrens ist."* Auf diese Klausel wollte der Presserat nicht verzichten, um sich gegen den Vorwurf zu schützen, er greife in schwebende Verfahren ein. Zugleich entmachtete er sich jedoch selbst, denn bei brisanten Verstößen gegen die Wahrheitspflicht, über die vor Gericht verhandelt wird, muß der Presserat nun schweigen.

Bundesprüfstelle

Zur Durchführung des Gesetzes über die Verbreitung jugendgefähr-
dender Schriften ist eine Bundesprüfstelle eingerichtet worden. Ihre
Mitglieder werden vom Bundesinnenminister und den Länderregie-
rungen ernannt. Nach dem Gesetz können Schriften, die geeignet
sind, Kinder und Jugendliche sittlich zu gefährden (dazu zählen vor
allem verrohend wirkende, zu Gewalttätigkeiten, Verbrechen oder
Rassenhaß anreizende sowie den Krieg verherrlichende Schriften), in
eine besondere Liste aufgenommen (= indiziert) werden. Ausgenom-
men hiervon sind nur Tageszeitungen und politische Zeitschriften.
Periodische Schriften, die während eines Jahres mehr als zweimal in
diese Liste aufgenommen worden sind, dürfen für die Dauer von drei
bis zwölf Monaten Jugendlichen nicht zugänglich gemacht und deshalb
nicht am Kiosk verkauft oder in Lesezirkeln verliehen werden.
Zahlreiche Aktbildmagazine sind zum Beispiel nach Ansicht der Bundesprüfstelle jugendgefährdend. Gelegentlich indizierte sie auch ein
Heft einer Illustrierten (zum Beispiel des „Stern" und der „Neuen
Illustrierten"). Die Illustrierten werden sich hüten, während eines Jahres dreimal auf die Liste zu kommen. Das wäre vermutlich ihr wirtschaftlicher Ruin; eine Illustrierte, die drei Monate nicht am Kiosk
ausgehängt werden darf, ist wahrscheinlich nicht mehr existenzfähig.

**Indizierung wegen
politischen Inhalts?**

Die Befürchtung, die Bundesprüfstelle könne unter Umständen auch unter Berufung
auf den angeblich sittlich gefährdenden Charakter Publikationen wegen ihres politischen Inhalts indizieren lassen, wurde vor allem geäußert, als das März-Heft der
linksgerichteten Zeitschrift „Konkret" 1966 indiziert wurde. Die Bundesprüfstelle
beanstandete damals unter anderem den Artikel „Soldat und Liebe", weil hier von
Soldaten die Rede sei, die Bordelle aufsuchten. „Diese angeknacksten Typen, die
solche Art von Freizeitgestaltung pflegen, wie in den zweifellos gestellten Photos
vorgeführt, fallen gegenüber dem Gros unserer jungen Männer – auch während
der Zeit der Ableistung ihrer Wehrdienstpflicht – nicht ins Gewicht", erklärten die
Prüfer. Auch ein „attraktives Nacktphoto" erregte ihr Ärgernis, und kategorisch erklärten sie, daß sie sich durch den „politischen Inhalt" der Hefte nicht davon ab-
halten lassen, wegen etwaiger zu beanstandender sexualbezüglicher Beiträge das
Heft zu indizieren, ganz gleich, in welchem quantitativen Verhältnis die absatzför-
dernden Sexualreißer zu dem politischen Inhalt stehen..."

**Selbstkontrolle
der Illustrierten**

Die Selbstkontrolle der Illustrierten machte es sich bei ihrer Gründung
1957 laut Satzung zur Aufgabe, „im Bereich der Illustrierten eine ge-
sunde, für die Jugenderziehung unbedenkliche Gesamtatmosphäre
zu schaffen, insbesondere dafür zu sorgen, daß bei der Gestaltung
der Illustrierten Darstellungen vermieden werden, die jugendgefährdend sind." Diese Institution schien geeignet, die Illustrierten dem

unmittelbaren Zugriff der Bundesprüfstelle mit dem Argument zu entziehen: „Wir kontrollieren uns selbst."

Ursprünglich bestand die Selbstkontrolle aus zwei Gremien, einem Arbeitskreis und einem Beirat. Dem Arbeitskreis gehörten bei seiner Gründung die Verleger und Chefredakteure von elf Illustrierten an. Der Arbeitskreis war die entscheidende Instanz. Er allein konnte darüber befinden, ob Mißbilligungen ausgesprochen oder Ausschlüsse vorgenommen werden sollten. Die Mitglieder des Arbeitskreises waren Richter in eigener Sache, und da jeder Richter dieses Gremiums eines Tages in dieselbe Lage wie der Angeklagte geraten konnte, bestand die Gefahr der gegenseitigen Rückversicherung und Rücksichtnahme nach dem Motto: „Wenn Du bei einem bilderreichen Artikel über die Oben-ohne-Mode meiner Illustrierten großzügig bist und darin keine Jugendgefährdung siehst, werde ich bei einem Beitrag über die Anti-Baby-Pille Deiner Illustrierten in einigen Wochen auch fünf gerade sein lassen." Schon aus diesem naheliegenden Absprachverfahren ergab sich, daß von Anfang an vom Arbeitskreis selbst keine sehr strenge Auslegung der Richtlinien zu erwarten war, die der Arbeit der Selbstkontrolle zugrunde lagen und in denen es unter anderem hieß:

Der Arbeitskreis

> „In den Illustrierten sind Texte und Bilder abzulehnen, welche die Erziehung der Jugend und die Schaffung einer gesunden Gesamtatmosphäre stören. Daher sind abzulehnen:
> ☐ die Verächtlichmachung oder Herabwürdigung fremder Rassen und Völker ...
> ☐ die Verherrlichung oder Verharmlosung kriegerischer Auseinandersetzungen ...
> ☐ die Verherrlichung lasterhafter oder krimineller Handlungen und des Verbrechermilieus ...
> ☐ die Herabwürdigung der Ehe und Familie sowie Darstellungen, die den Eindruck erwecken, daß die außereheliche geschlechtliche Vereinigung und der Ehebruch übliche und annehmbare Erscheinungsformen sind ..."

Der Beirat, der über kein Stimmrecht bei Entscheidungen verfügte, sondern lediglich die Aufgabe der Beratung und Anregung hatte, geriet rasch in die Rolle des Anklägers.

Der Beirat

Diesem Gremium gehörten Vertreter der evangelischen und katholischen Kirche, des Zentralrats der Juden in Deutschland, des Deutschen Ausschusses für Erziehung und Bildung, der Arbeitsgemeinschaft deutscher Familienorganisationen und der Arbeitsgemeinschaft für Jugendpflege und Jugendfürsorge an. Zu den Sitzungen des Beirats wurden ferner Vertreter des Bundesministeriums des Innern, der Ständigen Konferenz der Kultusminister und der Arbeitsgemeinschaft der Obersten Jugendbehörden der Länder beratend eingeladen.

Gelegentlich fand sich der Arbeitskreis bereit, entsprechend den Anträgen des Beirats Mißbilligungen auszusprechen, so zum Beispiel, als der „Stern" eine Skandalchronik über den deutschen Filmnachwuchs veröffentlichte. Nach fünf Jahren Selbstkontrolle erklärte der Beirat 1962 in seinem Rechenschaftsbericht: „Nach der ersten Anlaufzeit war ... zu beobachten, daß ausgesprochen gravierende Verstöße gegen die Richtlinien seltener wurden und daß sich die Gesamtatmosphäre der Illustrierten in mancher Hinsicht bereinigte." Dieser

Optimismus war verfrüht. Ende 1964 stellte der Beirat seine Mitarbeit ein.

Nach dem Scheitern des ersten Versuchs, im vorstaatlichen Raum durch eine eigenverantwortliche Selbstkontrolle offensichtliche Mißstände auszuräumen, unternahmen die Illustrierten 1966 einen zweiten Anlauf, um eine neue Form der Selbstkontrolle zu finden. Sie gründeten die „Selbstkontrolle Illustrierter Zeitschriften" (SIZ), die sich jedoch im September 1971 auflöste.

Literatur:

Czajka, Dieter: Pressefreiheit und „öffentliche Aufgabe" der Presse. (res publica. Bd. 20.), Kohlhammer Verlag Stuttgart/Berlin/Köln/Mainz 1968, 180 S.

Jordan, Peter: Presse und Öffentlichkeit. Schriften zur politischen Bildung. Verlag Moritz Diesterweg Frankfurt a. M., Berlin, München 1970, 118 S.

Kübler, Friedrich: Empfiehlt es sich, zum Schutze der Pressefreiheit gesetzliche Vorschriften über die innere Ordnung von Presseunternehmen zu erlassen? Beck Verlag München 1972, 105 S.

Löffler, Martin: Der Verfassungsauftrag der Presse. Modellfall SPIEGEL. Verlag C.F. Müller Karlsruhe 1963, 96 S.

Löffler, Martin, und Hébarre, Jean-Louis (Hrsg.): Form und Funktion der Presse-Selbstkontrolle. (Schriftenreihe der Deutschen Studiengesellschaft für Publizistik, Bd. 7), Beck Verlag München 1968, XX + 186 S.

Löffler, Martin: Presserecht. Kommentar. 2 Bde. Beck Verlag München, 2. Auflage 1968 – 1969, XXXI + 830 S. und IX + 632 S.

Richter, Rolf: Kommunikationsfreiheit – Verlegerfreiheit? Zur Kommunikationspolitik der Zeitungsverleger in der Bundesrepublik Deutschland 1945 – 1969. (Dortmunder Beiträge zur Zeitungsforschung 17), Verlag Dokumentation Pullach 1973, 429 S.

Scheuner, Ulrich, und Schnur, Roman: Pressefreiheit, in: Veröffentlichungen der Vereinigung Deutscher Staatsrechtslehrer. H. 22, Verlag Walter de Gruyter Berlin 1965, 384 S.

Schneider, Peter: Pressefreiheit und Staatssicherheit. v. Hase & Koehler Verlag Mainz 1968, 211 S.

Scholler, Heinrich Johannes: Person und Öffentlichkeit. Zum Spannungsverhältnis von Pressefreiheit und Persönlichkeitsschutz. (Münchner öffentlich-rechtliche Abhandlungen. H. 3), Beck Verlag München 1967, XVIII + 455 S.

Thiele, Willi: Pressefreiheit – Theorie und Wirklichkeit. (Abhandlungen und Materialien zur Publizistik. Bd. 4), Colloquium Verlag Berlin 1964, 96 S.

4. Entwicklung und Struktur der Presse seit 1945

4.1 Die Lizenzpresse in den westlichen Besatzungszonen

Nach zwölfjähriger zentraler politischer Lenkung und Kontrolle war trotz des allgemeinen Nachrichtenhungers die psychologische Ausgangsposition für den Neuaufbau der deutschen Presse 1945 denkbar schlecht. Das gesprochene und gedruckte Wort war hoffnungslos kompromittiert. Die Presse mußte das Vertrauen der nun skeptisch gewordenen Leser zurückgewinnen, ihre Nachrichten mußten wieder glaubwürdig werden. **Psychologische Ausgangsposition**

Nach einem von der Abteilung für Psychologische Kriegsführung im Hauptquartier der alliierten Streitkräfte in Europa im Oktober 1944 entworfenen Programm für die künftige anglo-amerikanische Informationspolitik in den westlichen Besatzungszonen entwickelte sich der Neuaufbau der westdeutschen Presse in drei Phasen: **Phasen des Neuaufbaus**

☐ Totales Verbot auf dem Gebiet des Informations- und Unterhaltungswesens, Schließung aller Zeitungsbetriebe.

☐ Herausgabe von Militärzeitungen.

☐ Herausgabe von deutschen Zeitungen unter alliierter Kontrolle.

Nachdem schon im Juni 1945 in der SBZ Zeitungen der KPD und der SPD erschienen waren, erteilten die Westalliierten Ende Juli die erste Lizenz; sie genehmigten die Herausgabe der „Frankfurter Rundschau". Bis Ende 1949 erschienen in den Westzonen einschließlich West-Berlins 169 Lizenzzeitungen. Davon wurden 71 von den Briten, 58 von den Amerikanern und 20 von den Franzosen zugelassen. 20 erschienen in West-Berlin. **Umfang und Dauer der Lizenzpresse**

In jeder Besatzungszone erschien ferner eine von der jeweiligen Besatzungsmacht herausgegebene Zeitung: „Die Neue Zeitung" (amerikanische Zone), „Tägliche Rundschau" (sowjetische Zone), „Die Welt" (britische Zone), „Nouvelles de France" (französische Zone).

Nach den Vorstellungen der Alliierten sollte es die Aufgabe der Lizenzpresse sein, das deutsche Volk vom Nationalsozialismus und Militarismus zur **Demokratie umzuerziehen.** Die Lizenzträger sollten deshalb politisch unbelastet sowie fachlich und als Treuhänder und Interpreten der Politik der Besatzungsmächte geeignet sein. Verleger und Journalisten, die während des nationalsozialistischen Regimes – auch wenn sie nicht Mitglieder der NSDAP gewesen waren – an einer legal erscheinenden Zeitung gearbeitet hatten, schieden von vornherein als Lizenzträger aus. Die Folge war, daß zum Beispiel von den 113 Lizenzträgern der amerikanischen Zone ein reichliches Viertel **Ziel der Lizenzpolitik** aus pressefremden Berufen stammte. Bei der Zulassung von Zeitungen sollte die Rückkehr zur meinungslosen Generalanzeigerpresse und die Bildung von Pressemonopolen verhindert werden. Ferner stimmten die westlichen Besatzungsmächte darin überein, den Föderalismus zu unterstützen und deshalb zunächst eine lokale und regionale Presse aufzubauen.

Vergabe der Lizenzen

Bei der Vergabe von Lizenzen verfuhren die Alliierten im einzelnen sehr unterschiedlich:

☐ Die **Amerikaner** erstrebten eine „überparteiliche" und „unabhängige" Presse und glaubten, diesem Ziel dadurch näherzukommen, daß sie zunächst drei oder mehr, später meistens zwei Lizenzträger aussuchten, die verschiedenen politischen Parteien angehörten.

So bestand zum Beispiel die Lizenzträgergruppe der „Frankfurter Rundschau" ursprünglich aus drei Sozialdemokraten, drei Kommunisten und einem Linkskatholiken. Die Lizenzträger der „Rhein-Neckar-Zeitung", Heuss und Knorr, waren Mitglieder der Deutschen Volkspartei (der späteren FDP) und der SPD.

☐ Die **Briten** lizensierten meistens „Parteirichtungszeitungen". Diese Blätter sollten den Standpunkt einer Partei vertreten, ohne von ihr abhängig zu sein. Um zu verhindern, daß sich die Zeitungen zu Parteiblättern entwickelten, deren Inhalt und Aufmachung von lokalen Parteibüros kontrolliert wurde, erteilten die Briten die Lizenzen nicht unmittelbar an die Parteien, sondern nur an Einzelpersonen, die entweder Parteimitglieder waren oder mit einer Partei sympathisierten.

Nur in den bevölkerungsschwachen ländlichen Gebieten der britischen Zone, wo man nicht mehrere, verschiedenen Parteien nahestehende Zeitungen erscheinen lassen wollte, gab es auch Blätter mit der Richtungsbezeichnung „unabhängig" oder „überparteilich".

☐ Die **Franzosen** vergaben die Lizenzen zum Teil nach dem amerikanischen und zum Teil nach dem britischen Prinzip.

☐ Die **Sowjets** ließen anfangs fast nur Parteizeitungen zu, benachteiligten jedoch die sozialdemokratischen und bürgerlichen Blätter gegenüber der kommunistischen Presse unter anderem durch sehr knappe Papierzuteilungen erheblich.

Zensur

Nachdem die Amerikaner bereits im September 1945 auf ihr Recht verzichtet hatten, Publikationen **vor** der Veröffentlichung zur Zensur einzusehen, schlossen sich die Briten und Franzosen einige Zeit später diesem Vorgehen an und begnügten sich mit der Nachzensur. Jede Zeitung mußte den Besatzungsbehörden noch am Erscheinungstag vorgelegt werden. Die alliierten Presseoffiziere äußerten bei dieser Gelegenheit hin und wieder Kritik; sie erhoben Einwände dagegen, daß die von ihnen gewünschte strenge Trennung von Nachricht und Kommentar nicht eingehalten worden war, erzwangen jedoch nicht den Abdruck von Auflagenachrichten.

Das Lizenzierungs- und Kontrollsystem der Alliierten beschränkte die **Pressefreiheit?** Pressefreiheit beträchtlich. Lizenzzwang, Vor- und Nachzensur verhinderten die Gründung und Verbreitung von Zeitungen, deren Gesamttendenz nicht mit den Interessen der Besatzungsmächte übereinstimmte. Die Lizenzpresse war keine freie Presse, weil es ihr unter anderem verwehrt war, sich frei über die Besatzungsmächte zu äußern. Da sie ferner eine Zeitlang ausschließlich auf das von alliierten Nachrichtenagenturen verbreitete Material angewiesen war, konnte sie die Bevölkerung nur so informieren, wie es die Alliierten wünschten.

Die Lizenzierung der Presse war ebenso wie die Entnazifizierung ein **Lizenzierung keine** notwendiges Übel, das mit vielen Mängeln, auch mit vermeidbaren, **Patentlösung** belastet war. Sie war sicher keine Patentlösung, ist aber trotz vieler Einschränkungen als der ehrlich gemeinte Versuch der Alliierten zu verstehen, die Deutschen zur Demokratie zu erziehen. In den letzten Jahren ist allerdings in zunehmendem Maße kritisiert worden, daß die Alliierten die privatwirtschaftliche Struktur der Presse wieder etablierten und Lizenzträgern zur Anhäufung großer Privatvermögen verhalfen.

Einen besonderen Beitrag zum Aufbau und zur Behauptung der De- **Westberliner** mokratie leisteten die in den Westsektoren Berlins erscheinenden **Presse kämpft** Zeitungen in den ersten Nachkriegsjahren. Sie bestärkten die Be- **für Demokratie** völkerung in dem Willen, sich gegen den stalinistischen Totalitarismus für die Demokratie zu entscheiden und auch die harte Zeit der Blockade 1948/49 durchzustehen.

Daß die Solidarität der Presse in Engagement und Abwehr stärker war als politische Richtungsunterschiede, bewies der als „bürgerlich-liberal" geltende „Tagesspiegel", als er am 15. März 1946 seine Spalten den Sozialdemokraten für ihren Kampf gegen die Zwangsvereinigung mit der KPD zur Verfügung stellte.

Für die große Sache der Demokratie
Diese Vergewaltigung der Demokratie ist keine interne Parteifrage mehr, sondern Sache der Öffentlichkeit. Wir fühlen uns daher als unabhängiges Organ verpflichtet, den um die deutschen Lebensrechte ihrer Partei schwer ringenden Berliner Sozialdemokraten dadurch eine Entlastung zu verschaffen, daß wir uns dieser Auseinandersetzung noch mehr als bisher annehmen. Wir werden den Funktionären und Mitgliedern der SPD Gelegenheit geben, durch uns zur Öffentlichkeit zu sprechen, eine Gelegenheit, die ihnen von ihrem eigenen Organ vorenthalten wird.
Wir haben uns zu diesem Schritt bewußt und nach sorgsamer Erwägung entschlossen, nicht etwa, um von unserer grundsätzlichen Linie abzuweichen, sondern um ihr weiterhin verpflichtet zu bleiben. Wir dienen damit nicht einer einzelnen Partei, sondern der großen Sache der Demokratie, von deren Verwirklichung es allein abhängt, ob aus unserer trostlosen Gegenwart noch einmal hellere Zukunft wird. („Der Tagesspiegel", Nr. 62 vom 15. 3. 1946, S. 2.)

Am 21. September 1949 verkündete die Alliierte Hochkommission das **Aufhebung der** Gesetz Nr. 5, das jedem in der Bundesrepublik lebenden Deutschen **Lizenzpflicht** (mit Ausnahme der ehemaligen Nationalsozialisten, die von den

Spruchkammern in die Gruppe der Hauptschuldigen oder Belasteten eingestuft worden waren) das Recht einräumte, ohne vorherige Genehmigung eine Zeitung oder Zeitschrift herauszugeben. Innerhalb eines halben Jahres stieg die Zahl der Zeitungen um etwa 400 auf insgesamt 568.

Rückkehr der Altverleger

Die Zeitungsneugründungen erfolgten vor allem durch die Altverleger, die wegen des gegen sie erhobenen Vorwurfs, mit dem nationalsozialistischen Regime zusammengearbeitet zu haben, bis 1949 keine Lizenz erhalten hatten. Die Altverleger, in deren Händen in der Regel auch während der Lizenzzeit die Druckereien und technischen Einrichtungen geblieben waren, konnten sich häufig erst dann wieder betätigen, als die mit Lizenzträgern abgeschlossenen Zwangspacht- und Lohndruckverträge abgelaufen waren. Zahlreiche Lizenzzeitungen hingegen, die in diesem Augenblick ohne technische Ausrüstungen dastanden, wurden durch die Alliierten mit Krediten zum Kauf von Druckereien und Verlagsgebäuden unterstützt.

Lizenzpresse kontra Altverleger

Zwischen der Lizenzpresse und den Altverlegern entwickelte sich 1949/50 ein **harter Konkurrenzkampf.** Die Altverleger waren insofern benachteiligt, als es für sie jetzt trotz begrenzter finanzieller Mittel und der schwierigen Beschaffung von Zeitungspapier darauf ankam, das inzwischen an die lizenzierten Zeitungen verlorengegangene frühere Verbreitungsgebiet ihrer Blätter zurückzuerobern. Obwohl sich in der Folgezeit die Neugründungen der Altverleger neben den Lizenzzeitungen behaupten konnten, blieb doch vor allem der Heimatpresse der Altverleger häufig der Zusammenschluß mit anderen Zeitungen als einzige Möglichkeit, um wirtschaftlich rentabel zu arbeiten.

Literatur:
Hurwitz, Harold: Die Pressepolitik der Alliierten, in: Deutsche Presse seit 1945, hrsg. von Harry Pross. Scherz Verlag Bern – München – Wien 1965, 255 S.
Hurwitz, Harold: Die Stunde Null der deutschen Presse. Die amerikanische Pressepolitik in Deutschland 1945 – 1949. Verlag Wissenschaft und Politik Köln 1972, 455 S.
Leithäuser, Joachim G.: Journalisten zwischen zwei Welten. Die Nachkriegsjahre der Berliner Presse. Colloquium Verlag Berlin 1960, 93 S.

4.2 Die gegenwärtige Struktur

Die Presse der Bundesrepublik wird durch folgende Strukturmerkmale gekennzeichnet:

☐ Hohe Zahl von Zeitungstiteln.

☐ Lokale Bindung vieler Tageszeitungen.

☐ Fehlen einer hauptstädtischen und vielfältigen überregionalen Presse.

☐ Zunehmende Bedeutung von Wochenzeitungen.

☐ Ansätze zur „Politisierung" der Illustrierten.

☐ Reiches Zeitschriftenangebot.
☐ Schwach entwickelte Parteipresse.
☐ Wachsende Anzeigenabhängigkeit.
☐ Deutlich spürbare Konzentrationstendenzen.

Im Vergleich zu Großbritannien, Frankreich und Italien, wo 114, 113 Zeitungstitel
bzw. 82 Tageszeitungen herausgegeben werden, erscheint das Zeitungsangebot in der Bundesrepublik auf den ersten Blick als überaus reichlich und vielfältig. Aber der Schein trügt. Walter J. Schütz hat nachgewiesen, daß **1964** von den 1495 Zeitungsausgaben, die von 570 Zeitungsverlagen herausgegeben wurden, **nur 183 in allen Teilen journalistisch selbständig gestaltet wurden.** Wenn man 1964 wissen wollte, wie die deutsche Presse zu politischen Ereignissen Stellung nahm, mußte man 183, **neun Jahre später nur noch 132 Zeitungen** lesen.

4.2.1 Die Heimatpresse

Die Differenz zwischen der Zahl der Zeitungsausgaben und der Zahl System der
der in allen Teilen journalistisch selbständig gestalteten Zeitungen ist Bezirksausgaben
auf das in Deutschland schon im Kaiserreich und während der Weimarer Republik verbreitete System der Bezirksausgaben bzw. Redaktions-, Anzeigen- und Verlagsgemeinschaften zurückzuführen. Bezirksausgaben sind nichtselbständige örtliche Zeitungen, die nur ihren Lokalteil selbst gestalten, den allgemeinen Teil aber einheitlich und unverändert von ihrer Hauptausgabe übernehmen. Die Hauptausgabe und die Bezirksausgaben befinden sich wirtschaftlich und rechtlich in derselben Hand, redaktionell zum Teil in mehreren Händen.

Bei den Redaktionsgemeinschaften bleiben die einzelnen Zeitungs- Gemeinschaften
verlage nur wirtschaftlich und rechtlich, aber nicht redaktionell selb- der redaktionellen
ständig, weil sich die zeitungseigene Stoffauswahl und Stellungnahme Zusammenarbeit
auf die lokalen Seiten beschränkt; die allgemeinen Teile werden zumeist von der Zentralredaktion als Mater bezogen.

Der wirtschaftliche Vorteil, den solche Gemeinschaften bieten, ist Wirtschaftliche
offensichtlich: Nicht ein Verleger, sondern zehn, zwanzig oder mehr Vorteile
bringen zusammen das Geld für die politische Redaktion, die Wirtschafts- und Feuilletonredaktion, die Nachrichtenagenturen, die Pressedienste und einen Teil des technischen Apparates auf. So arbeitet man rentabel und ist gleichzeitig leistungsfähiger, denn welcher Verleger eines Blattes mit einer Auflage von 5000 bis 8000 Exemplaren könnte es sich schon leisten, zwei Nachrichtenagenturen zu abonnieren oder Journalisten für verschiedene Ressorts anzustellen? Mit anderen Worten: Qualität und Menge der verarbeiteten und gedruckten Informationen können erhöht, die Kommentierungen verbessert werden, weil man sich mehr Experten leisten kann. Die Freunde derartiger Zusammenschlüsse erklären deshalb: „Es ist besser, weniger und gute Zeitungen zu haben als viele und schwache."

Die Nachteile sind vor allem im politischen Bereich zu suchen. Die „Redaktionsgemeinschaft Deutscher Heimatzeitungen GmbH" mit Sitz in Frankfurt am Main bestand 1973 zum Beispiel aus 41 Blättern, deren Verbreitungsgebiet sich über Hessen, das Rheinland und das Saargebiet bis in den Harz erstreckte.

Mitglieder der Redaktionsgemeinschaft sind unter anderen die „Alfelder Zeitung", die „Sollinger Nachrichten", das „Viernheimer Tageblatt" und die „Moringer Zeitung".

Obwohl die Leserschaft der einen Zeitung sicherlich überwiegend CDU-freundlich eingestellt ist und die Leser einer anderen hauptsächlich mit der SPD sympathisieren, werden sie mit denselben politischen Nachrichten und Kommentaren versorgt. Um keinen Leser vor den Kopf zu stoßen, wird man in solchen Fällen die politischen Seiten so farblos wie möglich gestalten. Selbst wenn der Verleger seiner Zeitung gerne ein stärkeres politisches Profil geben möchte, wird er aus technisch-wirtschaftlichen Gründen davor zurückschrekken. In einer Gemeinschaft von mehr als 40 Verlegern ist er nur einer unter vielen. Er muß sich den Mehrheitsentscheidungen der Gemeinschaft beugen oder sie verlassen.
Dieses Spannungsverhältnis zwischen dem Bestreben des Verlegers nach selbständiger Bestimmung der politischen Richtung seines Blattes und dem Verzicht auf die Realisierung dieses Wunsches aus ökonomischen Gesichtspunkten bleibt grundsätzlich auch dann bestehen, wenn sämtliche Verleger der Gemeinschaft übereinstimmend christlich-demokratisch oder sozialdemokratisch orientiert sind. Auch in diesem Fall wird der einzelne Verleger nur dann seine Meinung zum Beispiel über Strauß oder Wehner in seiner Zeitung lesen können, wenn die Mehrheit der Kollegen seine Ansicht über diese Politiker teilt.

In der überregionalen Berichterstattung ist in der Bundesrepublik keine Zeitung ohne Konkurrenz. Überall besteht die Möglichkeit, sich über Ereignisse von überregionaler Bedeutung – beispielsweise den Verlauf einer wichtigen Debatte des Bundestages – gleichzeitig aus mehreren Zeitungen zu informieren, aus überregionalen Blättern („Die Welt", „Frankfurter Allgemeine" u. a.) und aus lokalen („Mühldorfer Anzeiger", „Zevener Zeitung" u. a.). Über das lokale Geschehen kann man sich hingegen häufig nur durch eine Zeitung, nämlich das Heimatblatt, unterrichten. 1952 wurde in 129 von insgesamt 556 kreisfreien Städten bzw. Landkreisen nur eine regionale oder lokale Zeitung angeboten. 1970 hatte sich die Zahl fast verdoppelt. In 45 Prozent aller Kreise der Bundesrepublik, vor allem in dünnbesiedelten, industriearmen Gegenden wie dem Alpen- und Voralpengebiet, dem schwäbischen und niederbayerischen Donaugebiet, dem Emsland und der Lüneburger Heide, **verfügen die Heimatzeitungen in der Lokalberichterstattung über ein Monopol.** Das ist politisch bedeutsam, weil hier die Zeitungen die Möglichkeit haben, die Leser völlig einseitig zu informieren.

Tatsächlich ergab die Analyse einer repräsentativen Zahl westdeutscher Lokalblätter, daß sich die Zeitungen mit einer Monopolstellung in der lokalen Berichterstattung mit den örtlichen Politikern, Amtspersonen, Gremien und Behörden in Kommentaren weniger beschäftigen und tendenziell eher schonend mit ihnen umgehen als die Zeitungen ohne Monopolstellung (Elisabeth Noelle-Neumann: Empirische Prüfung von Thesen der Pressekommission, in: Zeitungs-Verlag und Zeitschriften-Verlag. 65. Jg. 1968. H. 38/39. S. 1620).

Daß allerdings einem großen Angebot an Lokalzeitungen keine inhaltliche Vielfalt zu entsprechen braucht und Konkurrenz keine Garantie für kritische Berichterstattung ist, haben Horst Haenisch und Klaus Schröter am Beispiel von Wertheim/Baden-Württemberg nachgewiesen, wo vier Zeitungen erscheinen. Ihr Fazit: *„Die Lokalberichterstattung ist ein Instrument der lokalen Honoratiorengesellschaft. Diese erwartet von den Zeitungen, so dargestellt zu werden, wie sie selbst sich sieht. Das impliziert ein Verbot jeder Kritik, die sich auf sie selbst bezieht, eine großzügige Repräsentation der Leistungen, die sie sich zuschreibt, und die Gleichbehandlung der Institutionen, die den Anspruch erheben, von gleichem Rang zu sein."* (Zum politischen Potential der Lokalpresse, in: Ralf Zoll [Hrsg.]: Manipulation der Meinungsbildung, S. 276.).

Instrument der Honoratioren?

Für die lokal verbreiteten Zeitungen mit einer relativ geringen Auflage (bis zu ca. 10 000 Exemplaren) stellt sich das Problem der inneren Pressefreiheit mit besonderer Schärfe. Der Kreis der Anzeigenkunden ist bei diesen Blättern normalerweise nicht sehr groß; sie sind also mehr als Zeitungen mit einem umfangreichen Anzeigenteil auf jedes einzelne Inserat angewiesen. Drohungen des Kunden, seinen Auftrag zurückzuziehen, falls im redaktionellen Teil nicht ein Hinweis auf die Anzeige erfolgen sollte, können also leichter zum Erfolg führen.

Die innere Pressefreiheit der Heimatpresse

Beispiele: „Der vereint auftretende Einzelhandel einer norddeutschen Stadt erreichte durch Anzeigenboykott, daß die Zeitung eine Meldung von Käuferstreiks in Holland widerrufen mußte, nachdem sie einen Anzeigenverlust von 40 000 DM erlitten hatte. Ein anderes Mal rühmte eine Lokalzeitung nach einem Anzeigenboykott des Einzelhandels wochenlang den vorteilhaften Einkauf in der eigenen Stadt, obwohl sie vorher behauptet hatte, in den Städten der näheren Umgebung könne man billiger einkaufen."
(Bernhard Maurer: Der Anzeigenentzug als wirtschaftliches Druckmittel, in: Der Journalist. 5. Jg. 1955. H. 5. S. 11.)

Anzeigenboykott

Zuweilen wird auch versucht, den Redakteur zur Aufnahme oder Unterlassung der Veröffentlichung eines Berichts zu bewegen.

Druck durch Geschenke

„Jeder Schaufensteraufbau oder kleine Ausbau, jede Eröffnung eines Lokals oder interne Veranstaltung ist heute Anlaß zu einem ‚Presseempfang' oder einer ‚Pressebesichtigung'. Die eingeladenen Redakteure werden überaus freigebig bewirtet und dann verlangt man unverblümt einen langen Artikel, womöglich mit Bildern, der die Erzeugnisse, Veranstaltungen oder Leistungen des Unternehmens im günstigsten

41

Licht erscheinen läßt. Freikarten für Journalisten für alle möglichen Veranstaltungen haben nicht immer den Zweck, die betreffende Veranstaltung der Presse zugänglich zu machen. Werksbesichtigungen für Journalisten ... sind heute wieder ein beliebtes Mittel, werbende Besprechungen im Text der Zeitungen unterzubringen." (Bernhard Maurer: Gefahren für die innere Freiheit der Presse, in: Der Journalist. 5. Jg. 1955. H. 1. S. 2.)

Der Deutsche Presserat hat sich mit diesem Problem des „Geschenke-Unwesens" wiederholt kritisch auseinandergesetzt. Journalisten und Verleger haben sich auf die Fixierung von Richtlinien bei der Annahme von Geschenken und Vergünstigungen geeinigt – trotzdem sind die von Maurer geschilderten „Fälle" auch heute keine Seltenheit.

Rücksichtnahme auf Informanten

In Kleinstädten stehen dem Journalisten normalerweise nur wenige ergiebige Informationsquellen zur Verfügung, wie zum Beispiel die Dienststellen der Stadtverwaltung, die Polizei, Parteien und Verbände. Es ist daher für Journalisten von Heimatzeitungen riskant, sich negativ über eine dieser Informationsquellen zu äußern, weil sie dann zu versiegen drohen. Nicht zuletzt aus diesem Grunde enthält die Lokalberichterstattung vieler Heimatzeitungen so selten Kritik.

Was geschehen kann, wenn doch einmal kritisiert wird, zeigt folgender Fall:
„Im vergangenen Jahr wurde auf Betreiben der katholischen Geistlichkeit in der Kreisstadt Cloppenburg die Volkshochschule aufgelöst und durch ein ‚Katholisches Bildungswerk' ersetzt. Die evangelische Minderheit – 2520 von 13 520 Einwohnern – wurde auf diese Weise der Möglichkeit beraubt, sich an einem konfessionell neutralen Ort weiterzubilden, und vor die Alternative gestellt, allgemeinbildende Vorträge und Kurse entweder aus katholischer Sicht oder gar nicht geboten zu bekommen.
Die in Oldenburg in einer Auflage von 75 000 Exemplaren erscheinende ‚Nordwest-Zeitung' stellte in ihrer Cloppenburger Bezirksausgabe mit rund 3000 Exemplaren die neue Situation in einem objektiv referierenden Dreispalter dar und veröffentlichte außerdem aus der Feder ihres Cloppenburger Korrespondenten Siegfried Wächter einen mit vollem Namen gezeichneten Kommentar, in dem an den Vorgängen eine zwar deutliche, aber zugleich sachliche und faire Kritik geübt wurde.
Die katholische Geistlichkeit reagierte prompt. Auf Veranlassung des Cloppenburger Dechanten Josef Meyer wurden am nächsten Sonntag in den 44 Pfarren, Rektoraten und Filialen jener drei Dekanate, in denen Wächters Kommentar verbreitet worden war, Kanzelabkündigungen verlesen, in denen die Gläubigen vor der ‚unzutreffenden' Berichterstattung der NWZ gewarnt wurden. Ein Pfarrer forderte offen zum Boykott solcher ‚liberaler und roter Blätter' auf. Der Postwurfsendung, so wurde angekündigt, werde eine Gegendarstellung folgen.
War schon der Mißbrauch der Kanzel zu einem derart massiven Eingriff in die Pressefreiheit ungeheuerlich, so war die Reaktion des öffentlich diskreditierten Zeitungsverlages noch bestürzender: Am nächsten Tag reiste der NWZ-Verlagsleiter Theo Hansen von Oldenburg in die Cloppenburger Außenredaktion und setzte den seit elf Jahren exklusiv für die NWZ tätigen Mitarbeiter und Kommentar-Autor Wächter kurzerhand vor die Tür. Dann erstattete er der Geistlichkeit Vollzugsmeldung.
Großzügig honorierte die Kirche diesen berufspolitischen Masochismus. Am folgenden Sonntag tönten neue Abkündigungen von den Kanzeln: Die ‚Nordwest-Zeitung' habe sich entschuldigt und werde die katholische Kirche ‚nicht mehr angreifen'!" (Erich Klostermann: Ein lästiger Wächter weniger, in: Der Journalist. 12. Jg. 1962. H. 4 S. 18.)

Wie es um die Pressefreiheit bei der Heimatpresse steht, veranschaulicht auch das folgende Beispiel:

„Obwohl es an Platz nicht mangelt, bringt die Gütersloher ‚Glocke' nur selten eine Lokalspitze oder eine Glosse; offene Kritik bringt sie nie. Angegriffen werden nur allgemein anerkannte Mißstände: Die fehlende Festhalle in Gütersloh, der Verkehr, Parkplatzmangel und Wohnraumnot. Über diese Mängel sind sich alle Parteien einig. Kritische Anmerkungen treffen alle oder keinen. Über andere städtische Themen kritisch zu berichten, ist kaum möglich, weil nichts bekannt ist. Die Stadtverwaltung schirmt sich gegen die Presse ab. Regelmäßige Besprechungen, wie in Großstädten üblich, finden nicht statt. Auskünfte müssen mühsam beim Stadtdirektor eingeholt werden. Die in der Sache zuständigen Dienststellenleiter dürfen der Presse keine Auskünfte geben. Die Zeitungen erfahren dennoch, was sie wissen möchten – wenn auch auf Umwegen. Bei Bauprojekten wenden sie sich an den Polier oder Bauführer. Allerdings bleiben deren Angaben oft unvollständig. Später gibt es Ärger. Was ‚oben' pompös als ‚Kontrollfunktion der Presse in der Demokratie' beschworen wird, ist in der Kleinstadt schnell Anlaß zu persönlicher Feindschaft. Sie kennen sich alle, sind aufeinander angewiesen und wollen wenigstens den Anschein freundschaftlicher Nachbarschaft aufrechterhalten. Es gibt aber auch Journalisten, die sich schadlos halten: Still und unerkannt informieren sie das Regionalprogramm des Fernsehens über Kuriositäten, über die sie selber nicht schreiben können." (Nina Grunenberg: Umzingelt von Vereinen: Bezirksredakteur im „Glockenland" – Bilder aus der deutschen Presse (I), in: Die Zeit, Nr. 13 vom 25. 3. 1966. S. 62.)

Die angeführten Beispiele können durchaus für einen großen Teil der Heimatpresse als typisch gelten.

Verfassungswidriges Zensurrecht
Es gibt eine beachtliche Reihe von Gemeinden, in denen die örtliche Presse auf eine unabhängige Kritik an der Gemeindeverwaltung und an der Kommunalpolitik verzichtet, weil die Spitze der Kommunalverwaltung sie nicht duldet, weil sie ein verfassungswidriges Zensurrecht für sich in Anspruch nimmt, ja schlechthin als Zensor fungiert.
Theodor Eschenburg: Zur politischen Praxis in der Bundesrepublik. Kritische Betrachtungen 1957 – 1961. München 1964. S. 184.

Die Tendenz der Heimatblätter zur Kritiklosigkeit kann **schwerwiegende politische Folgen** haben. Der Staatsbürger, der von der Presse die Erfüllung ihrer politischen Funktionen erwartet, wird unter Umständen sein Vertrauen zur Presse verlieren, wenn er feststellt, daß die von ihm selbst in einem überschaubaren politischen Gemeinwesen beobachteten Mängel von seinem Heimatblatt totgeschwiegen werden. Und wird nicht auf diese Weise auch der Verdacht genährt, was auf unterer Ebene geschehe, könne sich ebenso auf höherer Ebene ereignen?

Tendenz zur Kritiklosigkeit

4.2.2 Die überregionale Presse

Im Vergleich zur Zeit vor dem Ersten Weltkrieg und der Weimarer Republik erscheinen in der Bundesrepublik – nicht zuletzt wegen des Fehlens eines politischen Zentrums, wie es Berlin vor 1945 war – **relativ wenige überregionale Zeitungen.**

Damals waren es etwa 20, gegenwärtig nur fünf: „Frankfurter Allgemeine", „Die Welt", „Süddeutsche Zeitung", „Handelsblatt" und „Bild-Zeitung". Da der Begriff „überregional" nicht eindeutig ist – gemeinhin wird darunter Verbreitung einer Zeitung in der gesamten Bundesrepublik verstanden –, ist fraglich, ob an dieser Stelle auch Zeitungen wie die „Frankfurter Rundschau" und die „Stuttgarter Zeitung" erwähnt werden müßten.

„Unabhängig und überparteilich"

„Die Welt", die „Frankfurter Allgemeine" und die „Süddeutsche Zeitung" erheben ebenso wie über 90 Prozent aller anderen Zeitungen der Bundesrepublik den Anspruch, unabhängig und überparteilich zu sein. Eine Analyse der politischen Kommentare dieser drei Blätter in den letzten vier Wochen vor den Bundestagswahlen 1953, 1957 und 1961 ergibt folgendes Bild:

Inhaltsanalyse

Alle drei Zeitungen veröffentlichten in den Untersuchungszeiträumen ablehnende und zustimmende Kommentare zur Politik der Regierung und der Opposition; sie waren also „allgemein kritisch" eingestellt. „Die Welt" ließ darüber hinaus 1957 eine „Neigung" zur CDU und 1961 zur SPD erkennen, die „Frankfurter Allgemeine" brachte vor den drei Wahlen immer eine CDU-Tendenz zum Ausdruck, die „Süddeutsche Zeitung" wies 1957 und 1961 eine SPD-Tendenz auf. (Einzelnachweise bei Hermann Meyn: Politische Tendenzen überregionaler Tageszeitungen in der Bundesrepublik Deutschland, in: Publizistik. 10. Jg. 1965. H. 3. S. 412–423.)

Selbst die drei wichtigsten überregionalen deutschen Tageszeitungen – das kann man aus dieser Untersuchung folgern – nehmen also zu Unrecht für sich in Anspruch, „überparteilich" zu sein, wenn darunter verstanden wird „gegenüber allen großen Parteien gleich kritisch."

Seit der Bildung der sozialliberalen Koalition in Bonn (1969) zeichnen sich deutliche Präferenzen ab:
- „Die Welt" lehnt – in weitgehender Übereinstimmung mit der CDU und der CSU – die Ostpolitik der Bundesregierung grundsätzlich ab;
- die „Frankfurter Allgemeine" kritisiert diese Politik punktuell, stimmt ihr aber im Prinzip zu;
- die „Süddeutsche Zeitung" tritt eindeutig für die Ostpolitik der Bundesregierung ein.

Auf wirtschaftlichem Gebiet
- teilen „Die Welt" und die „Frankfurter Allgemeine" die Sorge der Opposition vor einer möglichen Abkehr der Bundesregierung von der sozialen Marktwirtschaft;
- die „Süddeutsche Zeitung" sieht hingegen keinen Grund für derlei Befürchtungen.

„Bild-Zeitung"

Unter den überregionalen Tageszeitungen nimmt die „Bild-Zeitung" (Auflage 3,4 Millionen) eine Ausnahmestellung ein. Von den 14,5 Millionen Einwohnern der Bundesrepublik (= 34 Prozent der Gesamtbevölkerung über 14 Jahre), die die „Bild-Zeitung" regelmäßig oder häufig lesen, sind

- 10 Prozent Inhaber und Leiter von Unternehmen, Angehörige freier Berufe oder selbständige Gewerbetreibende,
- 4 Prozent leitende Beamte und Angestellte,

- 23 Prozent sonstige Beamte und Angestellte,
- 34 Prozent Facharbeiter,
- 23 Prozent sonstige Arbeiter und
- 3 Prozent Angehörige landwirtschaftlicher Berufe.

Diese Verteilung auf die Berufsgruppen deckt sich in etwa mit dem Anteil dieser Gruppen an der Gesamtbevölkerung. Das gilt auch für das Alter und das Einkommen der „Bild"-Leser, nicht aber für die Schulbildung: Volksschüler werden von „Bild" überdurchschnittlich, Personen mit höherem Schulabschluß unterdurchschnittlich erreicht. Die „Bild-Zeitung" wird von 68 Prozent ihrer regelmäßigen oder häufigen Leser zu Hause (!), von 6 Prozent in Verkehrsmitteln, von 26 Prozent an der Arbeitsstelle gelesen. Das Bilder-Blatt ist so attraktiv, daß 23 Prozent seiner Leser immer, wenn sie „Bild" sehen, „verrückt danach" sind, das „Essen stehen lassen" und die Zeitung „sofort kaufen".

Bei „Bild" dominieren statt des Textes Bilder, Schlagzeilen, farbige Unterstreichungen und Umrandungen. Die bei dieser Zeitung übliche Zusammenfassung komplizierter politischer Sachverhalte zu Losungen und Schlagworten kann beim Leser fälschlicherweise den Eindruck hervorrufen, er sei informiert — nach Infratest glauben zum Beispiel 91 Prozent der „Bild"-Leser, sie würden durch die Zeitung „kurz und bündig über alles, was passiert", unterrichtet. „Bild" sieht sich selbst *„nicht nur als eine, wenn auch gewichtige Einrichtung zur Vermittlung von Informationen, . . . vielmehr zugleich als eine soziale Instanz, als eine gesellschaftliche Macht, von der . . . die anderen Orientierung und Aufklärung über das, was geschieht, erwarten; damit aber auch Urteils- und Verhaltenssicherheit"* („Qualitative Analyse 1965", herausgegeben von der Bild-Zeitung).

Wie „Bild" dieser Aufklärungsfunktion gerecht wird, haben Erich Küchenhoff und seine Mitarbeiter im einzelnen analysiert („Bild"-Verfälschungen. Frankfurt 1972). Ein Ergebnis: Ein Vergleich der „Bild"-Berichterstattung zur Gewerkschaftspolitik vom August bis Dezember 1970 mit der Münchner „Abend-Zeitung" ergab, daß „Bild" (Hamburger Bundes-Frühausgabe) nicht über allgemein politische Forderungen der Gewerkschaften berichtete, sozialpolitische Äußerungen der Gewerkschaften wenig beachtete und Gewerkschaftswünsche nicht publizierte, die beim Leser „Heile-Welt-Vorstellungen" über den öffentlichen Dienst stören könnten, beispielsweise die DGB-Forderung nach Streikrecht für Beamte und Abschaffung der Beamtentitel. Solche und andere Auslassungen haben dem Blatt den Vorwurf der Nachrichtenunterdrückung und -verfälschung eingetragen, den freilich der Springer-Verlag strikt zurückweist. So heißt es in einer von der Abteilung Information der Axel Springer Verlag AG 1972 herausgegebenen Broschüre „Der Fall Küchenhoff oder Agitation mit falschem Etikett: *„Viele der zur Stützung der Thesen von der Nachrichtenunterdrückung und -verfälschung in den Studien dargelegten Einzelbeispiele erweisen sich bei näherer Prüfung als unrichtig. Dies*

Statt Text Bilder

„Bild"-Kritik

45

beweist die Voreingenommenheit und Oberflächlichkeit, mit denen das Küchenhoff-Team gearbeitet hat."
Neben der Quantität der Informationen wird auch ihre Qualität kritisiert.

Denken verhindert Ralf Zoll und Eike Hennig urteilen: *„In BILD werden gesellschaftliche, wirtschaftliche und politische Zusammenhänge, Abhängigkeiten, Konflikte vereinfacht, auf Klischees reduziert, harmonisiert und über Personalisierungen verschleiert ... BILD verhindert selbständiges Denken und eigene Entscheidungen, indem es die Gesellschaft in unverbundene, isolierte Teile zerlegt. BILD emotionalisiert Politik und funktionalisiert das einzelne Interesse auf Sensationen."* (Massenmedien und Meinungsbildung. München 1970. S. 182.)

Politische Richtung und Wirkung Seit der Bildung der SPD/FDP-Regierung im Oktober 1969 hat sich die „Bild-Zeitung" rasch zu einem Blatt entwickelt, das die Ost- und Wirtschaftspolitik der Bundesregierung in Berichten und Kommentaren scharf angreift.

Hans Dieter Müller sieht in der **„Kopplung von provozierter und zugleich aufgefangener Angst"** das eigentliche Erfolgsgeheimnis der „Bild-Zeitung". Müller warnt einerseits vor einer Überschätzung der direkten politischen Gefahren des Massenblattes, gibt aber andererseits zu bedenken: „Offen bleibt jedoch, wie sich die verdeckte autoritäre Fixierung im vorpolitischen Raum auf das Verhalten der Massen auswirken wird, wenn Krisen zur Radikalisierung drängen und nach einem neuen Messias schreien lassen." (Hans Dieter Müller: Der Springer-Konzern. Eine kritische Studie. München 1968. S. 120.)

4.2.3 Die Wochenzeitungen

Die Wochen-zeitungen Anders als die „Bild-Zeitung", die durchaus an Vorbilder in der Weimarer Republik (zum Beispiel „Tempo") anknüpfen konnte, haben Blätter wie „Die Zeit", „Deutsche Zeitung", „Deutsches Allgemeines Sonntagsblatt" und „Rheinischer Merkur" einen neuen Zeitungstyp in Deutschland begründet, dem es im Gegensatz zur Tagespresse weniger auf die Veröffentlichung von Nachrichten als auf ausführliche Analysen und Kommentare, auf die Einordnung tagesaktueller Ereignisse in größere Zusammenhänge ankommt. Diese Wochenzeitungen leisten trotz ihrer vergleichsweise bescheidenen Gesamtauflage nicht zuletzt wegen ihres überdurchschnittlichen Niveaus und der überregionalen Verbreitung einen gewichtigen Beitrag zur Diskussion politischer, wirtschaftlicher und kultureller Probleme in der Bundesrepublik.

„Die Zeit" „Die Zeit" (verkaufte Auflage: 325 000) bezeichnet sich selbst als ein „liberales" Blatt. Die Hamburger Wochenzeitung gibt in ihren Spalten zuweilen Vertretern sehr verschiedener politischer Ansichten die Möglichkeit zur Teilnahme an Diskussionen, wenngleich sie auch keinen Hehl daraus macht, daß sie prinzipiell mit der Politik der sozialliberalen Koalitionsregierung in Bonn sympathisiert. Wirtschaftlich gesehen, war „Die Zeit" unrentabel: Das Blatt machte von 1945 bis 1964 mehr als zwölf Millionen D-Mark Verluste. Der Verleger der Zeitung, Gerd Bucerius, konnte diese Durststrecke nur durchstehen, weil ihm andere gewinnabwerfende Verlagsobjekte wie die Illustrierte „Stern" ermöglichten, die Herausgabe der Wochenzeitung „Die Zeit" finanziell zu unterstützen.

Die „Deutsche Zeitung", vormals „Christ und Welt", und das „Deutsche Allgemeine Sonntagsblatt", deren verkaufte Auflage bei 150 000 bzw. 130 000 Exemplaren liegen, betonten ursprünglich ihre Absicht, Politik aus christlicher Sicht darzustellen. Im Gegensatz zu ihnen wendet sich der „Rheinische Merkur" (50 000), der die „ewigen Werte christlich-abendländischen Geistes" verteidigen möchte, ausschließlich an katholische Leser. **Christlich gerichtete Presse**

Das Experiment, mit „Publik" eine auch für neuere Strömungen des Katholizismus offene Wochenzeitung auf den Markt zu bringen, mißlang. Die von den katholischen Bischöfen von Ende September 1968 bis Oktober 1971 mit 24 Millionen Mark subventionierte Zeitung wurde im November 1971 eingestellt – vielleicht auch deshalb, weil sie den ihr von Kardinal Döpfner bei der Gründung erteilten Auftrag ernst genommen hatte, die „Pluralität der Meinungen im Katholizismus widerzuspiegeln und ein Forum der innerkirchlichen Diskussion zu sein." **„Publik"**

In Gutachten wurden unterschiedliche Ansichten über „Publik" geäußert: Dr. Hans Wagner, München, meinte, die Untersuchung des Themenspektrums habe zwar eine „tendenzielle Vollständigkeit" ergeben, nicht aber „eine tendenzielle Ausgewogenheit"; Professor Dr. Michael Schmolke, Salzburg, urteilte hingegen, die „Publik"-Redaktion habe sich in ihren Urteilen und Wertungen in der Regel ausgeglichen und besonnen gezeigt.

Unter den Wochenzeitungen nimmt „Das Parlament" eine Sonderstellung ein. Diese aus öffentlichen Mitteln finanzierte und von der Bundeszentrale für politische Bildung in Bonn herausgegebene Publikation veröffentlicht u. a. ausführliche Auszüge aus Debatten im Bundestag und läßt im „Teleforum" Autoren unterschiedlicher politischer Couleur über Fernsehsendungen und -probleme kontrovers diskutieren. Die regelmäßige Beilage „Aus Politik und Zeitgeschichte" bringt für Wissenschaft und politische Bildungsarbeit interessante Aufsätze. **„Das Parlament"**

Auch das Nachrichtenmagazin „Der Spiegel" (Auflage beim erstmaligen Erscheinen 1947: 15 000, 1973: 900 000) ist in der deutschen Presse ohne Vorgänger. Die ursprünglich dem amerikanischen Nachrichtenmagazin „Time" nachgebildete Zeitschrift ist bemüht, **„Der Spiegel"**
- alle Nachrichten zu Geschichten zu verarbeiten,
- nach Möglichkeit den Menschen in den Mittelpunkt der Handlung zu stellen.

Besondere Bedeutung mißt das Nachrichtenmagazin Leserzuschriften, der Titelgeschichte und dem „Spiegel"-Gespräch bei. Nach einem Wort ihres Herausgebers Rudolf Augstein hat sich die Zeitschrift zum Ziel gesetzt, „politische Illusionen zum Platzen zu bringen". Die Skala

Vorwürfe der Urteile über den „Spiegel" reicht von „Skandalblatt", „Aasgeier" und „Trompete des Nihilismus" bis zu „Wahrzeichen der Demokratie" und „Verkörperung der Pressefreiheit". Im einzelnen wird der Zeitschrift vorgeworfen,
- sie kritisiere immer nur,
- informiere einseitig,
- verwende die Technik der unausgesprochenen Andeutung zwischen den Zeilen als Hauptmittel der Charakterisierung von Personen,
- berichte falsch.

Keine Alternativen? Diese Vorwürfe sind nur zum Teil berechtigt. Der „Spiegel" hat sich ganz bewußt zur Aufgabe gemacht, die „Kehrseite der Medaille" zu zeigen. Der Einwurf, es fehle das „Positive", es würden keine Alternativen aufgezeigt, verkennt, daß die Kritikfunktion die Presse nicht unbedingt dazu verpflichtet, selbst Lösungen anzubieten. *„Die Legitimation des Theaterkritikers beruht nicht auf der Fähigkeit, anstelle des verrissenen Stücks ein besseres zu produzieren."* (Martin Löffler: Der Verfassungsauftrag der Presse. Modellfall SPIEGEL. Karlsruhe 1963. S. 53).

Einseitige Information? Einseitige Information hat dem „Spiegel" dagegen auch ein Urteil des Bundesverfassungsgerichts zur Last gelegt. Das Gericht stellte zu einem Bericht, den das Nachrichtenmagazin am 10. März 1954 über die politische Vergangenheit des Stuttgarter Oberlandesgerichtspräsidenten Richard Schmid veröffentlicht hatte, fest, es sei ein verzerrtes Bild gezeichnet worden, *„und zwar nicht nur durch Wiedergabe einiger unrichtiger Behauptungen, sondern auch und vor allem durch bewußtes Weglassen von Tatsachen, die geeignet waren, das Bild seiner (Schmids) politischen Gesinnung richtigzustellen ... Der SPIEGEL hat also seinen Lesern unter dem Anschein der vollen Wahrheit bewußt nur Teilwahrheiten geboten."*

Auch der dritte Vorwurf ist nicht ganz von der Hand zu weisen. Augstein selbst hat einmal eingeräumt, die Form des Magazinartikels verleite dazu, einer Nachricht einen „Drall" zu geben.

Fehler in der Berichterstattung Der „Spiegel" ist besonders bemüht, über die Meldungen der Nachrichtenagenturen hinaus zusätzliche Informationen durch eigene Recherchen zu erhalten. Trotz eines mehrere Millionen Zeitungsausschnitte umfassenden Archivs, trotz einer Dokumentationsabteilung, die in Deutschland bei Presseorganen ihresgleichen sucht, und trotz eines umfangreichen, genau vorgeschriebenen Kontrollprozesses unterlaufen auch dem „Spiegel" Fehler in der Berichterstattung. Man macht es sich allerdings zu leicht, wenn man aus Einzelbeispielen die These abzuleiten sucht, der „Spiegel" sei schlechthin unglaubwürdig. Angesichts der Vielzahl von richtigen Informationen, die der „Spiegel"

Woche für Woche liefert, sind wohl – wie auch bei allen anderen Presseorganen – hin und wieder Fehlinformationen unvermeidbar. Vorzüge des „Spiegel"

Für den „Spiegel" wird als Lob angeführt, daß er
- die Kritik- und Kontrollfunktion der Presse ernst nehme,
- über die Tagespresse weit hinausreichende Informationen bringe,
- unpopuläre Themen aufgreife,
- unabhängig sei.

Beispiele für Wirksamkeit des „Spiegel"

Daß der „Spiegel" mit Erfolg Kritik übt, belegen Beispiele wie diese:
27. 9. 1950: Bericht über die Bestechung einzelner Bundestagsabgeordneter bei der Stimmabgabe für Bonn als Bundeshauptstadt (führte zur Einsetzung eines Untersuchungsausschusses).
13. 8. 1952: Bericht über Geheimsitzung der rechtsradikalen Sozialistischen Reichspartei (SRP) (danach Selbstauflösung der Partei).
31. 5. 1961: Bericht über die Förderung eines privatwirtschaftlichen Bauprojekts durch Bundesverteidigungsminister Strauß (führte zur Einsetzung eines Untersuchungsausschusses).
8. 2. 1962: Bericht über die Verteidigungskonzeption der Bundesregierung. Ausgangspunkt war der Verlauf des unter dem Namen „Fallex 1962" durchgeführten Herbstmanövers der NATO (führte am 26./27. 10. 1962 zu einer Beschlagnahmeaktion der Bundesanwaltschaft wegen Verdachts des Landesverrats. Die „Begleitumstände" dieser Aktion hatten den Sturz des vierten Kabinetts Adenauer zur Folge. Verteidigungsminister Strauß gehörte der neugebildeten Regierung nicht mehr an).

Pseudofakten statt Informationen?

Zur Informationsfülle des „Spiegel" meinen Ralf Zoll und Eike Hennig: *„Eine Anhäufung von Pseudofakten lenkt oftmals von der eigentlichen Problematik ab, verankert Interesse am Nebensächlichen und gibt mit dem jeweiligen Individuum die menschliche Unzulänglichkeit der Lächerlichkeit preis. Ähnlich wie der „Bild"-Leser kann der „Spiegel"-Leser sich stets in der Position des Überlegenen fühlen. Diese Überlegenheit sichert sich das Magazin, indem es die Rolle des unfehlbaren Detektivs spielt, der jede Aufgabe, ganz gleich welche, annimmt und durchführt ... Auf diese Weise erwirbt sich das Blatt den Ruf der Radikalität und des Mutes."* (Massenmedien und Meinungsbildung. München 1970, S. 258.)

Glaubwürdigkeit bedroht

Dieser Ruf und damit auch die publizistische Glaubwürdigkeit des „Spiegel" sind allerdings bedroht, seitdem auch einer breiteren Öffentlichkeit im Sommer 1971 bekannt wurde, daß Herausgeber Rudolf Augstein zwar Mitbestimmung und Transparenz in vielen Bereichen des politischen Systems der Bundesrepublik fordert, im eigenen Haus aber nicht zuläßt. So entmachtete Augstein im September 1971 den von den journalistisch tätigen Mitarbeitern des Magazins gewählten Redaktionsrat, indem er ihm das drei Monate zuvor „unwiderruflich" zugestandene Recht nahm, in bestimmten Personalfragen konsultiert zu werden.

Als Mitbestimmungsgegner trat Augstein auch im Januar 1973 auf, als er nach Niederlegung seines Bundestagsmandats der Redaktion sich selbst und den Leiter des Bonner Büros Erich Böhme als neue Chefredakteure präsentierte, ohne vorher auch nur ein Mitglied der Redaktion gefragt zu haben. Welche Auswirkungen die Mitbeteiligung der „Spiegel"-Mannschaft auf die redaktionelle Mitbestimmung in der

Praxis hat, läßt sich noch nicht übersehen, da das Beteiligungsmodell erst am 1. Januar 1973 in Kraft getreten ist.

Wiederholt ist vermutet worden, daß Augstein 1971 mehrere linke, in der Mitbestimmungsfrage beim „Spiegel" besonders engagierte Redakteure auch aus handfesten wirtschaftlichen Gründen entlassen hat. Der Beweis ist nicht zu erbringen, doch lassen einige Fakten die Vermutungen als berechtigt erscheinen.

So berichtete im Januar 1973 die „Wirtschaftswoche": „Die Gewinne der Spitzenjahre (1967: 23 Millionen, 1968: 30 Millionen) sind durch verlorene Kostenkontrolle und Anzeigenschwund auf weit unter die Hälfte abgesackt. Der politische Linksruck hat 1971 einen Anzeigenverlust von minus 19 Prozent (gegenüber dem Vorjahr) und 1972 von nochmals minus zwölf Prozent gebracht."

Der Linksruck wurde inzwischen gebremst. Kritische, die Klassenstruktur der westdeutschen Gesellschaft betonende Beiträge sind aus dem „liberalen, im Zweifelsfall linken Blatt" (Augstein) weitgehend verschwunden. Die sozialliberale Regierung in Bonn wird vom „Spiegel" nur noch selten von links attackiert.

4.2.4 Die Illustrierten

Die Illustrierten Wenn heute von „den" Illustrierten die Rede ist, dann sind damit vor allem die vier auflagestarken, zum Teil hart miteinander konkurrierenden Illustrierten „Stern", „Quick", „Neue Revue" und „Bunte Illustrierte" gemeint. Ihre verkaufte Auflage liegt bei etwas über sechs Millionen, sie erreichen mehr als 40 Millionen Leser wöchentlich.

Politisierung der Illustrierten? Obgleich sich die Illustrierten in den letzten Jahren zum Teil stärker politischen Themen zugewandt haben, entspricht das Wort von der „Politisierung" der Illustrierten mehr einem Wunsch als der Wirklichkeit. Die politischen Informationen – Ausnahme: „Stern" – bleiben überwiegend vordergründig, unvollständig und zusammenhanglos. Gesellschaftliche, wirtschaftliche und politische Konflikte bekommen den Charakter von privaten Auseinandersetzungen; sie erscheinen als Abklatsch von Affären und Skandalen.

Regenbogenpresse Ein besonderer Illustrierten-Typ ist die Regenbogenpresse, zu der die „Neue Post", „Wochenend", „Das neue Blatt" und „Neue Welt" gehören. Diese Bilder-Blätter (Gesamtauflage: 9 Millionen), die ihren Lesern – vornehmlich alleinstehenden Frauen – eine moderne Märchenwelt vorgaukeln, bieten sich mit ihren Briefkastentanten als „Berater in allen Lebenslagen" an.

4.2.5 Die Zeitschriften

Zeitschriften mit politischer Aussage Unter den über 6500 Zeitschriften mit einer Auflage von rund 200 Millionen Exemplaren nehmen die Wochenzeitungen und Illustrierten ihrer Zahl nach nur einen Bruchteil ein. Weitere, wegen ihrer politischen Aussage erwähnenswerte Zeitschriften sind unter anderem: „Außenpolitik", „Die neue Gesellschaft", „Die politische Meinung", „Europa Archiv", „Frankfurter Hefte", „Gewerkschaftliche Monatshefte", „Politische Studien" und „Konkret". Die für das deutsche Zeitschriftenwesen kennzeichnende außerordentliche Vielfalt beruht auf der großen Zahl von Fach-, Verbands-, Kunden- und Werkzeitschriften.

4.2.6 Die Parteipresse

Ein weiteres Strukturmerkmal der Presse in der Bundesrepublik ist die relativ geringe Bedeutung der parteieigenen Presse.

Weimar
Während der Weimarer Republik bekannte sich fast die Hälfte aller Tageszeitungen offen zu einer politischen Richtung. Von den 4700 Zeitungen, die 1932 erschienen, unterstützten über 600 das Zentrum und die Bayerische Volkspartei. Die SPD verfügte mit den in der Konzentration AG vereinigten Druckerei- und Verlagsbetrieben ebenfalls über eine umfangreiche Presse (Höchststand 1931: 174 Zeitungen). Für die KPD war das wichtigste Unternehmen der ihrem Reichstagsabgeordneten Münzenberg gehörende Pressekonzern. Die im Vergleich zu den Wahlerfolgen auch 1932 noch schwach entwickelte Presse der NSDAP fiel durch ihren Kampf- und Agitationscharakter auf. Die Deutschnationale Volkspartei und die Deutsche Volkspartei wurden in ihrer Politik durch zahlreiche Blätter unterstützt, die sich als „national" bezeichneten. Die Deutsche Demokratische Partei besaß keine Parteipresse. Ihre Politik wurde jedoch von den bedeutenden überregionalen Tageszeitungen („Vossische Zeitung", „Berliner Tageblatt", „Frankfurter Zeitung", „Kölnische Zeitung") befürwortet.

Bundesrepublik
Von wenigen Ausnahmen abgesehen, beschränken sich die Parteien in der Bundesrepublik auf die Herausgabe von Presse- und Informationsdiensten. Parteieigene Tages- und Wochenzeitungen sind zu einer Seltenheit geworden. Vermutlich hängt dieser Rückgang unter anderem damit zusammen, daß
☐ die Parteipresse nur in Ausnahmefällen das schwierige Problem löst, trotz Festhaltens am Kurs der Partei zu einem interessanten Diskussionsorgan zu werden, in dem nicht nur Platz ist für parteiamtliche Verlautbarungen, und
☐ nur ein kleiner Prozentsatz der Wählerschaft (zwischen drei und vier Prozent) Mitglied einer Partei und daher der hauptsächlich als Leserschaft für die Parteipresse zu betrachtende Kreis von vornherein nicht sehr groß ist.

Die Presse der CDU und CSU
Die Christlich-Demokratische Union und die Christlich-Soziale Union geben als offiziellen Pressedienst den „Deutschland-Union-Dienst" heraus. Die CDU unterrichtet ihre Mitglieder ferner durch zahlreiche Zeitschriften und Informationsdienste wie „Deutsches Monatsblatt" und „Union in Deutschland".

„Verein Union-Presse"
1947 haben zahlreiche Verleger und Journalisten, die der CDU angehörten, den „Verein Union-Presse" gegründet. Die Zeitungen des

Vereins sind wirtschaftlich selbständige, ohne organisatorische Verbindung mit der Partei arbeitende Unternehmen, die sich unter anderem zum Ziel gesetzt haben, die Grundsätze der CDU zu vertreten, ohne an Weisungen und Beschlüsse von Partei-Instanzen und Fraktionen gebunden zu sein.

Mitgliedszeitungen des Vereins sind zum Beispiel die „Aachener Volkszeitung", die „Deutsche Tagespost" (Würzburg), die „Kölnische Rundschau", die „Neue Tagespost" (Osnabrück), die „Ruhr-Nachrichten" (Dortmund) und die „Rheinische Post" (Düsseldorf).

Einschließlich aller Bezirks- und Lokalausgaben erreichen die Zeitungen des Vereins eine Auflage von gut einer Million Exemplaren. Abgesehen von diesen Zeitungen, die bereits durch ihre Mitgliedschaft im „Verein Union-Presse" klar ihre politische Grundtendenz zum Ausdruck bringen, unterstützen natürlich auch andere Blätter, die sich „unabhängig" und „überparteilich" nennen, die Politik der CDU, beispielsweise „Die Welt".

CDU und „Verein Union-Presse" Heinz-Dietrich Fischer stellt in seiner Untersuchung über „Parteien und Presse in Deutschland seit 1945" (Schünemann Verlag Bremen 1971) fest, daß die Zeitungen des „Verein Union-Presse" „trotz starker regionaler und bisweilen auch politischer Differenziertheit im großen und ganzen zwar nicht bedingungslos auf den CDU-Kurs eingeschworen waren, hingegen in Prinzipienfragen sowie bei Wahlkämpfen geschlossen hinter der Partei standen". Die CDU wurde also gelegentlich kritisiert.

1961 forderten zum Beispiel mehrere Zeitungen des Vereins den Verzicht Adenauers auf das Amt des Bundeskanzlers, und 1965 kritisierten sie die Haltung der Bundesregierung während des Ulbricht-Besuchs in Kairo. In den Zeitungen spiegelt sich also ein Teil der innerparteilichen Diskussionen und Richtungskämpfe wider. Wie sehr sich zuweilen Verleger von Mitgliedszeitungen des Vereins dagegen zur Wehr setzen, zu Befehlsempfängern der Partei zu werden, zeigte sich unter anderem im nordrhein-westfälischen Kommunalwahlkampf 1965, als die „Ruhr-Nachrichten" entgegen den Wünschen des Landesvorstandes der CDU wiederholt Wahlanzeigen der SPD veröffentlichten.

Die Christlich-Soziale Union besitzt neben dem offiziellen Pressedienst „CSU-Korrespondenz" die Wochenzeitung **„Bayernkurier"**, die sich von einem unbedeutenden Regionalblatt unter der alleinigen Herausgeberschaft von Franz-Josef Strauß seit 1962 zur schärfsten publizistischen Waffe des CSU-Vorsitzenden entwickelte. Als die CSU 1964/65 dazu überging, die politischen Meinungsverschiedenheiten mit ihren Koalitionspartnern in Bonn, der CDU und der FDP, auf dem offenen Markt auszutragen, wurde der „Bayernkurier" zu einem politischen Barometer für die Spannungen innerhalb der damaligen Bundesregierung. Seit 1969 beschuldigt der „Bayernkurier" die SPD/FDP-Regierung in Bonn, mit ihrer Ostpolitik den „Ausverkauf nationaler Interessen" zu betreiben.

Die SPD hat nach 1945 die während der Weimarer Republik prakti- **Die Presse**
zierte straffe zentrale Lenkung ihrer Presse aufgegeben. Während **der SPD**
sich die der „Konzentration AG" der Zeit vor 1933 angehörenden
Verlage und Druckereien ganz und gar in den Händen der Partei be-
fanden, ist bis heute strittig, welche Zeitungen, deren Verleger nach
1945 ihre Lizenz über die SPD bekommen haben, gegenwärtig noch
der Partei gehören und welche nicht.

Ein Bericht der Hamburger „Druck- und Verlags-GmbH", die als
Presse-Dachgesellschaft die Nachfolgerin der „Konzentration" wurde,
nennt drei Gruppen von Verlagen, die ursprünglich auf SPD-Lizen-
zen zurückzuführen sind, nämlich solche,

- die heute in vollem Eigentum der seinerzeitigen Lizenznehmer
  bzw. ihrer Nachfolger sind (zum Beispiel die „Süddeutsche Zeitung" in München und die „Westdeutsche Allgemeine" in Essen),
- die ihre Gewinne nicht dem Eigentümer privat zufließen lassen,
  sondern sie in den Betrieb investieren oder gemeinnützigen Ge-
  sellschaften zuwenden (zum Beispiel die „Neue Ruhr/Rhein-Zei-
  tung" (NRZ) in Essen und die „Neue Westfälische" in Bielefeld),
- deren Eigentümer sie als bloßer Treuhänder der SPD verwaltet
  (zum Beispiel die Boulevard-Zeitung „Hamburger Morgenpost",
  die „Westfälische Rundschau" in Dortmund, die „Frankenpost" in
  Hof sowie zahlreiche Druckereien).

Ab und an beanspruchen einige ältere Genossen auch die Zeitungen
der ersten Gruppe noch wenigstens moralisch für die SPD. Da die
Besitzverhältnisse jedoch unzweifelhaft sind, dürften diese Blätter
wohl kaum in die geplante Neuordnung der Parteipresse einbezogen
werden. Streit dagegen gibt es um die zweite Gruppe: Während SPD-
Schatzmeister Nau vor allem die journalistisch und geschäftlich er-
folgreiche „NRZ" der parteieigenen Presse zurechnet,. betont der
Verleger die rechtliche Unabhängigkeit von der SPD.

Eindeutig zur parteieigenen Presse zählt nur die dritte Gruppe. Sie
hat den schwersten Stand. Wie weit sie beispielsweise dem Leser-
geschmack entgegenkommen darf, wird allerdings auch in der SPD
unterschiedlich beurteilt.

Als der ehemalige Manager im Axel-Springer Verlag, Dr. Peter Krohn, 1972 die
„Neue Hannoversche Presse" zu einem teilweise unpolitischen lokalen Unterhaltungs-
blatt umgestaltete, trug ihm das eine Rüge der örtlichen SPD ein. Doch auch diese
Entpolitisierung konnte das Blatt schließlich nicht davor retten, 1973 eine Kooperation mit der konservativen „Hannoverschen Allgemeinen Zeitung" einzugehen.

Kritik an ihrer „frühkapitalistischen Willkürherrschaft" mußte die SPD **Schließung von**
einstecken, als sie im Juni 1972 ohne Vorwarnung den „Telegraf" und **SPD-Blättern**
die „Nachtdepesche" einstellte und von heute auf morgen rund 200
Redakteure, Setzer, Metteure, Chemigraphen, Drucker, Versand-
arbeiter und sonstige Verlagsangestellte arbeitslos wurden. Vor den
beiden Berliner Blättern belegten die Einstellung des „Hamburger
Abendecho" (1964), der „Kieler Morgenzeitung" (1967) und der „Lü-

becker Freien Presse" (1969), wie schwer es heute für parteipolitisch festgelegte Zeitungen ist, sich auf dem Markt zu behaupten. Heidi Dürr urteilte in der „Zeit" am 16. Februar 1973: *„Pressefreiheit, so scheint es, ist für die SPD die Freiheit, Konzepte für die Zeitungen anderer Leute zu erarbeiten und die eigene Presse konzeptionslos zugrunde gehen zu lassen."*

Die offiziellen Verlautbarungen werden in erster Linie durch den Sozialdemokratischen Pressedienst und den Parlamentarisch-Politischen Pressedienst (PPP) verbreitet. Als Wochenzeitungen informieren die „Berliner Stimme" und die „Bremer Bürgerzeitung" die Mitglieder regional über Aktionen und Konzeptionen der Partei. Überregional erfüllt diese Funktion der „Vorwärts", der sich im Gegensatz zu früheren Zeiten heute jedoch nicht mehr allein als Anzeiger der offiziellen SPD-Politik, sondern auch als ihr kritischer Begleiter versteht.

Die Presse der FDP

Seitdem die vornehmlich von den Landesverbänden der FDP finanzierte Wochenzeitung „Das freie Wort" 1964 ihr Erscheinen eingestellt hat, geben die Freien Demokraten auf Bundesebene neben einigen speziellen und parteiinternen Diensten nur noch den Pressedienst „freie demokratische korrespondenz" (fdk) heraus. Die Monatszeitschrift „liberal" ist zwar kein offizielles Organ der Partei, kann jedoch, da viele FDP-Politiker darin schreiben, als Diskussionsforum der Liberalen angesehen werden – vergleichbar den Zeitschriften „Die neue Gesellschaft" bei der SPD und „Die politische Meinung" bei der CDU. Die Pressearbeit der Landesverbände beschränkt sich auf die Herausgabe von Zeitschriften und Informationsdiensten. Den Freien Demokraten ist es nicht gelungen, einen mit dem „Verein Union-Presse" oder der „Konzentration" vergleichbaren Zusammenschluß ihr nahestehender Zeitungen herbeizuführen. Dafür lassen sich hauptsächlich zwei Gründe nennen:

1. Nach 1945 gab es von vornherein nur wenige mit der Politik der FDP konform gehende Zeitungen.
2. Der potentielle Leserkreis war wegen der im Vergleich zur SPD und CDU geringen Wähler- und Mitgliederzahl sehr begrenzt.

Die rechtsradikale Presse

Eine vollständige Aufzählung der Presseorgane der zum Teil mitgliederschwachen rechtsradikalen Parteien ist nicht möglich. Offizielles Sprachrohr der 1952 vom Bundesverfassungsgericht verbotenen Sozialistischen Reichspartei (SRP) waren nacheinander die „Deutsche Reichszeitung", die „Deutsche Wacht" und die „Deutsche Opposition". Die Deutsche Reichspartei (DRP) besaß bis 1964 mit der Wochenzeitung „Der Reichsruf" eines der auflagenstärksten Presseorgane der rechtsradikalen Parteien. Seit 1. Januar 1965 erscheint die Wochenzeitung „Deutsche Nachrichten" als offizielles Organ der Nationaldemokratischen Partei Deutschlands (NPD), einer Sammelpartei, in der auch die DRP aufgegangen ist.

„Deutsche National-Zeitung"

Der Sprache und den politischen Konzeptionen einiger rechtsradikaler Splittergruppen hat sich in den letzten Jahren die „Deutsche National-Zeitung" stark angenähert. Diese Wochenzeitung mit einer verkauften Auflage von 86 000 Exemplaren lehnt zwar die repräsentativ-pluralistische Demokratie nicht offen ab, verbreitet jedoch häufig völkisch-nationales Gedankengut.

Das Bundesministerium des Innern hat in einem Bericht über rechtsradikale Bestrebungen in der Bundesrepublik festgestellt: „Eine gewisse Doppelzüngigkeit im Tenor der einzelnen Beiträge wie auch in der Gesamtkonzeption des Blattes ist unübersehbar; sie sollte nicht darüber hinwegtäuschen, daß die Zeitung bewußt legitime nationale Anliegen mit eindeutig rechtsradikalen Tendenzen, oberflächliche Ablehnung des Nationalsozialismus und Totalitarismus mit nationalistischen Ressentiments vermischt."

Bis zu ihrem Verbot durch das Bundesverfassungsgericht 1956 gab die KPD neben Tages-, Betriebs- und Wochenzeitungen sowie einigen Monatszeitschriften das Zentralorgan „Freies Volk" (Auflage 1954: 48 000 Exemplare) in Düsseldorf heraus. **Die linksradikale Presse**
„Freies Volk" und andere nach dem KPD-Verbot illegal hergestellte Schriften wurden lange Zeit durch Materialkuriere von Haupt- und Zwischenlagern „von Hand zu Hand" in den Bezirken und Kreisen der Bundesrepublik verteilt.

Eines der wichtigsten und auflagenstärksten Publikationsorgane, das im wesentlichen mit den politischen Ansichten der KPD übereinstimmte, war die Hamburger Wochenzeitung „Blinkfüer" (Auflage um 10 000), die ihr Erscheinen am 1. April 1969 einstellte. **„Blinkfüer"**
Als eindeutig kommunistische Zeitung erscheint in West-Berlin „Die Wahrheit", das „Organ des Vorstandes der Sozialistischen Einheitspartei West-Berlins". „Die Wahrheit" kann wegen der in Berlin geltenden Vier-Mächte-Bestimmungen nicht verboten werden.

Seit April 1969 erscheint „Unsere Zeit – Sozialistische Volkszeitung" („UZ") als Organ der Deutschen Kommunistischen Partei (Auflage: rund 60 000). Nach Schätzungen des Bundesministeriums des Innern kommen in der Bundesrepublik insgesamt 420 linksradikale Blätter in einer Gesamtauflage von etwa zwei Millionen Exemplaren heraus. **„UZ"**

4.2.7 Die Verbandspresse

Zur Unterrichtung und Integration seiner Mitglieder hat jeder größere Verband in der Bundesrepublik ein Verbandsorgan – der Bundesverband der Deutschen Brot- und Backwarenindustrie e.V. („die brotindustrie") genauso wie der Bürgerverein für die östliche Vorstadt Bremens („Bürger-Zeitung"). **Gewerkschaftspresse**
Entsprechend ihrer hohen Mitgliederzahl erreichen die Zeitungen und Zeitschriften der im Deutschen Gewerkschaftsbund zusammengeschlossenen Industriegewerkschaften (IG) insgesamt Millionenauflagen. Allein die Zeitschrift „Metall" der IG Metall erscheint in 2,2 Millionen Exemplaren. Versuche der Dachorganisation, des DGB, alle Gewerkschaftszeitungen zu einem einheitlichen Organ zusammen-

zufassen und das DGB-Blatt „Welt der Arbeit" (Auflage: 126 000) auszubauen, sind zuletzt 1972 am Widerstand der Industriegewerkschaften gescheitert. So gibt weiterhin jede IG ein eigenes Organ heraus, beispielsweise die IG Bau–Steine–Erden die Zeitschrift „Der Grundstein" (Auflage: 520 000) und die IG Druck und Papier die Zeitschrift „druck und papier" (Auflage: 150 000).

Den Verbandsorganen der Verbände entsprechen die unternehmereigenen Werkzeitschriften der Betriebe, die eine Auflage von rund fünf Millionen Exemplaren erreichen. Mehr und mehr sterben die Weihrauchblättchen alten Stils aus, in denen nur die **Stimme des Unternehmers** tönte – eine Entwicklung, die vielleicht auch durch das neue Betriebsverfassungsgesetz gefördert wird, das den Betriebsräten bei der Herausgabe von Werkzeitschriften Mitbestimmungsrechte einräumt. So können jetzt Betriebsräte mit der Geschäftsleitung in einer Betriebsvereinbarung Regelungen über die Berufung des Werkredakteurs und den Etat der Zeitschrift treffen. Daß sich die Werkzeitschriften nun wenigstens Kritik nach Maß erlauben, beispielsweise das Kantinenessen bemängeln, hängt vielleicht auch mit der Konkurrenz zusammen, die sie durch DKP-Betriebszeitungen bekommen haben.

4.3 Wachsende Anzeigenabhängigkeit

Zeitungen und Zeitschriften sind auf die Einnahmen aus zwei Quellen angewiesen:
– auf die Vertriebserlöse aus dem Abonnement- und Straßenverkauf
– sowie auf die Erlöse aus dem Anzeigengeschäft.
In den letzten beiden Jahrzehnten ist die Anzeigenabhängigkeit der Presse erheblich gestiegen. 1952 deckten die Einnahmen aus dem Vertrieb bei den regionalen Tageszeitungen im Durchschnitt 57 Prozent der Herstellungskosten, heute hingegen nur noch 25 bis 30 Prozent. Bei Publikumszeitschriften haben die Anzeigenerlöse inzwischen einen Höchstwert von bis zu 82 Prozent der Gesamterlöse erreicht.

Zeitungen und Zeitschriften werden also weit unter ihrem Herstellungspreis verkauft. Ohne Anzeigen müßten „Die Zeit" das Doppelte, „Die Welt" fast das Dreifache und der „Stern" das Dreieinhalbfache kosten, um die Herstellungskosten einzubringen. Solche Bezugspreiserhöhungen sind nicht möglich; schon wenn die Zeitungen einige Groschen teurer werden, rollt die Abbestellungswelle.

So lag die „Berliner Morgenpost" noch ein Jahr nach einer Preiserhöhung Ende 1965 fast 5000 Exemplare unter der Abonnementsauflage des Vorjahres.

Defiziten versucht die Presse deshalb durch die Bereitstellung von Anzeigenraum zu entgehen – ein riskantes Unterfangen, denn auf diese Weise wird die Ertragsstruktur konjunkturabhängig: Sobald die

Unternehmen in Zeiten einer Rezession ihre Werbe-Etats kürzen, steigt das Rentabilitäts-Risiko für die Verlage. Der Berliner National-ökonom Helmut Arndt vertritt die These, daß zehn Prozent Verlust des Anzeigenumsatzes die wirtschaftliche Existenzfähigkeit gefähr-den; ein Verlust von 20 Prozent bedeutet zumeist, daß die Zeitungen ihr Erscheinen einstellen müssen.

In der Phase des Konjunkturrückgangs 1966/67 verbuchten beispielsweise die „Frankfurter Allgemeine" und die „Süddeutsche Zeitung" Anzeigenverluste von zwei Millionen beziehungsweise 750 000 Mark.

Tabelle 1: **Anzeigenpreise pro Seite (Januar 1973)**

	schwarz-weiß	vierfarbig
Bild	134 368,– DM	–
Hör zu	54 720,– DM	87 552,– DM
Stern	29 920,– DM	56 848,– DM
Der Spiegel	20 460,– DM	38 874,– DM

Zum Vergleich: Eine Werbeminute im ZDF kostet 49 200,– DM.

Auf Grund der generellen Anzeigenabhängigkeit stellt sich zunächst einmal die Frage nach den Einflüssen der Werbetreibenden auf die redaktionelle Gestaltung. Bei der Antwort ist nach Zeitungs- und Zeitschriftentypen zu differenzieren. Tageszeitungen mit einem lokal begrenzten Verbreitungsgebiet, einem kleinen Anzeigenteil und ge-ringen Auflagen (unter 10 000) sind darauf angewiesen, daß beispiels-weise der Einzelhändler Michael Schmidt bei ihnen inseriert; ande-rerseits hat Michael Schmidt außer dem lokalen Blatt kaum Möglich-keiten, Sonderangebote anzupreisen. In diesem Fall besteht also eine **gegenseitige Abhängigkeit**, was nicht ausschließt, daß sich der Einzel-händler Schmidt bemüht, im redaktionellen Teil der Zeitung lobend erwähnt und nicht kritisiert zu werden (siehe Lokalpresse, 4.2.1). Pressionsversuche werden natürlich auch bei auflagestärkeren Zei-tungen unternommen – in der Regel ohne Erfolg, da dieser Zeitungs-typ angesichts der breiteren Anzeigenstreuung Drohungen eines ein-zelnen Kunden mit einem Anzeigenentzug nicht als rentabilitätsge-fährdend betrachten muß. Dennoch können sich indirekte Abhängig-keiten von der Werbung einstellen. Redaktionell gestaltete Seiten wie „Haus und Garten", „Reise und Urlaub", „Das Heim" oder „Auto und Motor" sorgen für **anzeigenfreundliche Umfelder,** das heißt: Eine Ra-senmäher-Firma kann beispielsweise davon ausgehen, daß für ihre Anzeige das Interesse wächst, wenn in einem redaktionellen Beitrag vom Rasenmähen die Rede ist. Anzeigenfreundliche Umfelder unter-streichen den **Doppelcharakter der Zeitung als Informations- und Werbeträger.** Sie bestätigen, daß der redaktionelle Teil zumindest tendenziell als Verkaufshilfe des Anzeigenraums fungiert.

Abhängig von Werbetreibenden?

„Zeit"-Verleger Gerd Bucerius hat diese Sogwirkung des redaktionellen Teils auf die Werbung so umschrieben: „Wenn ich im Redaktionsteil mal eine Unterhose erwähne, habe ich gleich die ganze Konfektion am Hals."

Konzertierte Aktionen der Industrie

Diese Aussage gilt sicherlich vor allem für Publikumszeitschriften, deren Werbung aus durch Agenturen vermittelten Markenartikel-Anzeigen besteht. Gelegentlich wurde bekannt, daß Markenartikelhersteller über konzertierte Aktionen für und gegen bestimmte Publikationsorgane berieten. Am 30. und 31. Januar 1972 trafen sich beispielsweise Spitzenvertreter der westdeutschen Wirtschaft – vom BASF-Vorstandsvorsitzenden Professor Dr. Kurt Hansen bis zum Weinbrenner Reinhard Asbach –, um gemeinsam mit dem Hamburger Bauer-Verlag über Werbekampagnen gegen die sozialliberale Koalition in Bonn zu beraten. Dabei empfahl Großverleger Heinz Bauer den Versammelten, künftig ihm statt dem „Spiegel" Inserate zu geben. Ob feste Absprachen zustande kamen, wurde nicht bekannt. Publik wurde hingegen, daß ausgerechnet „Der Spiegel" und der „Stern" 1972 erhebliche Anzeigenverluste hatten.

Druck auf politische Richtung

Die nicht beweisbaren, aber immerhin möglichen Zusammenhänge deuten die Gefahr an, daß die **Werbung insgesamt den politischen Kurs von Presseorganen honorieren oder bestrafen kann,** denn es ist keine Frage, daß auch Zeitschriften wie „Der Spiegel" oder der „Stern" aus Rentabilitätsgründen nur vorübergehend auf bestimmte Inserate verzichten können. Bleiben die Inserate in größerem Umfang für längere Zeit aus, werden Überlegungen notwendig, die beim Kurswechsel enden könnten.

Die Zeitschrift „Konkret" gilt häufig als ein Beispiel dafür, daß die werbende Industrie Zeitschriften mit kritischen Aussagen über die soziale Marktwirtschaft schneidet. BASF, Höchst, Dunlop und VW inserieren nicht in „Konkret" – ob aus politischen Gründen, ist zu bezweifeln. Die Werbe-Abteilungen dieser Firmen wissen natürlich, daß „Konkret" von einer ausgesprochen konsumschwachen Leserschaft gelesen wird – von Schülern und Studenten.

Die Konsum-Botschaft

Aus der Sicht der Werbestrategen sind Anzeigen in einem Zeitschriftentyp, der
1. kaufkräftige Konsumenten anspricht,
2. hohe Auflagen erzielt und
3. jene erreicht, die in erster Linie über den Konsum entscheiden, viel lohnender.

Frauenzeitschriften demonstrieren wie kaum ein anderer Zeitschriftentyp, daß der redaktionelle Teil ein Anhängsel der Werbung ist. Er verkündet nur eine Botschaft, und die lautet: Konsum. Anzeigen- und Textteil sind häufig so eng miteinander verflochten, daß die Aussagen kaum noch voneinander abweichen. Die Redaktion schreibt: „Ihre Augen können nur schön sein, wenn . . ." (es folgen Pflegetips), und auf der nächsten Anzeigenseite sagt die Firma Ypsilon, welche Kosmetika zu benutzen sind.

Obwohl man immer wieder von der Notwendigkeit spricht, den Textteil vom Anzeigenteil strikt zu trennen, sind die Übergänge bei manchen Zeitschriften bis zur Unkenntlichkeit verwischt.

So brachte das Mai-Heft der Zeitschrift „zuhause" 1972 einen fünf Seiten langen Bericht mit dem Titel „So wohnen unsere Nachbarn in Europa". Mit keinem Wort erwähnte sie, daß dies eine Anzeige war; in schöner Offenheit aber, daß es sich um das „brasilia-einrichtungsprogramm" handelte.

Publikumszeitschriften werden nicht mehr auf Grund einer bestimmten Idee konzipiert, sondern von Werbefachleuten wie ein neuer Autotyp im Windkanal konstruiert. Sie testen Konsum-, Lebens- und Reisegewohnheiten der gewünschten Leserschaft und ermitteln die Zielgruppen so exakt wie möglich. Das heißt in der Praxis, daß beispielsweise eine für Frauen der konsumfreudigen Oberschicht konzipierte Zeitschrift im redaktionellen Teil genau jene Themen aufgreifen muß, die von dieser Schicht gelesen werden. Kaufen mehr und mehr Frauen der Unterschicht das Blatt, muß die Redaktion sich sagen lassen, sie konzipiere laufend am Markt vorbei. Die Folge des Fehlkonzepts wäre, daß die Werbung nicht mehr mitmacht, weil ihr die Streuverluste zu hoch erscheinen, die dadurch entstehen, daß beispielsweise Inserate für Orientteppiche, Platinarmbanduhren und Nerzmäntel nicht die richtigen Leserinnen erreichen, die als Käufer dieser Produkte in Frage kommen. Die Zielgruppe darf also auch von der Redaktion nicht verfehlt werden – so das Credo der Marketing-Experten.

Zielgruppenorientiertes Marketing

„Jasmin" ist eine der Zeitschriften, die speziell für eine große Zielgruppe der Werbung geschaffen wurde. Von sich selbst behauptet das Blatt den Inserenten gegenüber: „Wir kennen unsere Zielgruppe genau, Alter: 20 bis 39 Jahre, Familienstand: verliebt, verlobt, verheiratet; soziale Schicht: Oberschicht, obere Mittelschicht, mittlere Mittelschicht, untere Mittelschicht; Gesamtzahl in der Bundesrepublik: 8,78 Millionen (4,24 Millionen Frauen, 4,54 Millionen Männer). In dieser Gruppe werden wir unsere Leser suchen und finden. In einer Generation, die aufgeschlossen, anspruchsvoll und kritisch ist. Die heute und morgen den Konsum bestimmt und damit auch die Produktion . . ."
Das „Manager-Magazin" des „Spiegel"-Verlags ist ein anderes Beispiel für die Anpassung einer neu gegründeten Zeitschrift an die Wünsche der werbungtreibenden Wirtschaft. Der Verlag suchte Streuverluste sogar dadurch zu vermeiden, daß er die Zeitschrift nicht am Kiosk an jedermann verkaufte, sondern nur gegen Angabe der wesentlichen soziographischen Daten an Abonnenten verschickte. Die Annahme des Abonnements machte der Verlag zunächst von der Prüfung der Zielgruppenzugehörigkeit des Interessenten abhängig.

Den Kapitalismus-Kritikern geht es jedoch weniger um die bislang aufgezeigten gezielten Einflußversuche der Werbung auf den redaktionellen Teil. Ihre Kritik ist grundsätzlicher:
– Claudia Pinl leitet zum Beispiel aus der Anzeigenabhängigkeit der Presse und ihrer Systemverflechtung ab: „Der Maßstab kritischer Vernunft wird nur noch an Teilbereiche der Gesellschaft angelegt, die grundsätzliche Ordnung von Wirtschaft und Gesellschaft ist kein Diskussionsgegenstand." (in: Blätter für deutsche und internationale Politik. Nr. 10. 1970. S. 1069).

Kapitalismus-Kritik

- Auch für Hendrik Schmidt steht auf Grund der Anzeigenabhängigkeit fest, *„daß publizistische Anpassung an die Ideologie des bestehenden Sozial-Gefüges sich verfestigt".* (in: Kommunikationspolitische Alternativen? Berlin 1972, S. 14).

- Ähnlich urteilt Stefan Müller-Doohm: *„Die betriebsfremden Bestrebungen der Werbeindustrie und die privatwirtschaftlichen des eigenen Betriebs überformen gleichermaßen die öffentliche Aufgabe publizistischer Aufklärung. Sie bleibt innerhalb der Schranken, die die Profitinteressen des Verlegers und die Interessen der Werbenden aufrichten."* (in: Medienindustrie und Demokratie. Frankfurt 1972. S. 163).

Allerdings zeigen die Zitate, daß kein Kapitalismus-Kritiker präzise definieren kann, wieviel Kritik trotz Anzeigenabhängigkeit möglich ist. Exakte Inhaltsanalysen, die über diesen wichtigen Punkt Auskunft geben, liegen nicht vor. Das heißt nicht, daß die vorgetragene Kritik tendenziell falsch ist. Immerhin spricht auch der Herausgeber des „Rheinischen Merkur" und Münchner Publizistik-Professor Otto B. Roegele von „Schweigezonen, die aus Rücksichtnahme auf mögliche oder wirkliche, vermutete oder ausdrücklich erklärte Empfindlichkeiten der wirtschaftlichen Interessenten entstehen".

Tabu-Zonen in der Wirtschaft

Eine solche Zone glaubt das Berliner Autorenkollektiv Presse entdeckt zu haben: *„Die Wirtschaftsberichterstattung ist produktionsorientiert, zugeschnitten auf Unternehmer, Aktienbesitzer, Syndici und Börsianer, mit Kurs-Mitteilungen, Bilanzen, Rohstoffpreisen, Geschäfts- und Marktberichten. Sie bringt allenfalls Informationen über den Verbraucher, nicht für den Verbraucher. Wenn scheinbar für den Verbraucher Informationen geliefert werden, so erschöpft sich dies meist in der Befriedigung von Public-Relations-Wünschen der Industrie."* (in: Wie links können Journalisten sein? S. 152).

... und in Auslandsberichten

Informationsdefizite stellten auch Peter Glotz und Wolfgang Langenbucher vor allem in der Auslandsberichterstattung der westdeutschen Presse fest. Verglichen mit der „Neuen Zürcher Zeitung" war beispielsweise die Berichterstattung der „Frankfurter Allgemeinen", der „Welt" und – mit Einschränkungen – selbst der „Süddeutschen Zeitung" (in den untersuchten Zeiträumen) über den Algerien- und Vietnamkrieg, den Angola- und Nahost-Konflikt dürftig (in: Der mißachtete Leser. Köln – Berlin 1969, S. 44 ff.).

4.4 Konzentrationstendenzen

Konzentration in anderen Ländern

Die Konzentrationstendenzen in der deutschen Presse sind Teil einer internationalen Entwicklung. Nach Ansicht von Experten ist zum Beispiel für Schweden der Zeitpunkt vorauszusehen, da vier oder fünf große Zeitungsunternehmen die Möglichkeit haben werden, Richtung und Haltung der noch vorhandenen Zeitungen zu bestimmen. In Dänemark gingen seit 1945 fast 80 Tageszeitungen ein. Diese Zahl von Einstellungen ist ungewöhnlich hoch und um so erstaunlicher, als die Zahl der selbständigen Zeitungsunternehmen von 1950 bis 1967 von 60 auf 42 sank. In Großbritannien kontrollieren die vier größten Verlagsgruppen 65 Prozent der Gesamtauflage der Tageszeitungen. In den USA ist dagegen bei den Tageszeitungen in den letzten Jahrzehnten ein leichtes Ansteigen der Anzahl von Titeln festzustellen (1945: 1749; 1970: 1761).

Statt der 225 politischen Hauptredaktionen, die 1954 in der Bundesrepublik gezählt wurden, gab es 1973 nur noch 133. In der Bundesrepublik wie anderswo werden Pressekonzerne gebildet, um

Nur noch 133 Hauptredaktionen

1. die steigenden Kosten für Herstellung und Vertrieb der Zeitungen durch Rationalisierung aufzufangen,
2. die notwendigen Investitionen für die Automation und die moderne Drucktechnik vornehmen zu können,
3. Steuern einzusparen,
4. das Risiko zu verteilen und die Marktstellung zu verbessern,
5. der Konkurrenz anderer Presseorgane und der anderen Massenmedien (vor allem Fernsehen) gewachsen zu sein.

Bei Zusammenschlüssen ergeben sich unter anderem Kosteneinsparungen durch die kontinuierliche Ausnutzung des Maschinenparks. Da nach Angaben der Zeitschrift ,,Zeitungs-Verlag und Zeitschriften-Verlag" (64. Jg. 1967. H. 51/52. S. 2283) die Kosten für Tageszeitungen, die im Abonnement mit regionaler Begrenzung vertrieben wurden, pro bezogenes Monatsstück von 6,16 DM im Jahr 1954 auf 13,91 DM im Jahr 1967 anstiegen, ist es durchaus möglich, daß der Wunsch nach Senkung der Herstellungskosten bei manchen Konzernbildungen eine Rolle gespielt hat. Ob dazu immer eine Notwendigkeit bestand, oder ob nicht auch die Kosten durch die steigenden Einnahmen aus Anzeigenerlösen gedeckt werden konnten, läßt sich nicht entscheiden, solange die Gewinne und Verluste jeder einzelnen Zeitung geheim bleiben.

Rationalisierung

Nach eigenen Angaben setzten sich die Einnahmen und Ausgaben bei der Wochenzeitung ,,Die Zeit" 1965 so zusammen: für Redaktion 2,9, für Papier 3, für Satz und Druck 2, für Werbung, Verwaltung und so weiter 3, für Transport und Verpackung 1,8 – insgesamt also 12,7 Millionen Mark. ,,Die Zeit" nahm ein: für Anzeigen 6,45 und vom Leser 6,2 – insgesamt also 12,7 Millionen Mark. Die Zeit Nr. 30 vom 22. 7. 1966. S. 34.

Es ist ohne weiteres einsichtig, daß der Vertrieb von Zeitungen, die im Abonnement bezogen werden, angesichts der Lage auf dem Arbeitsmarkt zu einem besonders schwierigen Problem geworden ist. Den Zeitungsverlagen fällt es immer schwerer, für die harte und unbequeme Arbeit der Zeitungsboten, die darüber hinaus wohl auch nicht allzu gut bezahlt wird (für ein Monatsabonnement bei einem Bezugspreis von 6,– DM rund 1,– DM Trägerlohn), Personal zu finden.

Aus diesem Grunde haben zum Beispiel 1965 der Süddeutsche Verlag GmbH, München, die Stuttgarter Nachrichten Verlags-Gesellschaft mbH, Stuttgart, der Verlag Die Abendzeitung, München, Christ und Welt Verlag GmbH, Stuttgart, und der Madame-Verlag, Dr. Heilmaier, München, eine Vertriebsgemeinschaft gebildet. Die sechs Verlagsobjekte „Süddeutsche Zeitung", „Stuttgarter Nachrichten", „Abendzeitung", „Christ und Welt", „Epoca" und „Madame" verfügen nunmehr über einen gemeinsamen Vertrieb.

Automation und moderne Drucktechnik

Zu den sicherlich berechtigten Sorgen der Zeitungsverleger gehört ferner die schnelle technische Entwicklung im graphischen Gewerbe, die ständig zu neuen Anschaffungen zwingt. Axel Springers Bemerkung, „Automation und moderne Drucktechnik erfordern gewaltige Investitionsmittel" (in: Christ und Welt. Deutsche Wochenzeitung. Sonderdruck. März 1966. S. 5), ist wohl kaum anzufechten. Mit jedem neuen Verfahren, das niedrigere Kosten nur bei höheren Auflagen erlaubt, wächst der Vorsprung der großen Zeitungen vor den kleinen, die häufig nur überleben können, wenn sie sich zusammenschließen und durch Kooperation bei der technischen Herstellung, der Nachrichtenbeschaffung, der Vertriebs- und Anzeigenverwaltung und in der Redaktion ihre Kosten zu senken suchen.

Steuern

Bei der Bildung des Konzerns „Gruner und Jahr GmbH & Co." ist 1965 offen erklärt worden, daß steuerliche Gründe eine wichtige Rolle gespielt haben. Der Konzern sparte damals zum Beispiel jährlich allein vier Millionen Mark Umsatzsteuer dadurch, daß der Druckereibesitzer Gruner mit den Verlegern Jahr und Bucerius die Druckkosten intern abrechnen konnte und deshalb für seine Lohndruck-Umsätze keine Steuern mehr bezahlen mußte.

Risikostreuung und Stärkung der Marktstellung

Auch das Motiv der Vorsorge für wirtschaftliche Krisenzeiten mag die Tendenz zu Zusammenschlüssen verstärkt haben. Die Verleger argumentieren ferner, gerade durch die Bildung von größeren Konzernen sei es möglich, auch finanzschwache Zeitungen am Leben zu erhalten – ein Argument, das gelegentlich stimmt: „Die Zeit" und „Die Welt" sind beispielsweise Zuschußunternehmen. Wichtiger jedoch die markt- und machtbedingten Gründe. Neben der Steigerung des Umsatzes und der Vertriebserlöse ist es vor allem die stärkere Marktstellung gegenüber dem Anzeigenkunden, die zu Konzernbildungen verlockt. Denn die Werbungtreibenden bevorzugen Großverlage nicht nur, weil ihnen die Konzentration auf wenige Presseorgane eine optimale Streuung von Anzeigen bei den anvisierten Zielgruppen garantiert. Werbung in großen Zeitungen ist nicht nur organisatorisch einfacher, da man bei gleichem oder höherem Effekt nicht viele Verlage anschreiben muß, sondern auch billiger. Der sogenannte Tausenderpreis (Preis für eine Anzeigenseite je 1000 Stück Verkaufsauflage) fällt mit steigender Auflage.

Beispiel: Um 1000 Abonnenten anzusprechen, muß ein Werbetreibender bei Zeitungen mit Auflagen bis zu 5000 Exemplaren 278 DM, bei Zeitungen mit Auflagen über 150 000 Exemplaren hingegen nur 54 DM aufbringen.

Ob die Konkurrenz anderer Massenmedien Konzentrationstendenzen in der deutschen Presse gefördert hat, soll im Kapitel über die Konkurrenz der Medien untersucht werden (siehe Kapitel 8). **Werbung fördert Konzentration**

Eins kann nach dieser Darlegung der Motive, die Konzernbildungen veranlaßt haben können, wohl kaum bestritten werden: Es gibt objektive wirtschaftliche und technische Gründe für diese Entwicklung. Hinzu kommt, daß nicht jedes Konzentrationsopfer zu beklagen ist. Um kleine Zeitungen, die ohnehin nur auf eine Agentur abonniert sind, keinen qualifizierten Redaktionsstab besitzen und sich aus Rücksichtnahmen auf Informationsquellen und Werbung nicht leisten können, eine Meinung zu vertreten, ist es nicht schade, wenn sie vom Markt verschwinden. Elisabeth Noelle-Neumann fand in einer Untersuchung heraus, daß die publizistischen Leistungen von Zeitungen mit höherer Auflage in der Regel größer sind (Pressekonzentration und Meinungsbildung, in: Massenkommunikationsforschung 1: Produktion, hrsg. von Dieter Prokop. Frankfurt am Main 1972). Zugleich ergaben sich bei dieser Untersuchung jedoch Anhaltspunkte dafür, daß Zeitungen mit einer lokalen Monopolstellung eher glauben, ihre Kontrollfunktion vernachlässigen zu können, weil die Möglichkeit, daß heiße Eisen von der Konkurrenz angefaßt werden, gar nicht erst gegeben ist. **Konkurrenz anderer Medien**

Das Ausmaß der Konzentrationstendenzen und die gegenwärtige Machtstruktur in der deutschen Presse werden bei einem Blick auf die großen Pressekonzerne am deutlichsten sichtbar. Von den 22 Millionen Tages- und Sonntagszeitungen erscheinen rund 50 Prozent bei nur fünf Verlagsgruppen. Der Springer-Konzern, dessen komplizierter Aufbau hier nicht im einzelnen dargestellt werden kann, bringt allein 31,3 Prozent der gesamten Auflage an Tages- und Sonntagszeitungen heraus. **Objektive Gründe für Konzentration**

Axel Cäsar Springer ist der größte Zeitungsverleger des europäischen Kontinents. Er ist Herausgeber **Springer**
- der größten überregionalen deutschen Tageszeitung („Bild-Zeitung"),
- der größten Abendzeitung („Hamburger Abendblatt"),
- der beiden größten Sonntagszeitungen („Bild am Sonntag" und „Welt am Sonntag") und
- der größten Rundfunk- und Fernsehzeitschrift („Hör zu").

Zum Springer-Konzern gehören ferner die Tageszeitungen „Die Welt", „BZ", „Berliner Morgenpost" und die „Elmshorner Nachrichten" sowie die Zeitschriften „Funk-Uhr", „Dialog" (bis Mitte 1973), „Zack", „Denk mit" und „Meine Geschichte". Die monopolähnliche Stellung Springers veranschaulichen die nebenstehenden Bilder über die Marktanteile des Konzerns in mehreren Bereichen des Pressewesens.

Abbildung 1: **Anteile des Springer-Konzerns an der verkauften Gesamtauflage** (IV. Quartal 1972)

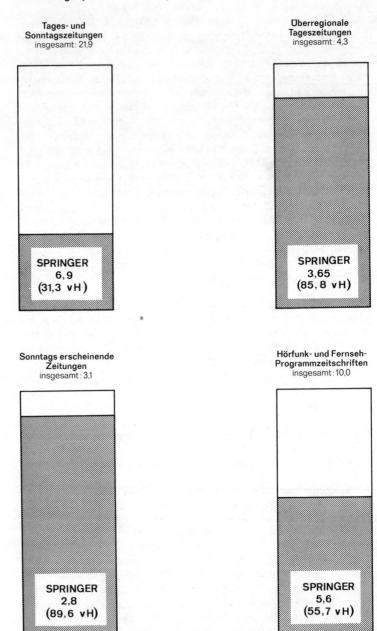

Tages- und
Sonntagszeitungen
insgesamt: 21,9

SPRINGER
6,9
(31,3 vH)

Überregionale
Tageszeitungen
insgesamt: 4,3

SPRINGER
3,65
(85,8 vH)

Sonntags erscheinende
Zeitungen
insgesamt: 3,1

SPRINGER
2,8
(89,6 vH)

Hörfunk- und Fernseh-
Programmzeitschriften
insgesamt: 10,0

SPRINGER
5,6
(55,7 vH)

Den auf eine Milliarde Mark geschätzten Umsatz des Springer-Konzerns (Gewinn des Verlegers Axel Springer 1971: rund 31 Millionen Mark) wird in absehbarer Zeit mit einem Umsatz von anderthalb Milliarden Mark der größte Medien-Konzern der Bundesrepublik übertreffen – die Bertelsmann Aktiengesellschaft (Umsatz im Geschäftsjahr 1971/72: rund 800 Millionen Mark). Dieser Konzern brachte zunächst nur Bücher und Schallplatten heraus. Er stieg dann ins Filmgeschäft ein (Universum-Film-GmbH mit Ufa-Fernsehproduktionen, Ufa-Werbefilm und Ufa-International) und ist seit 1. Januar 1973 in erheblichem Umfang am Gruner + Jahr-Konzern sowie am Zeit-Verlag („Die Zeit", „Wirtschaftswoche") beteiligt. Fernziel ist eine Beteiligung von 74,9 Prozent. **Bertelsmann**

Im Gruner + Jahr-Konzern kommen folgende Zeitschriften heraus: „Stern", „Brigitte", „Eltern", „Capital", „Jasmin", „Essen & Trinken", „Gong", „Schöner Wohnen", „Schule", „Sesamstraße". Mit 25 Prozent ist der Gruner + Jahr-Konzern am „Spiegel", mit 15 Prozent an den Vereinigten Motor-Verlagen („auto – motor – sport", „deutsche automobil revue", „sport auto") beteiligt. **Gruner + Jahr**

Mit einem Umsatz von 650 Millionen Mark steht der Heinrich Bauer Verlag, Hamburg, an dritter Stelle. Bauer verlegt die Zeitschriften „Neue Revue", „TV – Hören und Sehen", „Fernsehwoche", „Wochenend", „Neue Post", „Quick", „Das neue Blatt", „praline", „Bravo", „sexy", „neue Mode", „selbst ist der Mann / do it yourself", „Playboy", „Auto Zeitung", „Riesen-Rätsel-Revue". **Bauer**

Beim Burda Verlag in Offenburg erscheinen die Zeitschriften „Bunte", „freundin", „Bild + Funk", „Das Haus", „burda-moden", „Freizeit- und Rätsel-Revue", „Sport-Illustrierte", „Mein schöner Garten" und „Das bunte Freizeit-Magazin". **Burda**

Zu den Mammutkonzernen zählt ferner die Georg von Holtzbrinck GmbH, Stuttgart. Ihr gehören neben Verlagen wie dem S. Fischer Verlag und Buchgemeinschaften die Tageszeitung „Handelsblatt" zu 66 Prozent und die „Saarbrücker Zeitung" zu 49 Prozent sowie die Wochenzeitung „Deutsche Zeitung / Christ und Welt" zu 85 Prozent. **Holtzbrinck**

Ein weiterer bedeutender Zeitschriften-Konzern ist die Ganske-Gruppe in Hamburg, die „Für Sie", „Petra / Moderne Frau", „Zuhause", „Programm", „Vital", „Merian" und „Akut" herausbringt und zu 89 Prozent am „Rheinischen Merkur" beteiligt ist. **Ganske**

Die Bildung von Pressekonzernen und Großverlagen ist ein deutliches Anzeichen für den Konzentrationsprozeß im deutschen Pressewesen. Zu den Konsequenzen dieser Entwicklung schreibt Ernst Müller-Meiningen: *„Zeitungen und Zeitschriften, konzernartig zusammengeballt unter dem einheitlichen Willen eines einzelnen oder ei-* **Auswirkungen des Konzentrationsprozesses**

niger weniger, das ist gleichbedeutend mit viel Macht: Macht über die Leser, die ja zudem auch Wähler sind; Macht über die Parteien, die gefördert, bekämpft oder totgeschwiegen werden können; Macht über die restlichen Verleger, die an die Wand gespielt zu werden drohen; Macht über die Journalisten, die in ihrer geistigen Bewegungsfreiheit ... beeinträchtigt werden können ... Die Öffentlichkeit, ganz allgemein, wird in ihrer freien Meinungsbildung weniger vielfältig angeregt." (Es droht: Ausverkauf der Pressefreiheit, in: Süddeutsche Zeitung, Nr. 174 vom 22. 7. 1965, S. 4.)

Macht über Leser
Wer es für wünschenswert hält, daß die Staatsbürger eine möglichst große Auswahl an Informationsquellen haben sollten, muß die Bildung von Konzernen im Pressewesen bedauern. Sobald mehrere Zeitungen in **einem Verlag** erscheinen, besteht die Gefahr, daß diese Zeitungen eines Tages auch **einem politischen Willen,** nämlich dem des Verlegers, folgen. Konzernbildungen können also zur Folge haben, daß die Vielfalt von Informationsmöglichkeiten eingeschränkt wird.

Macht über Parteien
Sie können ferner Auswirkungen auf die politische Bewegungsfreiheit der Parteien haben. Grundsätzlich versteht es sich von selbst, daß es keine Partei mit den mächtigen Meinungsmachern verderben möchte.

Nachdem im Sommer 1964 in der FDP-Zeitschrift „Das freie Wort" ein kritischer Artikel über Springers Fernsehpläne erschienen war („Da liegt der Springersche Fernsehknüppel beim kommerziellen Fernsehhund"), schrieb der damalige FDP-Bundesgeschäftsführer Hans-Dietrich Genscher in einem Brief an seinen Parteifreund Hermann F. Arning, den Fernsehbeauftragten Springers: „Zu meinem Entsetzen werde ich von einem Parteifreund darauf hingewiesen, daß ‚Das freie Wort' am 13. Juni 1964 unter der Überschrift ‚Kahage am Bildschirm' eine Stellungnahme zu der Ausstrahlung eines Dritten Programms veröffentlicht hat. Ich bedaure diese Veröffentlichung, abgesehen von ihrer Form, deshalb, weil sie von der Auffassung der führenden Persönlichkeiten der Freien Demokratischen Partei in vollem Umfang abweicht ... Ich möchte auf jeden Fall vermeiden, daß durch diese Veröffentlichung ... eine neuerliche Belastung unseres Verhältnisses zu dem Hause Springer eintritt. Aus diesem Grunde stelle ich Ihnen gerne anheim, meinen Brief Herrn Springer zur Kenntnis zu bringen." (Quelle: Der Spiegel. 19. Jg. 1965, H. 6, S. 42/43).

Wie groß zum Beispiel Springers Macht zuweilen über alle Parteien sein kann, zeigte die teils willfährige, teils ängstliche Reaktion der Fraktionen des Bundestages im Sommer 1965 auf den Vorschlag des Hamburger Verlegers, das Werbefernsehen in öffentlich-rechtlichen Anstalten zu verbieten. In der Öffentlichkeit wurde vielfach kritisiert, daß sich die Parteien lange scheuten, auf eventuelle politische Gefahren des Springer-Konzerns hinzuweisen. Wie hoch man diese Gefahren veranschlagen müsse, sei im Prinzip relativ unbedeutend: Allein die Tatsache, daß die Parteien lange Zeit über Konzentrationserscheinungen und insbesondere über den Springer-Konzern **nur wenig öffentlich diskutiert** hätten, zeige, daß der Kampf der Meinungen, der ja das Lebenselement der Demokratie sein soll, auf einem wichtigen Sektor gar nicht erst ausgetragen werde.

Große Pressekonzerne sind auch in der Lage, Macht über andere Verleger auszuüben. Aufgrund ihrer modernen technischen Ausrüstung und eines dickeren finanziellen Polsters können sie unter Umständen einen scharfen Konkurrenzkampf mit einem kleineren oder mittleren Verlag sehr leicht zu ihren Gunsten entscheiden. In manchen Fällen reicht jedoch bereits die Androhung eines Konkurrenzkampfes durch einen mächtigen Konzern, um die Schwächeren gefügig zu machen.

Am 14. April 1965 meldete das Nachrichtenmagazin „Der Spiegel" zum Beispiel: „Um seine Übermacht nicht allzu deutlich werden zu lassen, hatte der Hamburger Konzern bislang in seiner Berliner ‚Welt'-Ausgabe auf lokale Anzeigen verzichtet. Doch um die Jahreswende ging das Gerücht um, auch die „Welt" wolle in Berlin lokale Inserate aufnehmen – ein Vorhaben, das die wirtschaftliche Basis der konzernfreien Zeitungen, insbesondere der ‚Welt'-Konkurrenz ‚Tagesspiegel', weiter eingeengt hätte. Als zum Jahresbeginn der Sturm aller Berliner Zeitungs-Verleger gegen die TV-Werbung einsetzte, kolportierte der SFB, Springer habe mit der Ankündigung, Berliner Inserate in die ‚Welt' einzurücken, seine Kollegen zur Attacke auf den SFB gezwungen." (Der Spiegel, 19. Jg. 1965, H. 16, S. 65.)

In der Tat haben zum Beispiel nach dem 13. August 1961 einige Zeitschriften erfahren müssen, in welchem Maße Springer seinen Zeitungsbetrieb auch als reines Machtmittel einsetzt. Damals schrieben die Verlagshäuser Axel Springer und „Die Welt" an die Zeitungshändler in der Bundesrepublik: „*Ganz unbegreiflich erscheint es . . .*, *daß es immer noch Spekulanten gibt, die sich mit dem Abdruck der Ostzonenprogramme für die Verbreitung der Lügen aus Pankow hergeben. In dieser Bewährungsprobe unseres Volkes muß man von verantwortlichen Zeitungs- und Zeitschriftenhändlern erwarten, daß sie sich vom Vertrieb derjenigen Blätter distanzieren, die auch jetzt nicht bereit sind, auf den Abdruck der ostzonalen Rundfunk- und Fernsehprogramme zu verzichten, wie z. B. ‚Bildfunk', ‚Fernsehprogramme' und ‚Lotto-Toto-Expreß'. . . . Sollte es . . . einzelne Händler geben, die . . . weiterhin Objekte führen, die der Ulbricht-Propaganda Vorschub leisten, so werden die genannten Verlagshäuser prüfen, ob sie es verantworten können, zu solchen Händlern die Geschäftsbeziehungen fortzusetzen.*" (Zitiert im Bundesgerichtshof-Urteil vom 10. Juli 1963).

Wer einen derartigen Marktanteil wie der Springer-Konzern besitzt, kann also auch, direkt oder indirekt, entscheidenden Einfluß auf den Vertrieb ausüben, da es sich die wenigsten Händler leisten können, auf den Vertrieb der Springer-Produkte zu verzichten. Eine gewisse Rücksichtnahme von Grossisten auf die „Wünsche" des Hamburger Verlegers war auch festzustellen, als die satirische Zeitschrift „Pardon" 1962 mit einer Ausgabe, die sich kritisch mit dem Springer-Konzern befaßte („Krieg wegen Axel Springer?"), bei weiten Teilen des Großhandels auf erhebliche Verbreitungsschwierigkeiten stieß.

Zentrale Steuerung des Springer-Konzerns?

Die Behauptung, die Zeitungen des Springer-Konzerns erhielten von der Hamburger Zentrale politische Argumentationsanweisungen, ist trotz mancher Beispiele für eine übereinstimmende Beurteilung bestimmter Sachverhalte in allen Springer-Blättern (zum Beispiel bei der Kampagne für das privatwirtschaftlich organisierte Fernsehen, ferner bei der mehr oder weniger offenen Ablehnung des ersten Berliner Passierscheinabkommens) in dieser Form nicht haltbar.

Abweichende Meinungen

Wie weit die Meinungen einzelner Blätter des Konzerns voneinander abweichen können, zeigen folgende Beispiele:
Die „Bild-Zeitung" kritisierte eine Zeitlang im Sommer 1964 die Telefongebühren-Erhöhung und schleuderte Bundespostminister Stücklen dabei den Satz entgegen: „Alles lassen wir uns nicht gefallen!" „Bild am Sonntag" aber bemerkte: „Wie manche Leute es jetzt mit dem Minister Stücklen treiben – das ist eine Lumperei."
Als Bundespräsident Lübke sich 1965 aktiv in die Regierungsbildung einschaltete, schrieb „Die Welt": „Man weiß, wie ernst Heinrich Lübke seinen Eid nimmt, Schaden vom deutschen Volk abzuwehren . . . Der Bundespräsident ist schließlich kein Notar, und es ist nicht einzusehen, warum sich das Recht der Ernennung oder Ablehnung des Bundeskanzlers nicht auch auf die von diesem vorgeschlagenen Minister erstrecken soll. Zumal sich gerade Heinrich Lübke oft genug, und besonders in der Berlin-Frage, als der getreue Eckehard des Volkes bewährt hat. Sein Wort fällt auf jeden Fall schwer in die Waagschale und gilt mehr als die wie immer widersprüchlichen staatsrechtlichen Tüfteleien."
Die bis September 1967 im Springer-Konzern erschienene Tageszeitung „Der Mittag", Düsseldorf, erklärte: „Bedauerlich aber ist, daß Bundespräsident Heinrich Lübke sich hat verleiten lassen, dieses Spiel (gegen Bundesaußenminister Schröders Ernennung) mitzuspielen. Noch weiß man nicht, wie weit sein sauerländischer Eigensinn ihn treiben wird . . . Der Bundespräsident hat seinem hohen Amt, das über dem Parteien- und Meinungsstreit stehen soll, damit einen schlechten Dienst erwiesen . . . Wie soll man auch vor einem Mann Respekt haben, der die Präsidentenloge verläßt, um sich unten in der Arena ins Kampfgetümmel der Gladiatoren zu begeben."

Unterschiede in der Berichterstattung

Eine umfangreiche Analyse der Berichterstattung der West-Berliner Tagespresse über studentische Aktivitäten in den Monaten April bis Juli 1967 ergab: Die Berliner Ausgabe der Springer-Zeitung „Die Welt" ersetzte ihre zuerst negative Berichterstattung im Juli durch eine neutrale und den demokratischen Charakter der Demonstrationen betonende Bewertung; dagegen berichteten die Springer-Zeitungen „Berliner Morgenpost" und „Bild" insgesamt und das Springer-Blatt „Berliner Zeitung (BZ)" eindeutig negativ über die studentischen Aktivitäten. (Peter Schneider, Rolf Sulzer und Wilbert Ubbens: Pressekonformität und studentischer Protest. Berlin 1969).
Elisabeth Noelle-Neumann fand in einem Vergleich von Springer-Blättern mit Zeitungen wie der „Frankfurter Allgemeinen" und der „Süddeutschen" heraus, daß die „Trennungslinien in der Art der Berichterstattung mehr zwischen den verschiedenen Gattungen von Zeitungen als zwischen den Verlagshäusern verlaufen" (Pressekonzentration und Meinungsbildung, in: Massenkommunikationsforschung 1: Produktion, hrsg. von Dieter Prokop. Frankfurt am Main 1972).
Grundsätzlich kann jedoch die Gefahr, daß die Konzernspitze eines Tages gleichzeitig 945 Redakteuren ihre Meinung vorschreiben könnte, nicht geleugnet werden. Übereinstimmungen können sich aber

auch ohne „Winke von oben" ergeben, zum Beispiel dadurch, daß ein Journalist, der bei einer Zeitung seine Tätigkeit aufnimmt, von vornherein weiß, wie dieses Blatt argumentiert: Die Meinung, die dieser Journalist später dort äußert, kann also durchaus auf einer gründlichen eigenen Gewissenserforschung beruhen und doch gleichzeitig auch mit den Ansichten der Konzernspitze konform gehen.

Axel Springer führt seine Blätter an einem viel längeren Zügel, als ihm dies gewöhnlich nachgesagt wird: allein schon deswegen, weil es zu viele sind, als daß er sich in der Regel um redaktionelle Details kümmern könnte. Aber jedermann in seinem Hause scheint zu wissen, wie Springers Meinung in jenen Fragen ist, die ihm wichtig sind.

Günter Gaus: Wie das „Bild" gemacht wird, in: Süddeutsche Zeitung, Nr. 170 vom 17./18. 7. 1965, S. 78.

Trotz der teilweise marktbeherrschenden Stellung des Springer-Konzerns muß vor einer Gleichsetzung mit dem Hugenberg-Konzern gewarnt werden. Die politische Situation und die Position der Presse haben sich seit Weimar sehr gewandelt. Hugenberg, der Führer der Deutschnationalen Volkspartei, griff die Republik scharf an. Die Presse, die Hugenberg zum Teil beherrschte, hatte fast ein Informationsmonopol; Rundfunk und Film spielten nur eine Nebenrolle. Dagegen betrachtet sich Springer selbst, der kein politisches Amt bekleidet, als einen Verteidiger der zweiten Republik. **Springer – ein zweiter Hugenberg?**

Bei einer Gegenüberstellung der einzelnen Objekte fällt auf, daß Springer, wenn man einmal den „ASD Axel Springer Inlands-Dienst" und den „SAD Springer-Auslands-Dienst" unberücksichtigt läßt – im wesentlichen nur über Zeitungs- und Zeitschriftenverlage verfügt, während Hugenberg neben Zeitungen wie dem „Berliner Lokal-Anzeiger", dem „Tag" und der „Berliner Illustrierten Nachtausgabe" und Zeitschriften wie „Die Woche" und „Die Gartenlaube" außerdem noch **Unterschiede zwischen Hugenberg- und Springer-Konzern**
- eine Vermittlungsstelle der Schwerindustrie zur Unterbringung von Zeitungsinseraten im In- und Ausland,
- eine Beratungs- und Kreditbeschaffungsstelle für in finanzielle Schwierigkeiten geratene Provinzzeitungen,
- eine 350 Provinzzeitungen mit gedruckten Korrespondenzen und Matern versorgende Wirtschaftsstelle für die Provinzpresse,
- die Nachrichtenagentur Telegraphen-Union (TU) – sie belieferte 1928 fast die Hälfte der deutschen Zeitungen regelmäßig mit Nachrichten und über 60 Prozent mit Korrespondenzdiensten
- und die Universum Film Aktiengesellschaft (Ufa)
besaß.

Allerdings wäre die Schlußfolgerung, Hugenberg sei also Springer überlegen gewesen, nicht nur aus den oben dargelegten Gründen voreilig. Es muß auch daran erinnert werden, daß Hugenberg keine überregionale Zeitung mit Millionenauflage und keine monopolähnliche Stellung bei den Sonntagszeitungen hatte.

Die von der Bundesregierung auf Verlangen des Bundestages ein-
gesetzte „Kommission zur Untersuchung der Gefährdung der wirtschaftlichen Existenz von Presseunternehmen und der Folgen der
Konzentration für die Meinungsfreiheit in der Bundesrepublik Deutschland" (Pressekommission), der auch Verleger, Journalisten sowie Intendanten von Rundfunk- und Fernsehanstalten angehörten, gelangte
in ihrem allerdings nicht von allen Mitgliedern gebilligten Schlußbericht zu dem Ergebnis:

„Die Sorge der Pressekommission ist, dem Bürger könnten in ab-
sehbarer Zeit durch fortschreitende Konzentration nicht mehr genü-
gend unabhängige und über große Breitenwirkung verfügende Publi-
kationsorgane zur Verfügung stehen, aus denen er sich frei seine
Meinung bilden kann. Dies ist schon jetzt auf den Teilsektoren des
Pressewesens für politische Wochenmagazine, Straßenverkaufszei-
tungen und für Sonntagszeitungen der Fall. Das gleiche gilt für die-
jenigen kreisfreien Städte und Landkreise, in denen dem Bürger nur
noch eine über Lokalereignisse berichtende Zeitung zur Verfügung
steht. Im überregionalen Bereich wird allerdings zu berücksichtigen
sein, daß die Wochenzeitungen unterschiedlichster Richtungen im-
merhin ein gewisses Gegengewicht darstellen."

Zu den Ergebnissen der Arbeit der Pressekommission erklärte der
Bundesverband Deutscher Zeitungsverleger in einer Stellungnahme:
„Die schmale Untersuchungsbasis des Berichtswerks verweist alle
Aussagen darüber, wann die Pressefreiheit gefährdet oder beein-
trächtigt ist, in die Kategorie höchst subjektiver Meinungen."

Da die Konzentration nach Ansicht der Pressekommission ohne Ge-
genmaßnahmen in absehbarer Zeit ein unzuträgliches Maß erreichen
würde, hat sie in ihrem am 3. Juli 1968 der Öffentlichkeit unterbrei-
teten Schlußbericht folgende Vorschläge gemacht:

☐ Festlegung von Höchstgrenzen für die Marktanteile von Presseunternehmen.

Die Gefährdung der Pressefreiheit beginnt bei einem Marktanteil eines Presse-
unternehmens von 20 Prozent an der Gesamtauflage von Tages- und Sonntagszeitungen oder Publikumszeitschriften, die unmittelbare Beeinträchtigung der Pressefreiheit ist bei einem Marktanteil von 40 Prozent an Tages- und Sonntagszeitungen
oder an Publikumszeitschriften erreicht. Gibt ein Presseunternehmen gleichzeitig
Tages- und Sonntagszeitungen und Publikumszeitschriften heraus und erreicht dieses Presseunternehmen auf einem der beiden Sektoren einen Marktanteil von 20 Prozent, sieht die Pressekommission die Gefährdung der Pressefreiheit auf dem anderen Sektor bei einem Marktanteil von 10 Prozent als gegeben an. Erreicht ein Presseunternehmen auf einem der beiden Sektoren einen Marktanteil von 40 Prozent, tritt
die unmittelbare Beeinträchtigung der Pressefreiheit nach Auffassung der Pressekommission auf dem anderen Sektor bei einem Marktanteil von 15 Prozent ein.

☐ Jährliche Vorlage eines Berichts der Bundesregierung über die
Lage der deutschen Presse,

☐ Ergänzung der Landespressegesetze entsprechend der für die
Länder Bayern und Hessen geltenden Regelung über die Offen-
legungspflicht der Eigentumsverhältnisse an Publikationsorganen,

☐ finanzielle Unterstützung kleinerer und mittlerer Verlage sowie Begünstigung des Wachstums leistungs- und wettbewerbsfähiger Unternehmen zur Schaffung von Marktgegengewichten,
☐ Verbesserung der sozialen Stellung der Journalisten.

Erwartungsgemäß löste vor allem der Vorschlag der Pressekommission, durch Gesetz eine Höchstgrenze der Marktanteile von Presseunternehmen festzusetzen, eine lebhafte Diskussion aus. Der Bundesverband Deutscher Zeitungsverleger erklärte, dieser Vorschlag sei „pressestatistisch, kommunikationssoziologisch und verfassungsrechtlich nicht fundiert". Geht man von den Begriffen und Prozentzahlen aus, die von der Pressekommission verwendet werden, dann „gefährdet" Springer zwar auf dem Markt der Tages- und Sonntagszeitungen die Pressefreiheit, aber er „beeinträchtigt" sie noch nicht. Immerhin würde die Realisierung dieses Vorschlages bedeuten, daß Springers Tages- und Sonntagszeitungen ihre Auflage nicht mehr um mehrere Hunderttausend Exemplare steigern dürften – es sei denn, sie wollten sich dem Vorwurf einer „Beeinträchtigung der Pressefreiheit" aussetzen.

Der umstrittenste Punkt

In der Diskussion über die Konzentrationstendenzen in der Presse der Bundesrepublik sind von anderer Seite unter anderem folgende Vorschläge zur Erhaltung der Informationsfreiheit unterbreitet worden:

Andere Vorschläge

☐ Bildung von regionalen Presseausschüssen, bei denen geplante weitere Kooperationen, Konzentrationen, Stillegungen oder Fusionen von Zeitungsunternehmen angemeldet werden, damit gegebenenfalls durch gezielte Maßnahmen unerwünschte Entwicklungen vermieden werden;
☐ Sicherung der Unabhängigkeit redaktioneller Tätigkeit in Zeitungen und Zeitschriften durch Redaktionsstatute (Einzelheiten siehe 4.6);
☐ Einrichtung von Beschwerde-Instanzen, die beispielsweise auf die Veröffentlichung von Leserbriefen hinwirken können (Muster: „Hessische Allgemeine Zeitung");
☐ Ausbau des Rechts auf Gegendarstellung, vor allem in Ein-Zeitungskreisen;
☐ Festlegung eines Pflichtenkataloges (zum Beispiel ausgewogene Berichterstattung, Bereitstellung von Raum für alle Parteien in Wahlkämpfen) für marktbeherrschende Unternehmen;
☐ Beschränkung der Zahl der Zeitungen, die von einem Verleger in einem Bundesland herausgegeben werden dürfen;
☐ Einführung einer Anzeigensteuer, deren Steuersatz so progressiv mit der Auflagenhöhe steigt, daß von bestimmten Grenzen an die weitere Annahme von Anzeigenaufträgen für den Verlag uninteressant wird;
☐ Bildung von Anzeigenpools, die – öffentlich verwaltet – zwischen die werbetreibende Industrie und die Publizistik treten;

☐ Umwandlung von Zeitungsverlagen in gemeinnützige Stiftungen oder öffentlich-rechtliche Anstalten nach dem Vorbild von Hörfunk und Fernsehen in der Bundesrepublik;

☐ Schaffung von leistungs- und wettbewerbsfähigen Unternehmen als wirtschaftliche und publizistische Marktgegengewichte in konzentrationsgefährdeten Bereichen durch gezielte Maßnahmen, beispielsweise durch Vergabe öffentlicher Druck- und Anzeigenaufträge oder Bewilligung von Subventionen unter Mitwirkung einer unabhängigen Sachverständigenkommission.

Keine schnelle Lösung in Sicht

Sämtliche Vorschläge, von denen eine durchgreifende Strukturreform der Presse in der Bundesrepublik zu erwarten ist, werfen schwerwiegende verfassungsrechtliche Probleme auf. Im Prinzip geht es darum, ob und in welchem Maße Eingriffe in andere Grundrechte zur Gewährleistung des staatsbürgerlichen Informationsrechts für verfassungskonform erachtet werden.

Maßnahmen gegen Konzentration im Ausland

Einige Staaten haben bereits Maßnahmen gegen die Konzentration ergriffen. In Schweden erhalten die im Reichstag vertretenen Parteien Mittel zur Subventionierung von Zeitungen. In Großbritannien wurde 1965 ein Anti-Kartellgesetz verabschiedet.

Art. 8 der „**Monopolies and Mergers Bill**" bestimmt, daß die Übertragung einer Zeitung oder einer Zeitungsbeteiligung an den Eigentümer einer Zeitung, dessen Blätter unter Einschluß der zu übertragenden Zeitung eine Auflage von (täglich) 500 000 oder mehr Exemplaren aufweisen, ungesetzlich und nichtig ist, wenn nicht zu dem Übertragungsvorgang eine schriftliche Genehmigung des Board of Trade (Industrie- und Handelskammer) vorliegt, nachdem dieser einen Bericht der Monopol-Kommission über den Vorgang erhalten hat. Die Genehmigungserklärung kann auch mit Bedingungen versehen werden. In den Fällen besonderer wirtschaftlicher Notlage und der Eilbedürftigkeit kann der Board of Trade die Genehmigung ohne das Vorliegen eines Berichtes der Monopol-Kommission erteilen.
Bislang wurden auf Antrag acht Fusionen genehmigt, darunter auch der Aufkauf der „Times" durch Lord Thompson, den größten Zeitungsverleger der Welt.

Das deutsche Kartellgesetz

Auch in der Bundesrepublik ist häufig die Frage aufgeworfen worden, ob denn nicht das zur Zeit geltende Kartellrecht eine Handhabe gegen die Aushöhlung der Pressefreiheit durch Monopole, Kartelle und Konzerne biete. § 22 des Gesetzes gegen Wettbewerbsbeschränkungen räumt der Kartellbehörde gegenüber marktbeherrschenden Unternehmen das Recht ein, ein mißbräuchliches Verhalten zu untersagen und Verträge für unwirksam zu erklären, wenn diese Unternehmen

1. bei Abschluß von Verträgen ihre Marktstellung beim Fordern oder Anbieten von Preisen oder bei der Gestaltung von Geschäftsbedingungen mißbräuchlich ausnutzen oder

2. durch mißbräuchliche Ausnutzung ihrer Marktstellung den Abschluß von Verträgen davon abhängig machen, daß der Vertragsgegner sachlich oder handelsüblich nicht zugehörige Waren oder Leistungen abnimmt.

Literatur:

Alberts, Jürgen: Massenpresse als Ideologiefabrik. Am Beispiel „Bild". Athenäum Verlag Frankfurt a.M. 1972, 153 S.

Arens, Karlpeter: Manipulation. Journalisten und Publikum in der bürgerlichen Warengesellschaft. Verlag Volker Spiess Berlin, 2. Auflage 1973, 130 S.

Armbruster, Hubert, u.a. (Hrsg.): Pressefreiheit. Entwurf eines Gesetzes zum Schutze freier Meinungsbildung und Dokumentation des Arbeitskreises Pressefreiheit. Luchterhand Verlag Berlin, Neuwied 1970, 224 S.

Arndt, Helmut: Die Konzentration in der Presse und die Problematik des Verleger-Fernsehens. Metzner Verlag Frankfurt a.M., Berlin 1970, 96 S.

Aufermann, Jörg, u.a. (Hrsg.): Pressekonzentration. Eine kritische Materialsichtung und -systematisierung. Verlag Dokumentation München-Pullach, Berlin 1970, 389 S., auch: Uni-Taschenbücher 69

Baroth, Hans-Dieter, u.a.: Mit Politik und Porno. Pressefreiheit als Geschäft belegt am Heinrich-Bauer-Verlag. ('ran-Buch 1) Europäische Verlagsanstalt Frankfurt a.M. 1973, 97 S.

Berliner Autorenkollektiv Presse: Wie links können Journalisten sein? Pressefreiheit und Profit. (rororo aktuell 1599) Rowohlt Taschenbuch Verlag Reinbek 1972, 206 S.

Diederichs, Helmut H.: Konzentration in den Massenmedien. Systematischer Überblick zur Situation in der BRD (Reihe Hanser Bd. 120) Hanser Verlag München 1973, 252 S.

Dietrich, Norbert: Pressekonzentration und Grundgesetz. Beck Verlag München 1971, 165 S.

Gleisberg, Gerhard u.a.: Zu Pressekonzentration und Meinungsmanipulierung. Verlag Marxistische Blätter, Frankfurt a.M. 1972, 202 S.

Glotz, Peter, und Langenbucher, Wolfgang: Der mißachtete Leser. Zur Kritik der deutschen Presse. (Information Bd. 22) Verlag Kiepenheuer & Witsch Köln 1969, 160 S.

Hüther, Jürgen, Scholand, Hildegard, und Schwarte, Norbert: Inhalt und Struktur regionaler Großzeitungen. (Gesellschaft und Kommunikation Bd. 18) Bertelsmann-Universitätsverlag Düsseldorf 1973, 144 S.

Jaene, Hans-Dieter: Der Spiegel. Ein deutsches Nachrichten-Magazin. (Fischer Taschenbuch 905) Fischer Taschenbuch Verlag Frankfurt a.M. 1968, 127 S.

Küchenhoff, Erich, u.a.: Bild-Verfälschungen. Analyse der Berichterstattung der Bild-Zeitung über Arbeitskämpfe, Gewerkschaftspolitik, Mieten, Sozialpolitik. Teil 1: Analyse, Teil 2: Belege. Europäische Verlagsanstalt Frankfurt a.M. 1972, 157 und 189 S.

Müller, Hans Dieter: Der Springer-Konzern. Eine kritische Studie. Piper Verlag München 1968, 401 S.

Nutz, Walter: Die Regenbogenpresse. Eine Analyse der deutschen bunten Wochenblätter. Westdeutscher Verlag Opladen 1971, 112 S.

Ossorio-Capella, Carlos: Der Zeitungsmarkt in der BRD. Darstellung und Beurteilung der Entwicklungstendenzen. Athenäum Verlag Frankfurt a.M. 1972, 354 S.

Prokop, Dieter (Hrsg.): Massenkommunikationsforschung. Band 1: Produktion, Band 2: Konsumtion. (Bücher des Wissens 6151 und 6152) Fischer Taschenbuch Verlag Frankfurt a.M. 1972 und 1973, 425 und 501 S.

Rathenow, Hanns-Fred: Werbung. (Didaktische Modelle 1) Colloquium Verlag Berlin 1972, 104 S.

Schlußbericht der Kommission zur Untersuchung der Gefährdung der wirtschaftlichen Existenz von Presseunternehmen und der Folgen der Konzentration für die Meinungsfreiheit in der Bundesrepublik Deutschland (Pressekommission). Deutscher Bundestag, 5. Wahlperiode, Drucksache V/3122.

Silbermann, Alphons, und Zahn, Ernest: Die Konzentration der Massenmedien und ihre Wirkungen. Eine wirtschafts- und kommunikations-soziologische Studie. Econ-Verlag Düsseldorf 1970, 525 S.

Spoo, Eckart (Hrsg.): Die Tabus der bundesdeutschen Presse. (Reihe Hanser, Bd. 66) Hanser Verlag München 1971, 136 S.

Zeuner, Bodo: Veto gegen Augstein. Der Kampf in der „Spiegel"-Redaktion um Mitbestimmung. Verlag Hoffmann und Campe Hamburg 1972, 241 S.
Zoll, Ralf (Hrsg.): Manipulation der Meinungsbildung. Zum Problem hergestellter Öffentlichkeit. (Kritik Bd. 4) Westdeutscher Verlag Opladen, 2. Auflage 1972, 372 S.

4.5 Die Informationsquellen

Die wichtigste Informationsquelle für alle Massenmedien in der Bundesrepublik ist die **Deutsche Presse-Agentur** (dpa), die 1949 aus den drei Nachrichtenagenturen der westlichen Besatzungsmächte DENA (US-Zone), DPD (britische Zone) und SUEDENA (französische Zone) hervorging.
Die Deutsche Presse-Agentur wird als G.m.b.H. von 208 Gesellschaftern getragen, von denen niemand mehr als ein Prozent des Stammkapitals besitzen darf. Dadurch soll die Gefahr einer einseitigen Interessenbindung abgewehrt werden. Der Aufkauf der Agentur durch einen größeren Konzern ist zum Beispiel nicht möglich, es sei denn, er fände zahlreiche Kollegen, die nur als „Strohmänner" auftreten und ihren Anteil am Stammkapital zwar nominell behalten, in Wirklichkeit aber an ihn abgeben würden. Nach dem Statut ist es dem Staat ausdrücklich verwehrt, Anteile des Gesellschaftskapitals der Agentur zu erwerben. Die Eigentümer der dpa – Verleger und Rundfunkanstalten – wählen gemeinsam einen Aufsichtsrat, und dieser bestimmt die Geschäftsführung und den Chefredakteur. In der Gesellschaft und im Aufsichtsrat sind alle politischen und weltanschaulichen Richtungen vertreten.

Eine einseitige Berichterstattung zum Vor- oder Nachteil einer Partei kann sich dpa auf die Dauer aus mehreren Gründen nicht leisten:
☐ Die Bezieher von dpa gehören den verschiedensten politischen Richtungen an, so daß beispielsweise bei offensichtlicher Benachteiligung der SPD die dieser Partei nahestehenden Zeitungen mit der Kündigung des Abonnements drohen würden.
☐ Neben dpa und dem Deutschen Depeschen-Dienst (ddp) verbreiten noch die amerikanische Agentur Associated Press (AP) sowie die französische Agentur Agence France Presse (AFP) einen deutschsprachigen Dienst in der Bundesrepublik, so daß eine parteipolitisch einseitige Berichterstattung durch dpa bei den großen, alle wichtigen Agenturen beziehenden Zeitungen und den Rundfunkanstalten schnell auffallen und zu Protesten führen würde.
☐ Die Organisationsstruktur verhindert, daß eine politische Richtung die Nachrichtenagentur maßgebend beeinflußt.
Organisationsstatut, Abonnenten und Konkurrenten sorgen also dafür, daß die Deutsche Presse-Agentur nicht in das politische Fahrwasser einer Partei gerät. Auf das Funktionieren dieser drei Kontrollmechanismen kommt es so entscheidend an, weil viele kleinere Zeitungen

allein durch dpa mit politischen Nachrichten von überregionaler Bedeutung versorgt werden. Die Monopolstellung, die dpa bei diesen Blättern hat, könnte politisch gefährlich werden, wenn die Agenturen an diesen Teil der deutschen Presse unter dem Gütezeichen der „Objektivität und Überparteilichkeit" Meldungen liefern würden, die dieses Prädikat nicht verdienen.

Monopol der dpa bei kleineren Zeitungen

Außer dpa, dem Deutschen Depeschen-Dienst und den ausländischen Agenturen arbeiten in der Bundesrepublik noch zahlreiche Nachrichtendienste, die sich zumeist auf bestimmte Themen spezialisiert haben. Der „Dienst mittlerer Tageszeitungen" (DIMITAG) versendet eigene Kommentare, Namensartikel und Reportagen an seine Bezieher. Der „Evangelische Pressedienst" (epd) und die „Katholische Nachrichtenagentur" (KNA) bringen vorrangig kirchliche, die „Vereinigten Wirtschaftsdienste" (VWD) wirtschaftliche Nachrichten.

Andere deutsche Nachrichtenbüros

Tabelle 2: **Die bedeutendsten Nachrichtenagenturen**

Agenturen	Budget in Millionen DM	Kabelwege in km	Nachrichtensammlung in Ländern ohne Inland	feste Mitarbeiter	freie Mitarbeiter	Nachrichtenverbreitung in Ländern ohne Inland	Kunden im Ausland	davon Agenturen
Reuters	68[1])	991 000[2])	175	345	655	127	6 361[3])	72
AP	231	800 000	100	1200	10 000	105	3 500	54
UPI	200	1,1 Mill.[2])	110	267	10 000	115	7 000	48
AFP	72	170 000	155	918	400	135	9 400[3])	40
TASS	–	140 000	94	90	–	70	–	32
dpa	37	100 000[2])	70	37	34	74	152	56
ADN	–	–	42	33	13	76	1000[3])	–

Anmerkungen: (1) Reuters' Unkosten sind niedriger als bei anderen, vergleichbaren Agenturen, da seine Schwesterunternehmen in England, Australien und Neuseeland ihm ein Teil abnehmen. (2) Einschließlich Richtfunkverbindungen. (3) In diese hohen Kundenzahlen sind auch die der Vertragsagenturen miteingerechnet. (Alle Angaben stammen von den Agenturen).

Die über 900 täglich, wöchentlich oder monatlich erscheinenden Presse- und Informationsdienste sind eine weitere Informationsquelle für die Massenmedien in der Bundesrepublik. Rund 250 dieser Dienste werden kostenlos geliefert. Neben den Parteien geben Verbände und Privatpersonen Presse- und Informationsdienste heraus, von denen viele den Vermerk „Vertraulich" oder „Nur zur persönlichen Information des Empfängers bestimmt" tragen, obwohl sie so gut wie nie „Geheiminformationen" enthalten.

Presse- und Informationsdienste

Für die Agenturen, zum Teil auch die Presse- und Informationsdienste sowie die In- und Auslandskorrespondenten sind die staatlichen und privaten Pressestellen ihrerseits eine der ergiebigsten Informationsquellen. Eine Sonderstellung nehmen die Presse- und Informations-

Pressestellen

ämter der Regierung ein. So hat zum Beispiel das **Presse- und Informationsamt der Bundesregierung** unter anderem die Aufgabe,
- die Bundesregierung über die Verlautbarungen der in- und ausländischen Nachrichtenträger zu unterrichten und
- die Organe der öffentlichen Meinungsbildung über die Politik der Bundesregierung zu informieren.

Das Presse- und Informationsamt ist also gleichzeitig „Sprach- und Hörrohr" der Bundesregierung: Es leitet Nachrichten von innen nach außen und von außen nach innen.

An der Spitze des Presse- und Informationsamtes steht der dem Bundeskanzler direkt unterstellte Staatssekretär Rüdiger von Wechmar. In seiner Doppelfunktion, bei der Presse die Regierung und bei der Regierung die Presse in Schutz zu nehmen, ist er ständig in Gefahr, sich bei beiden unbeliebt zu machen. In Bonn erscheint von Wechmar in der Regel zusammen mit den Sprechern einzelner Ministerien montags, mittwochs und freitags vor der Bundespressekonferenz, dem Zusammenschluß der in Bonn akkreditierten Korrespondenten. Die schwierige Position, die Regierungssprecher auf diesen Konferenzen haben, hat ein Journalist einmal treffend mit den Worten umschrieben: „Die Bonner Bürokratie würde am liebsten einen Taubstummen auf diesem Posten sehen, aber die Öffentlichkeit will und muß informiert werden ... Sagt er (der Regierungssprecher) zu viel, bekommt er es mit der Bürokratie zu tun, sagt er zu wenig, ist die Öffentlichkeit mit Recht unzufrieden."

Der bedeutsamste Weg der Informationsbeschaffung ist für von Wechmar und seinen Stellvertreter Grünewald das Recht zur Teilnahme an Kabinettssitzungen. Ferner leiten die Pressereferenten der Ministerien dem Bundespresseamt Informationen über ihre Arbeit, Stellungnahmen der Ministerien, statistisches Material und graphische Darstellungen zu, die zur Weiterverarbeitung in Publikationsorganen bestimmt sind.

Die Nachrichtenübermittlung an die Vertreter der Presse, des Hörfunks, Fernsehens und Films (Wochenschau) geschieht auf schriftlichem und mündlichem Wege. Das Bundespresseamt gibt schriftliche „Mitteilungen an die Presse" heraus. Das „Bulletin des Presse- und Informationsamtes der Bundesregierung" ist das einzige regierungsamtliche Publikationsorgan. Darin werden Erklärungen des Bundespräsidenten, des Bundeskanzlers und der Bundesregierung zu aktuellen und grundsätzlichen Fragen veröffentlicht.

Die Sprecher der Parteien befinden sich in einer ähnlichen Lage wie der Regierungssprecher.

Im März 1965 sagte der damalige Sprecher der CDU in Bonn, Arthur Rathke: „Als ich meinen Job vor anderthalb Jahren übernahm, habe ich gedacht: das wird ein Seiltanz ohne Netz. Jetzt weiß ich aber: es ist ein Seiltanz ohne Seil." In der Praxis hat der Sprecher einer Partei häufig keine Zeit, um vor einer Stellungnahme im Namen der Partei bei den entscheidenden Instanzen Auskünfte und Meinungen einzuholen. Um aktuell zu bleiben, wird sich der Sprecher einer Partei in der Regel sehr rasch äußern und dabei hin und wieder das Risiko in Kauf nehmen müssen, später von der eigenen Partei kritisiert zu werden. Geht die „Eigenwilligkeit" des Sprechers zu weit, läuft er Gefahr, von den Journalisten nicht mehr als ein Sprachrohr der Partei betrachtet zu werden; möchte der Sprecher hingegen ausschließlich die „Stimme seines Herrn und Meisters", zum Beispiel des Parteivorsitzenden, sein und zögert er deshalb häufig mit einer Stellungnahme, verlieren seine Erklärungen an Aktualität und finden bei den Journalisten unter Umständen nur noch wenig Beachtung.

Jede Regierung wird darauf bedacht sein, ihre Politik gegenüber der Öffentlichkeit in einem guten Licht erscheinen zu lassen. Insofern ist jedes Presseamt und ist jeder Regierungssprecher – ob in Bonn, Berlin, Hamburg oder sonstwo – ein Verteidiger der Politik seiner Auftraggeber. Mißerfolge der Regierung werden vielfach erst auf Anfrage bekanntgegeben. Es ist wohl auch kaum von einer Regierung zu erwarten, daß sie in ihren Äußerungen zum politischen Geschehen ihr eigenes Verhalten negativ beurteilt.

Welches Echo Äußerungen des Regierungssprechers in der Presse haben, belegt das folgende Beispiel:
„Herr Vorsitzender, meine Damen und Herren! Das Bundeskabinett hat nach einer langen und sehr sachlichen Aussprache in Anwesenheit des Präsidenten der Deutschen Bundesbank, Blessing, und aller Minister, mit Ausnahme von Bundesminister Eppler, der sich auf Reisen befindet, eben beschlossen, daß die Deutsche Mark nicht aufgewertet wird", verkündete Regierungssprecher Conrad Ahlers am 9. Mai 1969 vor der Bundes-Pressekonferenz in Bonn. An dieses Statement schlossen sich 36 Fragen von 14 Journalisten, darunter auch die Frage nach der Geltungsdauer des Regierungsbeschlusses. Ahlers damals: „Auf ewig."
Die Kommunikationswissenschaftler Manfred Koch und Waltraud Hausman kamen in einer Untersuchung des Presse-Echos zu folgenden Ergebnissen:
Untersucht wurden die beiden auf den Tag der Pressekonferenz folgenden Ausgaben von 44 in der Bundesrepublik und Berlin (West) erscheinenden Zeitungen vom Samstag/Sonntag, 10./11. Mai, und Montag, 12. Mai 1969, die in den Pressearchiven des Presse- und Informationsamtes der Bundesregierung und des Deutschen Bundestages zugänglich waren. In dieser „Stichprobe" sind alle publizistisch wichtigen größeren deutschen Tageszeitungen vertreten. Die tägliche Gesamtauflage der 44 inhaltsanalytisch ausgewerteten Titel betrug 11 662 200 Stück und umfaßt damit rund zwei Drittel der Gesamtauflage aller deutscher Tageszeitungen ...
Sämtliche 44 untersuchten Zeitungen berichteten über die Ergebnisse der Pressekonferenz. Am Tage nach der Konferenz, einem Samstag, hatten 42 das Thema mit Schlagzeile auf der ersten Seite. Auch am folgenden Montag war die Aufwertungsfrage bei 40 Zeitungen das Thema des ersten Aufmachers ...
Die Auszählung ergab, daß schwere Verzerrungen bei der Wiedergabe wörtlicher Zitate des Sprechers selten sind, daß leichte (nicht sinnstörende) Abweichungen häufiger vorkommen, daß jedoch die exakte Zitierung die am häufigsten anzutreffende Form der Wiedergabe ist. Dies kann als ein gutes Zeugnis für den deutschen Tageszeitungsjournalismus gewertet werden.
Weit häufiger war jedoch eine subtilere Form der Verzerrung festzustellen. Es wurde selten genau berichtet, in welchem Zusammenhang die Worte „auf ewig" gefallen waren, nämlich als spontanes Ergebnis auf eine provozierende Frage im Wechselspiel von Frage und Antwort. Bei der Berichterstattung wurde nur selten die Atmosphäre der Konferenz, die auf die Antwort abgefärbt hatte, erwähnt. Auch der besondere Tonfall des Sprechers wurde teilweise unterschlagen, teilweise nicht richtig gewertet. In vielen Meldungen fehlte der Hinweis, daß die abgedruckte Nachricht aus einer Pressekonferenz stammte ...
Das Statement, das der Sprecher auf der Pressekonferenz abgegeben hatte, enthielt nur den schlichten Nicht-Aufwertungsbeschluß und einen Hinweis auf die Teilnehmer der Kabinettssitzung. Dieser karge Inhalt wurde jedoch keineswegs zur Hauptbestandteil des abgedruckten Presseechos ... Das Hauptaugenmerk wurde vielmehr meistens auf zwei Themenkreise gerichtet: die politischen Spekulationen und die Worte „auf ewig". ...
Die Verteilung der Abdruckergebnisse nach Themen zeigte, daß bei einer Pressekonferenz das redigierte Statement geringere Beachtung finden kann als das sich anschließende Frage- und Antwortspiel zwischen Sprecher und Journalisten. Wie

77

eine Analyse des Tonbandes ausweist, war es eine spontane Reaktion des Sprechers, die die Akzentuierung der Berichterstattung wesentlich beeinflußte. Die Schlagfertigkeit und sonstige persönliche Eigenarten des Sprechers, sein individueller Stil, werden damit zu einem wichtigen Faktor im Kommunikationsfluß. Mit einiger Sicherheit kann man sagen, daß derselbe Regierungsbeschluß, wäre er von einem anderen Sprecher verkündet worden, ein anderes Presseecho gehabt hätte. Eine Auszählung der im Zusammenhang mit dem Sprecher benutzten Verben deutet zwar eher auf seine passive Rolle als reines Sprachrohr hin. Ein anderes Bild zeigte jedoch eine Analyse der im Zusammenhang mit dem Sprecher benutzten Adverbien und Adjektive: „ironisch", „meinte verwegen", „meinte trocken", „konstatierte lapidar", „seine lakonische Mitteilung", „seine naß-forschen Worte", „wollte witzig sein".

Das Verhalten des Sprechers ist Mißdeutungen ebenso ausgesetzt wie die Mitteilung, die er im Namen der Regierung zu machen hat. Insbesondere eine ironische Stimmungslage und einen Ausflug in die theologische Terminologie finden einen weiten Spielraum der Interpretation. So wurde die Bemerkung „auf ewig" unterschiedlich aufgefaßt. Elf Zeitungen verzeichnen, daß der Sprecher mit dieser Bemerkung Gelächter erntete. „Diese Feststellung hat dem Sprecher der Regierung das Gelächter der Journalisten eingebracht; die Beförderung zum ‚Ewigkeitsapostel' wird kaum ausbleiben. Jedenfalls möchte man den Repräsentanten von Politik, Wirtschaft und Finanzen in der Bundesrepublik ... mehr Takt und mehr Verantwortungsgefühl wünschen, als sie in letzter Zeit an den Tag gelegt haben" („Rhein-Neckar-Zeitung").

Die „Saarbrücker Zeitung" schreibt: „Die Journalisten quittierten diese Äußerung des stellvertretenden Regierungssprechers mit Hohngelächter. In der Tat entfuhr Ahlers damit eine Äußerung des gleichen Kalibers, wie sie sein direkter Chef Kurt-Georg Kiesinger ... von sich gab, als er ... glaubte versichern zu müssen, solange er Bundeskanzler sei, werde es keine DM-Aufwertung geben." Die „Bremer Nachrichten" formulieren bereits die Hauptüberschrift „Gelächter für Ahlers" und fahren im Text fort: „Nach der Pressekonferenz rätselte man in Bonn immer noch, warum Ahlers auf mehrfaches Nachfragen von Journalisten immer wieder sein ‚auf ewig' als Geltungsdauer des Regierungsbeschlusses bekräftigt habe."

Opposition benachteiligt?

Zuweilen wird – vor allem vor Wahlen – behauptet: Die parlamentarischen Mehrheitsparteien werden gegenüber der Opposition in unzulässiger Weise bevorzugt, weil das Bundespresseamt mit Hilfe öffentlicher Mittel die politische Meinung der Bundesregierung vertritt und damit gleichzeitig für die Mehrheitsparteien wirbt.

Regierungspropaganda legitim?

Walter Leisner hält dieses Vorgehen für zulässig,
– weil die Regierung und die Mehrheitspartei erheblich angreifbarer sind,
– weil es leichter ist, Kritik zu üben als verantwortlich zu handeln,
– weil die Regierung der Opposition gegenüber durch Informationen geradezu oppositionsschaffend auftritt, indem sie Material zur Antithesenbildung anbietet.

Verflechtung von Partei und Regierung

Entscheidend für die Beantwortung der Frage, ob das Bundespresseamt den Mehrheitsparteien unter die Arme greift, ist allerdings wohl die Feststellung: *„Je enger Partei-, Fraktions- und Regierungsführung in einer starken Hand vereinigt sind, um so weitergehend mag Regierungsinformationsarbeit zugleich Arbeit für die Partei werden. Ganz hat diese Identität auch in den Perioden der Vergangenheit bekanntlich nicht bestanden."* (Walter Leisner: Öffentlichkeitsarbeit im Rechtsstaat. Berlin 1966, S. 158).

Für die Öffentlichkeitsarbeit sind in den Etats der verschiedensten Ministerien teils geringe, teils erhebliche Mittel vorgesehen.

So verfügten 1971 z. B. das Bundesministerium für wirtschaftliche Zusammenarbeit über 6,3 Millionen DM, das Ministerium für innerdeutsche Beziehungen über 3,7 Millionen DM, das Ressort Städtebau und Wohnungswesen aber nur über 0,15 Millionen DM. Für „gesundheitliche Aufklärung der Bevölkerung" standen 2,8 Millionen DM bereit, für „Aufklärung der Bevölkerung auf dem Gebiet des Umweltschutzes" 0,2 Millionen DM.
Weiterhin konnte das Presseamt 1971 ausgeben: vier Millionen Mark für die „Öffentlichkeitsarbeit in Verteidigungsfragen", 67 Millionen Mark für die „Öffentlichkeitsarbeit ,Ausland'", 9,5 Millionen Mark für „Öffentlichkeitsarbeit ,Inland'".

Der sogenannte Reptilienfonds (Titel 531 01 des Haushalts des Presse- und Informationsamtes der Bundesregierung) wurde bis 1967 allein vom Präsidenten des Bundesrechnungshofes geprüft. Seitdem unterliegt dieser umstrittene Titel (1971: 7 Millionen Mark) auch der parlamentarischen Kontrolle durch einen Unterausschuß des Haushaltsausschusses.

Literatur:
Kaps, Norbert, und Küffner, Hanns: Das Presse- und Informationsamt der Bundesregierung. (Ämter und Organisationen der Bundesrepublik Deutschland 18) Boldt Verlag Bonn 1969, 179 S.
Leisner, Walter: Öffentlichkeitsarbeit der Regierung im Rechtsstaat. Dargestellt am Beispiel des Presse- und Informationsamtes der Bundesregierung. Verlag Duncker & Humblot Berlin 1966, 178 S.
Sänger, Fritz: Die Nachrichtenagenturen, in: Deutsche Presse seit 1945, hrsg. von Harry Pross. Scherz Verlag Bern – München – Wien 1965, 256 S.
Sänger, Gisela: Die Funktion amtlicher Pressestellen in der demokratischen Staatsordnung, dargestellt am Beispiel der Bundesrepublik Deutschland (Abhandlungen der Forschungsstelle für Völkerrecht und ausländisches öffentliches Recht der Universität Hamburg 13) Alfred Metzner Verlag Frankfurt a. M. – Berlin 1966, 166 S.
Steffens, Manfred: Das Geschäft mit der Nachricht. Agenturen, Redaktionen, Journalisten. Hoffmann und Campe Verlag Hamburg 1969, 311 S., auch: (dtv 779) Deutscher Taschenbuch Verlag München 1971, 335 S.

4.6 Die Journalisten

In der Bundesrepublik arbeiten rund 20 000 Journalisten für Zeitungen und Zeitschriften, für Rundfunkanstalten und Pressestellen der Verwaltung und der Wirtschaft, zum Teil als Redakteure im Angestelltenverhältnis, zum Teil als freie Mitarbeiter auf Honorarbasis.

– Im Deutschen Journalisten-Verband (DJV) sind rund 10 000,
– in der Deutschen Journalisten-Union (dju) 3000,
– in der Rundfunk-Fernseh-Film-Union 4000
– und in der Deutschen Angestelltengewerkschaft einige Hundert Journalisten

organisiert.

Seit einigen Jahren wird über einen möglichen Zusammenschluß dieser Organisationen unter Einbeziehung weiterer – wie dem Verband der Schriftsteller (VS) – diskutiert. Wie eine einheitliche Mediengewerkschaft im einzelnen aussehen soll, ist umstritten:

– Der Deutsche Journalisten-Verband betont die Notwendigkeit, die Voraussetzungen dafür zu schaffen, daß die spezifischen Interessen der Journalisten in einer Mediengewerkschaft selbständig vertreten werden können. Er befürchtet, daß in einer Mediengewerkschaft, der alle in der Industriegewerkschaft Druck und Papier organisierten Arbeitnehmer angehören, eine Majorisierung eintreten könnte.

– Die Deutsche Journalisten-Union, eine Berufsgruppe in der Industriegewerkschaft Druck und Papier, steht hingegen auf dem Standpunkt, daß es in erster Linie auf die Solidarisierung der Journalisten mit den in der IG Druck und Papier organisierten 150 000 Arbeitnehmern (Druckern und Setzern, überhaupt allen mit der technischen Herstellung der Zeitung befaßten Personen) ankommt. Die spezifischen journalistischen Interessen, die der Deutsche Journalisten-Verband betont, werden von der Deutschen Journalisten-Union vielfach als „elitäres Standesdenken" bezeichnet.

Berufsbild

Mehr und mehr hat sich in den letzten Jahren bei den betroffenen Organisationen die Erkenntnis durchgesetzt, daß das Bild vom geborenen Journalisten, der eine flotte Feder schreibt, ein Trugbild ist. Der Journalist, der Informationen weitergeben und kommentieren soll, braucht in erster Linie neben Kenntnissen die Kenntnis, sich Kenntnisse anzueignen. Das kann heute nur über ein Hochschulstudium geschehen, das auf die Bedürfnisse des journalistischen Berufs zugeschnitten ist.

In der Regel volontiert heute jeder, der Redakteur werden möchte, zwei Jahre – nach Abschluß des Studiums ein Jahr – in einer Redaktion. Befragungen von Volontären haben immer wieder folgende Mißstände ergeben:

– Ausnutzung der Volontäre als billige Arbeitskräfte;
– mangelnde Betreuung, weil der Grundsatz mißachtet wird, daß auf vier Redakteure ein Volontär entfallen soll;
– Beschränkung der Ausbildung auf das lokale Ressort.

Aus- und Fortbildung

Ausbildungsinstitutionen für Journalisten sind die Deutsche Journalisten-Schule in München, die Hochschule für Fernsehen und Film in München und die Kölner Schule/Institut für Publizistik. Fortbildungseinrichtungen sind die Akademie für Publizistik in Hamburg, das Institut für publizistische Bildungsarbeit in Düsseldorf, das Münchner Presse-Lehrinstitut, die Christliche Presseakademie in Frankfurt, das Institut zur Förderung publizistischen Nachwuchses in München und der Verein Bayerischer Journalistenschulung in Augsburg.

Modelle für eine einheitliche Journalistenausbildung an Gesamthochschulen liegen zwar vor, werden voraussichtlich jedoch nicht vor 1975 realisiert werden.

Bezahlung

Aus dem geltenden Gehaltstarifvertrag für Redakteure an Tageszeitungen geht hervor, daß zum Beispiel Volontäre im ersten Ausbildungsjahr monatlich zwischen 708 und 828 DM, Redakteure im 1. und

2. Berufsjahr – je nach Auflage und Ortsklasse – zwischen 1334 und 1429 DM und Redakteure in besonderer Stellung an selbständigen Zeitungen, denen mindestens ein Redakteur unterstellt ist, zwischen 2343 und 2938 DM erhalten. Diese Mindestsätze werden natürlich in der Praxis bei auflagestarken Zeitungen und Zeitschriften häufig überschritten. Der „Spiegel" gibt zum Beispiel für einen einfachen Redakteur monatlich um 3000 DM, für einen Ressortleiter um 8000 DM aus.

Von den Bonner Korrespondenten verdienten Ende der sechziger Jahre 14 Prozent jährlich zwischen 20 000 bis 25 000 DM brutto, 27 Prozent zwischen 25 000 und 40 000 DM, und 20 Prozent zwischen 40 000 und 50 000 DM – der Rest liegt darunter oder darüber. (Ergebnisse nach: Claus-Peter Gerber und Manfred Stosberg. Die Massenmedien und die Organisation politischer Interessen. Bielefeld 1969).

Größe der Redaktionen
Die Redaktion ist jene Stelle eines Presse-Unternehmens, in der der geistige Gehalt einer Zeitung – also nicht ihre technische Form – aufbereitet und hergestellt wird. Eine Vielfalt von Menschen arbeitet, aufgegliedert in verschiedene Abteilungen, in einer Redaktion zusammen. So beschäftigt zum Beispiel die Frankfurter Allgemeine allein in ihrer Zentralredaktion 74 Redakteure; in ihren Redaktionsbüros in Deutschland, in London, Paris, Washington und New York sind 37 Journalisten eingestellt. Schließlich besitzt sie in weiteren 13 Hauptstädten des Auslandes insgesamt 16 eigene Korrespondenten. Der Spiegel weist in seinem Impressum als Mitglieder seiner Zentralredaktion und seiner Redaktionsvertretungen im In- und Ausland insgesamt 78 Journalisten aus. Hinzu kommen noch 20 redaktionelle Mitarbeiter für Bild und Grafik, Fotos und Dokumentation. Eine Mannschaft von ebenfalls 100 Journalisten, Korrespondenten und Fotoreportern besitzt auch die Illustrierte Stern. Auch große Regionalzeitungen bringen es auf eine Redaktionsmannschaft von 50 bis 70 Journalisten.
Massenmedien – die geheimen Führer, hrsg. von Josef Othmar Zöller, Augsburg 1965. S. 59.

Die Bevölkerung in der Bundesrepublik hat von den Journalisten keine sehr hohe Meinung.

Die Meinung über die Journalisten

Eine Umfrage des Instituts für Demoskopie in Allensbach ergab, daß nur 13 Prozent der westdeutschen Bevölkerung die Redakteure zu Menschen zählen, die sie am meisten schätzen. Viel mehr Ansehen genießen Ärzte (von 77 Prozent genannt), Ingenieure (60 Prozent), Geistliche (47 Prozent), Bergarbeiter (42 Prozent) und Richter (39 Prozent).

Vermutlich hängt diese Geringschätzung damit zusammen,

Gründe für geringes Ansehen

☐ daß Journalisten häufig als „Nestbeschmutzer" diskreditiert werden,

☐ daß die Arbeitsweise und das Auftreten einiger Journalisten als typisch für alle angesehen werden („fliegender Reporter"),

☐ daß der Nutzen, den die Arbeit des Journalisten in der Demokratie letztlich für jeden einzelnen stiftet, nicht so klar auf der Hand liegt wie beim Arzt oder Ingenieur,

☐ daß es im Journalistenberuf keine Abschlußprüfungen gibt.

Verhältnis Journalist-Verleger

Besondere Beachtung verdient die Stellung des Journalisten gegenüber dem Verleger. 1951 schlossen der Gesamtverband der Deutschen Zeitungsverleger und der Verein Deutscher Zeitungsverleger mit dem Deutschen Journalisten-Verband einen Manteltarifvertrag für hauptberufliche und festangestellte Redakteure von Zeitungsverlagen. In diesem Vertrag, der zum Beispiel Regelungen über Urlaub, Versicherung und Kündigung enthält, heißt es: „*Der Verleger muß den Redakteur im Anstellungsvertrag auf Innehaltung von Richtlinien für die grundsätzliche Haltung der Zeitung verpflichten.*"

Verleger bestimmt Richtlinien

Das sich aus der privatwirtschaftlichen Grundlage der Presse ergebende Prinzip, wonach der Verleger grundsätzlich die politische, wirtschaftliche und kulturelle Richtung einer Zeitung in Richtlinien festlegt und die Redakteure darauf in ihren Arbeitsverträgen verpflichtet, ist allgemein anerkannt. Derartige ausdrückliche Meinungsbeschränkungen sind auch im Lichte des Grundgesetzes statthaft. Die Pressefreiheit geht nicht so weit, daß ein Redakteur, der bei Beginn seiner Tätigkeit auf eine christliche Politik festgelegt worden ist, anschließend in der Zeitung atheistische Ansichten vertreten darf.

„Frei und frech und liberal"

Als Eckart Hachfeld, der von 1954 bis 1964 in jeder Wochenendausgabe der Zeitung „Die Welt" unter der Dachzeile „Amadeus geht durchs Land" kritische Weltbetrachtungen kabarettistischen Zuschnitts anstellte, zur Illustrierten „Stern" überwechselte, schrieb er:

„Frei und frech und liberal
will er nicht als lieber Aal
sich auf Wunsch und zartes Drängeln
nach der Art des Hauses schlängeln.

Denn der Geist, der sinnt und dichtet,
fühlt sich ungern ausgerichtet,
und er läßt es, Springerkragen
oder Axelstück zu tragen."

Wer prägt die Linie der Zeitungen?

Da im konkreten Einzelfall die Grenzziehung zwischen der dem Verleger erlaubten Richtungsbestimmung und der dem Verleger verwehrten textlichen Gestaltung der Zeitung sehr schwierig ist, bleibt der Journalist in der Regel auf den guten Willen des Verlegers angewiesen. Mit anderen Worten: Der Journalist kann nur hoffen, daß ihm der Verleger nicht zuviel hineinredet.

Nach einer Umfrage des Allensbacher Instituts für Demoskopie bei 50 Chefredakteuren, 60 Ressortchefs und rund 100 Redakteuren an 75 Tageszeitungen tun die Verleger das nicht. Auf die Frage, wer die Linie der Zeitung präge, antworteten 71 Prozent der Redakteure, 53 Prozent der Ressortleiter und 64 Prozent der Chefredakteure: „Die Redaktion als Ganzes." Nur 9 Prozent der Redakteure und 5 Prozent der Ressortchefs meinten: „Vor allem der Verleger."

Einzelanweisungen der Verleger

Allerdings stimmt recht bedenklich, daß 67 Prozent der befragten Redakteure, 44 Prozent der Ressortchefs und 35 Prozent der Chefredakteure erklärten, es gäbe Einzelanweisungen des Verlegers in irgendeiner Form, die von einer gelegentlichen Sprachregelung bis zur Kontrolle des Umbruchs reichen könnten. Genau diese Einzelanweisungen stehen dem Verleger laut Manteltarifvertrag gar nicht zu, aber — und das ist das tatsächliche Dilemma in der Praxis — welcher Journalist riskiert schon seinen Job, nur weil der Verleger meint, die Nachricht von Seite zwei müsse auf Seite eins erscheinen?

Daß Pressefreiheit heute in der Praxis weithin Verlegerfreiheit ist, belegt nicht nur das eben angeführte Zitat von Paul Sethe, sondern auch das Eingeständnis des „Spiegel"-Herausgebers Rudolf Augstein: **Pressefreiheit** *„Das kapitalistische Pressesystem beruht auf dem unveräußerlichen* **als Verlegerfreiheit** *Grundrecht jedes Kaufmanns, dumme Käufer aufzusuchen und noch dümmer zu machen"* (Augstein im „Spiegel", Nr. 29 vom 14. 7. 1969).

Um die innere Pressefreiheit und Unabhängigkeit besser als bisher **Ausbau** zu schützen und um zu verhindern, daß die Presse als Instrument **der inneren** wirtschaftlicher und anonymer Kräfte mißbraucht wird, wurden die **Pressefreiheit** Vorschläge gemacht,

☐ die Verfügungsgewalt der Verleger über die Produktionsmittel zu beschneiden und die Presse auf nicht-privatkapitalistischer Grundlage in Form von Stiftungen oder wie Rundfunkanstalten öffentlich-rechtlich zu organisieren,

☐ die Journalisten wirtschaftlich am Verlag zu beteiligen,

☐ die Rechte der Journalisten auszubauen und ihnen Mitbestimmung in allen Fragen der redaktionellen Personalpolitik und bei einer grundsätzlichen Änderung der politischen Haltung der Zeitung zu gewähren.

Die presserechtliche Abteilung des Deutschen Juristentages hat 1972 **Vorschläge des** in Düsseldorf unter anderem beschlossen: **Deutschen**
Juristentages
„Zur Sicherung einer freien Presse und der freien, umfassenden Information und Meinungsbildung empfiehlt es sich, die innere Ordnung von Presseunternehmen gesetzlich zu regeln ... Die gesetzliche Mindestregelung sollte insbesondere vorsehen: Die Bestimmung der grundsätzlichen publizistischen Haltung der Zeitung ist Sache des Verlegers. Im Rahmen der grundsätzlichen Haltung der Zeitung kann der Verleger im Einvernehmen mit der Redaktion für neu auftretende Fragen von grundsätzlicher Bedeutung, die über die Tagesaktualität hinausgehen und sich auf die publizistische Linie der Zeitung auswirken, die Einstellung der Zeitung festlegen. Alle personellen Veränderungen innerhalb einer Redaktion können nur mit Zustimmung

des Chefredakteurs nach Anhören des zuständigen Ressortleiters und mit Zustimmung der Redaktionsvertretung vorgenommen werden. Den Chefredakteur bestimmt der Verleger nach vorheriger Unterrichtung und Anhörung der Redaktionsvertretung. Da der Chefredakteur des besonderen Vertrauens der Redaktion bedarf, darf er nicht angestellt oder entlassen werden, wenn die Redaktionsvertretung mit Mehrheit widerspricht.*"

Presserechts-rahmengesetz

Einige dieser Vorstellungen werden sicherlich im Presserechtsrahmen-Gesetzentwurf der Bundesregierung Eingang finden, der bis Ende 1973 kabinettsreif gemacht werden soll.

Verleger-Widerstand

Die Verleger sind weitgehend gegen ein Gesetz, das den Journalisten Mitbestimmungsrechte einräumt. Sie argumentieren: Wir tragen das wirtschaftliche Risiko, also müssen wir auch die Herren im Hause bleiben und die Personalpolitik bestimmen; das gilt auch für Sachfragen. Wir sind bestenfalls bereit, Redaktionsräten ein Konsultationsrecht einzuräumen.

Redaktionsstatute

Solche Rechte haben einige Verleger den Redaktionen bereits in Redaktionsstatuten zugebilligt, beispielsweise der „Mannheimer Morgen", die „Süddeutsche Zeitung", der „Stern" und die „Saarbrücker Zeitung".

Über den erfolglosen Kampf der „Spiegel"-Redaktion um Mitbestimmung berichtet Bodo Zeuner in seinem Buch „Veto gegen Augstein" (siehe 4.2.3).

„Stern"-Statut

Das Redaktionsstatut des „Stern" bestimmt zum Beispiel: „Der Verlag wird einen Chefredakteur nicht berufen oder abberufen, wenn der Redaktionsbeirat mit zwei Dritteln seiner Stimmen widerspricht." Die sieben Mitglieder des Redaktionsbeirats werden von der Redaktion gewählt. „Personelle Veränderungen im Kreise der stellvertretenden Chefredakteure, der Ressortleiter und der politischen Mitarbeiter des STERN dürfen nicht gegen den Widerspruch von zwei Dritteln des Beirats vorgenommen werden." Allerdings darf sich der Beirat bei seiner Ablehnung nur auf die im Statut fixierte politische Haltung des „Stern" („freiheitlich-demokratisch" und „fortschrittlich-liberal") berufen.

Selbstverständlich gibt es bei Redaktionsbeiräten die Gefahr der Cliquenbildung, doch erscheint sie eher abwendbar als die Selbstherrlichkeit von Verlegern, die die wichtigsten Entscheidungen den unmittelbar Betroffenen gegenüber nicht zu begründen brauchen.

Die bisher vorgelegten Redaktionsstatute gehen nicht so weit wie die gelegentlich erhobene Forderung nach einer strikten Trennung zwischen technisch-kaufmännischem und publizistischem Bereich des Presseunternehmens. Die Verleger wären dann Händler mit bedrucktem Papier, die Redaktionen allein zuständig für den Textteil und die personelle Ergänzung der Redaktion. Gegen eine solche Regelung spricht nach Ansicht der Verleger, daß der wirtschaftliche Bestand des Presseunternehmens aufs Spiel gesetzt wird. Andererseits ist wohl kaum vorstellbar, daß eine Redaktion daran interessiert ist, die Basis ihrer eigenen Existenz mutwillig oder leichtsinnig zu gefährden. Auch die mit solchen Rechten ausgestattete Redaktion kann auf die

Dauer keine Zeitung machen, die vom Markt abgelehnt wird. Immerhin wäre jedoch zu erwarten, daß sich ganze Redaktionen eher als der vorrangig an der Maximierung des Gewinns orientierte einzelne Verleger auf ihre öffentliche Aufgabe besinnen.

Fall „Konkret"

Möglichkeiten und Grenzen redaktioneller Mitbestimmung demonstrierten im Frühsommer 1973 die Auseinandersetzungen bei der Hamburger Zeitschrift „Konkret". Ausgangspunkt des Konflikts zwischen der Redaktion und dem Herausgeber Klaus Rainer Röhl waren unterschiedliche Auffassungen über die Linie und das Management des Blattes. Unter Berufung auf die nicht mehr zur Deckung der Kosten ausreichende Auflage kündigte Röhl das Redaktionsstatut, das den Redakteuren weitgehende Mitbestimmungsrechte einräumte. Die vorübergehend entlassenen und streikenden Redakteure stellte Röhl schließlich wieder ein und beteiligte sie zusammen mit den Verlagsangehörigen zu einem Drittel an „Konkret".

Hörfunk- und Fernsehjournalist

Grundsätzlich bestehen erhebliche Unterschiede zwischen der Stellung eines Journalisten in der Presse und beim Hörfunk oder Fernsehen. Der Intendant des Süddeutschen Rundfunks, Hans Bausch, hat einmal gesagt: *„Was in einer exklusiven Zeitschrift gedruckt werden kann, braucht noch lange nicht zu einer guten Sendezeit im Rundfunk gesagt zu werden dürfen."* (in: Der Journalist, 10. Jg. 1960, H. 4, S. 15.) Bei Anstalten des öffentlichen Rechts besteht ein **Spannungsdreieck zwischen den Aufsichtsgremien, dem Intendanten und der Redaktion.** Die Journalisten sollen, worüber die Aufsichtsgremien wachen, stets die gesamte Hörerschaft bzw. alle Zuschauer im Auge haben, nicht nur einen Teil, und müssen deshalb auf Einseitigkeiten verzichten.

Statut beim NDR

Um die viel kritisierte hierarchische Struktur der Rundfunkanstalten aufzulockern und die Position des einzelnen Programm-Mitarbeiters zu verbessern, werden seit langem Redaktionsstatute gefordert. Als erste Sendeanstalt der Bundesrepublik erhielt der Norddeutsche Rundfunk (NDR) im Juni 1973 ein „Statut für Programm-Mitarbeiter". Es sichert den Journalisten Rechte auf Information und Anhörung in Konfliktfällen zu. In Artikel vier heißt es zum Beispiel: *„Ist ein vom zuständigen Redakteur zur Sendung vorgesehener Programmbeitrag abgesetzt oder sinnentstellend verändert worden, muß derjenige, der die Entscheidung getroffen hat, sie vor dem Redakteursausschuß begründen, wenn der Autor oder die programmgestaltenden Redakteure es beantragen."* Das heißt: Auch in Zukunft können Sendungen beim NDR abgesetzt werden, aber es besteht immerhin die Verpflichtung, solche Entscheidungen zu begründen, wenn die Betroffenen es wünschen. Informations- und Anhörungsrechte billigt das Statut den Programm-Mitarbeitern auch bei Änderungen der Programmstruktur und bei bestimmten Personalentscheidungen zu. Die Entscheidungskompetenzen der Aufsichtsgremien (Rundfunk- und Verwaltungsrat) und des Intendanten werden durch das Statut jedoch nicht eingeschränkt.

Literatur:

Dygutsch-Lorenz, Ilse: Journalisten im Rundfunk. Empirische Kommunikationsforschung am Beispiel einer Rundfunkanstalt. (Gesellschaft und Kommunikation Bd. 16) Bertelsmann Universitätsverlag Düsseldorf 1973, 208 S.

Funke, Klaus-Detlef: Innere Pressefreiheit. Zu Problemen der Organisation von Journalisten. Verlag Dokumentation Pullach bei München 1972, 259 S.

Gerber, Claus-Peter, und Stosberg, Manfred: Die Massenmedien und die Organisation politischer Interessen. Presse, Fernsehen, Rundfunk und die Parteien im Selbstbild der Bonner Journalisten. (Gesellschaft und Kommunikation Bd. 9) Bertelsmann Universitätsverlag Düsseldorf 1969, 172 S.

Hoffmann-Riem, Wolfgang: Redaktionsstatute im Rundfunk. Nomos Verlagsgesellschaft Baden-Baden 1972, 197 S.

Skriver, Ansgar: Schreiben und schreiben lassen. Innere Pressefreiheit – Redaktionsstatute. Verlag Müller Karlsruhe 1970, 166 S.

Paetzold, Ulrich, und Schmidt, Hendrik: Solidarität gegen Abhängigkeit. Mediengewerkschaft. (Sammlung Luchterhand 114). Luchterhand Verlag Neuwied 1973, 280 S.

Zeuner, Bodo: Veto gegen Augstein. Der Kampf in der „Spiegel"-Redaktion um Mitbestimmung. Verlag Hoffmann und Campe Hamburg 1972, 241 S.

5. Hörfunk und Fernsehen

5.1 Organisationsprobleme

Als nach 1945 in den westlichen Besatzungszonen die Diskussion Kein Staatsrundfunk über die zukünftige Gestaltung des Rundfunkwesens begann, waren sich alle Beteiligten in einem Punkte einig: Um einen erneuten Mißbrauch zu verhindern, durfte der Rundfunk **nicht in die Organisation der staatlichen Exekutive eingefügt oder von ihr abhängig gemacht werden.** Um den Gefahren einer einseitigen Politisierung des Programms durch die herrschende Partei (Beispiel: NS-Regime, DDR) und einer Nivellierung des Programms auf Grund der Wünsche der werbenden Industrie (Beispiel: kommerzielles Fernsehen in den USA, Orientierung des Programms am „Massengeschmack") zu entgehen, wurde als Organisationsform für den Rundfunk in den Westzonen und der späteren Bundesrepublik das Institut der selbständigen Anstalten des öffentlichen Rechts gewählt. Die von der Fachaufsicht Anstalten des öffentlichen Rechts durch die Exekutive freigestellten, mit Selbstverwaltungsrecht ausgestatteten, sich ursprünglich allein aus Gebühren, heute zum großen Teil auch durch Werbe-Einnahmen finanzierenden Rundfunkanstalten sind durch Länder- und Bundesgesetze sowie Staatsverträge entstanden.

Der Bayerische Rundfunk, München, der Hessische Rundfunk, Frankfurt, der Norddeutsche Rundfunk, Hamburg, Radio Bremen, der Saarländische Rundfunk, Saarbrücken, der Sender Freies Berlin, der Süddeutsche Rundfunk, Stuttgart, der Südwestfunk, Baden-Baden, und der Westdeutsche Rundfunk, Köln, senden mehrere Hörfunkprogramme, ein regionales Fernsehprogramm (von 18 bis 20 Uhr) und ein Drittes Fernsehprogramm. Die in der „Arbeitsgemeinschaft der

Abbildung 2: **Anteile der ARD-Anstalten am Gemeinschaftsprogramm „Deutsches Fernsehen"**

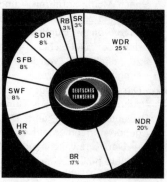

WDR = Westdeutscher Rundfunk, Köln
NDR = Norddeutscher Rundfunk, Hamburg
BR = Bayerischer Rundfunk, München
HR = Hessischer Rundfunk, Frankfurt
SWF = Südwestfunk, Baden-Baden
SFB = Sender Freies Berlin
SDR = Süddeutscher Rundfunk, Stuttgart
RB = Radio Bremen
SR = Saarländischer Rundfunk, Saarbrücken

Abbildung 3:
Hörfunk- und Fernseh-Genehmigungen

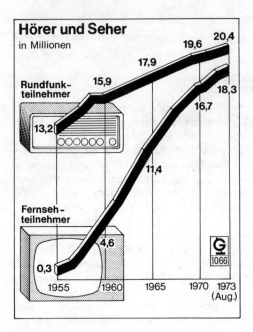

Hörer und Seher
in Millionen

Rundfunk-
teilnehmer

13,2 15,9 17,9 19,6 20,4

16,7 18,3

Fernseh-
teilnehmer

11,4

0,3 4,6

G
1066

1955 1960 1965 1970 1973
(Aug.)

ARD

öffentlich-rechtlichen Rundfunkanstalten der Bundesrepublik Deutschland" (ARD) zusammengeschlossenen Anstalten strahlen ferner gemeinsam das erste Programm des Deutschen Fernsehens aus.

Im Gegensatz zum föderalistisch organisierten ARD-Fernsehen ist

ZDF das „Zweite Deutsche Fernsehen" (ZDF) zentralistisch aufgebaut. Sämtliche Sendungen werden zentral von Mainz ausgestrahlt. Das ZDF, das sich zum Teil aus Gebühren finanziert – die ARD-Rundfunkanstalten müssen 30 Prozent ihrer Einnahmen aus Fernsehgebühren nach Mainz abführen – und zum überwiegenden Teil aus Werbung, entstand am 6. Juni 1961 durch einen Staatsvertrag der Länder. Der zuvor von der Bundesregierung unternommene Versuch, durch Gründung der „Deutschland-Fernsehen GmbH" ein „Regierungsfernsehen" zu installieren, wurde vom Bundesverfassungsgericht für verfassungswidrig erklärt.

Weitere Rundfunk-
anstalten Die durch Bundesgesetz vom 29. November 1960 errichteten und zum größten Teil aus Bundesmitteln finanzierten Rundfunkanstalten „Deutsche Welle" und „Deutschlandfunk", die ebenfalls der ARD angehören, nehmen auf Grund ihrer Funktion eine Sonderstellung ein.
– Der Kurzwellensender „Deutsche Welle" soll, wie es in dem Gesetz heißt, „. . . *den Rundfunkteilnehmern im Ausland ein umfassendes Bild des politischen, kulturellen und wirtschaftlichen Le-*

bens in Deutschland vermitteln und ihnen die deutsche Auffassung zu wichtigen Fragen darstellen und erläutern."

– Der „Deutschlandfunk" hat die Aufgabe, in seinen Sendungen den Hörern in beiden deutschen Staaten ein umfassendes Bild Deutschlands zu geben.

Neben den deutschen Anstalten und den Soldatensendern der Alliierten gibt es in der Bundesrepublik ferner unter anderem Rundfunksender, die vorwiegend durch amerikanische Steuergelder bzw. Spenden finanziert werden: RIAS Berlin, Radio Free Europe, Voice of America Radio Station in Germany und Radio Liberty, alle drei in München.

Den erwähnten Anstalten des öffentlichen Rechts sind in Gesetzen oder Verträgen Auflagen erteilt worden.

Im Gesetz über den Westdeutschen Rundfunk heißt es zum Beispiel: „Der Westdeutsche Rundfunk Köln hat seine Sendungen im Rahmen der verfassungsmäßigen Ordnung zu halten. Er hat die weltanschaulichen, wissenschaftlichen und künstlerischen Richtungen zu berücksichtigen. Die sittlichen und religiösen Überzeugungen sind zu achten. Der landsmannschaftlichen Gliederung des Sendegebietes soll Rechnung getragen werden. Die Nachrichtengebung muß allgemein, unabhängig und objektiv sein. Der Westdeutsche Rundfunk soll die internationale Verständigung fördern, zum Frieden und zur sozialen Gerechtigkeit mahnen, die demokratischen Freiheiten verteidigen und nur der Wahrheit verpflichtet sein. Er darf nicht einseitig einer politischen Partei oder Gruppe, einer Interessengemeinschaft, einem Bekenntnis oder einer Weltanschauung dienen."

Im Gegensatz zur Presse haben die Rundfunkanstalten unter anderem die Pflicht zur Neutralität. Die rechtliche Begründung dafür lautet: Da nur wenige Rundfunkunternehmungen wegen der begrenzt zur Verfügung stehenden Frequenzen am gleichen Ort zur gleichen Zeit Sendungen ausstrahlen können, hätte von einer Vielzahl privater Interessenten nur eine Minderheit die Möglichkeit, rundfunkpublizistisch tätig zu werden. Das würde jedoch gegen den gemeinschaftsbezogenen Gehalt der Rundfunkfreiheit und den Gleichheitsgrundsatz verstoßen. *„Der Staat muß daher den Rundfunkbetrieb so organisieren, daß an der Programmgestaltung alle relevanten gesellschaftlichen Kräfte in angemessener Weise beteiligt werden. Aus der in Beachtung dieser Notwendigkeit gewählten integrierten Organisationsform ergibt sich die Neutralitätspflicht des deutschen Rundfunks."* (Günter B. Krause-Ablaß: Die Neutralitätspflicht der Rundfunkanstalten, in: Rundfunk und Fernsehen. 10. Jg. 1962. H. 2. S. 114.)

Pflicht zur Neutralität

Als Repräsentant aller Einzelinteressen ist der die Rundfunkanstalt leitende Intendant für die Programmgestaltung verantwortlich. Er wird von Rundfunk-, Verwaltungs- und Programmbeiräten kontrolliert bzw. beraten. Die Zusammensetzung dieser Gremien ist bei den einzelnen Anstalten unterschiedlich geregelt.

Intendant, Rundfunk-, Verwaltungs- und Programmbeiräte

Beim Westdeutschen Rundfunk wählt der Landtag nach den Grundsätzen der Verhältniswahl die Mitglieder des Rundfunkrates, die ihrerseits die Mitglieder des Verwaltungsrates wählen. Nun sollen zwar diese Räte langjährige Erfahrungen oder besondere Kenntnisse auf

Westdeutscher Rundfunk

Abbildung 4: **Verbleib der Rundfunkgebühren beim Süddeutschen Rundfunk**

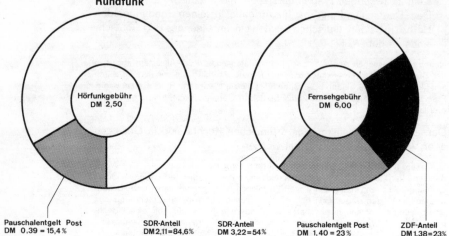

Pauschalentgelt Post
DM 0,39 = 15,4 %

SDR-Anteil
DM 2,11=84,6%

SDR-Anteil
DM 3,22=54%

Pauschalentgelt Post
DM 1,40 = 23 %

ZDF-Anteil
DM 1,38=23%

dem Gebiet des Rundfunks besitzen und bei der Wahrnehmung ihrer Aufgaben die Interessen der Allgemeinheit vertreten, aber dadurch wird natürlich noch nicht verhindert, daß der Rundfunk- und Verwaltungsrat des Westdeutschen Rundfunks schon allein auf Grund des Wahlverfahrens zum **Spiegelbild der parteipolitischen Kräftegruppierung** des Landtags von Nordrhein-Westfalen wird.

Abbildung 5: **Organe des Westdeutschen Rundfunks**

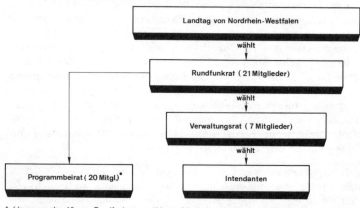

* (davon werden 19 vom Rundfunkrat gewählt, ein Mitglied wird von der Landesregierung ernannt).

Bayerischer Rundfunk

Um derartige Entwicklungen zu unterbinden, gehören zum Beispiel dem Rundfunkrat des Bayerischen Rundfunks außer einem Mitglied der Bayerischen Staatsregierung und Vertretern des Landtags Delegierte der Konfessionen, des Bayerischen Städteverbandes und des Landeskreisverbandes, der Musiker-, Komponisten- und Schriftstellerorganisationen, des Bayerischen Journalistenverbandes, der Organisationen der Erwachsenenbildung und verschiedener anderer Verbände an. Beim Bayerischen Rundfunk ist im Gegensatz zum Westdeutschen Rundfunk ursprünglich im Gesetz der parteipolitische Einfluß weit zurückgedrängt worden. 1972 setzte jedoch die CSU eine stärkere Repräsentanz des Landtags im Rundfunkrat bei der Novellierung des Rundfunkgesetzes durch – allerdings nur vorübergehend. Denn gegen die von der CSU beabsichtigte Politisierung und Kommerzialisierung (die Novelle erlaubte einen durch Werbung finanzierten Privatfunk) des Bayerischen Rundfunks sprachen sich im **Volksbegehren Rundfunkfreiheit** 13,9 Prozent aller Bürger Bayerns aus, so daß die Novelle geändert werden mußte.

Außer in München gab es im Saarland und in Berlin Versuche, einen kommerziellen Rundfunk zu gründen. Am 10. Dezember 1971 entschied das Bundesverwaltungsgericht gegen die „Fernsehgesellschaft Berliner Tageszeitungen", der vom Berliner Senat die Ausstrahlung eines privaten Fernsehens nicht erlaubt worden war. Im Urteil heißt es: *„Die ausschließliche Finanzierung durch Werbesendungen würde aber die einseitige Beeinflussung der öffentlichen Meinung durch die werbenden Firmen, also durch Kreise der Industrie, des Handels und des Gewerbes zur Folge haben. Das aber läßt sich mit dem im Grundgesetz verankerten Begriff der Informationsfreiheit nicht vereinbaren."* Das Bundesverwaltungsgericht ging damit noch über das Fernsehurteil des Bundesverfassungsgerichts von 1961 hinaus, in dem privater Rundfunk nicht ausgeschlossen, sondern nur an die Bedingung geknüpft wurde, daß die Gesellschaft insgesamt angemessen an ihm beteiligt sein müsse.

Gericht gegen Kommerz-Rundfunk

Natürlich fehlt es nicht an **Beschwerden von Verbänden**, ungenügend oder gar nicht in den Kontrollgremien der Rundfunkanstalten vertreten zu sein. So hieß es zum Beispiel im Jahresbericht 1965 der Bundesvereinigung der Deutschen Arbeitgeberverbände, die Gewerkschaften seien in den Rundfunkräten des Süddeutschen Rundfunks mit zwei, des Südwestfunks mit vier, des Senders Freies Berlin mit drei, des Bayerischen Rundfunks mit zwei und bei Radio Bremen mit einem Mitglied bzw. Repräsentanten vertreten. Den Arbeitgeberverbänden sei bisher die Mitwirkung in den Rundfunkräten der genannten Anstalten versagt geblieben. Dabei repräsentierten – so heißt es in dem Bericht – die Gewerkschaften nur den einen Teil der Sozialpartner. Der andere Teil werde von den Arbeitgeberverbänden verkörpert. Die Rundfunkgesetzgebung müsse also unbedingt überprüft werden.

Die im einzelnen schwer erfaßbaren Versuche der Parteien, über und durch die Rundfunk- und Verwaltungsräte ihre speziellen Wünsche anzumelden, scheinen sich vor allem auf die Personalpolitik zu erstrecken.

Personalpolitik

„Nach dem Hessischen und den anderen in jenen Jahren geschaffenen Rundfunkgesetzen wird der Intendant vom Rundfunkrat mit einfacher Mehrheit gewählt. Beim NDR braucht er eine Zweidrittel-, beim ZDF eine Dreifünftelmehrheit der entsprechenden Gremien.
Das bedeutet: Will der Intendant wiedergewählt werden (welcher Intendant will das nicht?), so benötigt er beim Hessischen Rundfunk dazu nur die Stimmen seiner po-

litischen Freunde; beim NDR und ZDF brauchen die Intendanten auch einen Teil der Stimmen ihrer Gegner. Die bekommt ein SPD-Intendant natürlich nur, wenn er auch der CDU, ein CDU-Intendant, wenn er auch der SPD Zugeständnisse macht. Er muß sich ständig nach beiden Seiten hin absichern, ist abhängiger als der Intendant, der mit einfacher Mehrheit gewählt wird." Peter Miska: Parteien sitzen mit am Mikrofon, in: Die Welt. Nr. 168 vom 22. 7. 1966. S. 6.

Der Fall Paczensky

Die personalpolitischen Einflußmöglichkeiten der Rundfunk- und Verwaltungsräte und damit auch zum Teil in direkter oder indirekter Form der Parteien selbst wurden unter anderem im „Fall Paczensky" sichtbar.

Nachdem Paczensky als Redakteur von „Panorama" in mehreren Fernsehsendungen die Bundesregierung scharf kritisiert hatte, lehnte der Verwaltungsrat des Norddeutschen Rundfunks im Mai 1963 eine Vertragsverlängerung ab. Der „Deutschland Union Dienst" erklärte dazu: „Es geht der CDU und es ging den CDU-Vertretern im Verwaltungsrat des NDR nicht darum, eine Sendereihe abzuwürgen ... Es geht ausschließlich um eine saubere Definition des Begriffes Kritik. Kritik wird indessen zur Polemik, wenn immer nur eine Meinung zu Wort kommt, oder, wie Gert von Paczensky es oft genug praktiziert hat, auch noch propagiert wird."

Objektivität, Neutralität und Parteipolitik

Diese Erklärung zeigt deutlich: In der Praxis werden bei der Beantwortung der Frage, ob zum Beispiel eine Sendereihe gegen die Objektivitäts- und Neutralitätsverpflichtungen der Anstalt verstößt, häufig auch **parteipolitische Überlegungen** eine Rolle spielen. Das zeigt auch die Kritik, die von der SPD seit 1970 an dem CDU-freundlichen Moderator des „ZDF-Magazins", Gerhard Löwenthal, geübt wird. Bislang haben die SPD-Vertreter im Fernsehrat des ZDF jedoch nicht gewagt, Löwenthals Absetzung zu verlangen. Gleiches gilt für die häufige CDU-Schelte an dem kritischen NDR-Montagsmagazin „Panorama".

Beherrschen die Parteien die Rundfunk- und Fernsehanstalten?

Trotz der angeführten Beispiele ginge die Schlußfolgerung, Hörfunk und Fernsehen in der Bundesrepublik würden völlig von den Parteien beherrscht, an der Wirklichkeit vorbei. Es ist längst nicht so, daß bei den Sendern mit CDU-Mehrheit in den Kontrollgremien nur CDU-Meinungen und in den Sendern mit SPD-Mehrheit nur SPD-Meinungen zu Wort kommen.

1955 berichtete zum Beispiel Willi Eichler, der damals Mitglied des SPD-Parteivorstandes war: „Mir selber ist gelegentlich geschehen, daß Reden und andere öffentliche Äußerungen von mir selber und meinen sozialdemokratischen Parteifreunden durch Sender, deren Intendanten nicht der SPD nahestehen, ausführlicher behandelt wurden als durch Rundfunkanstalten, die angeblich ‚rote' Sender sind. Und mir haben Angehörige anderer Parteien ähnliche Erfahrungen in umgekehrter Richtung mitgeteilt." (Willi Eichler: Das Parlament als Repräsentant der Öffentlichkeit, in: Rundfunk und Fernsehen. 3. Jg. 1955. H. 4. S. 382.)

Grenzen der Parteien-Herrschaft

Sicherlich spiegeln sich die parteipolitischen Kräfteverhältnisse eines Bundeslandes mehr oder weniger genau in der Zusammensetzung des Rundfunk- und Verwaltungsrates der in diesem Land gelegenen Rundfunk- und Fernsehanstalt wider, und sicherlich spielen bei der Interpretation der Programmrichtlinien und der Besetzung der führenden Stellungen parteipolitische Wünsche eine Rolle, aber dennoch bestehen glücklicherweise Barrieren, deren Übersteigen auch den Parteien sehr schwerfällt.

☐ Es gibt auch heute noch beim Rundfunk und Fernsehen den unabhängigen Intendanten, Programmdirektor, Kommentator und Reporter, der sich ein selbständiges Urteil bildet und seine Meinung innerhalb der gesetzlich oder vertraglich gezogenen Grenzen frei äußert, ohne Rücksicht darauf, ob diese Ansicht jener Partei paßt, der er vielleicht sogar seine Stellung verdankt.

☐ Es soll Rundfunk- und Verwaltungsräte geben, die über ihren eigenen partei- oder verbandspolitischen Schatten springen können.

☐ Die Parteien wissen sehr gut, daß sich angesichts ihrer unterschiedlichen Stärke in den einzelnen Ländern ein zu einseitiger Druckversuch nicht auszahlt, denn wenn zum Beispiel die SPD-Mehrheit im Rundfunkrat des Hessischen Rundfunks ein SPD-Hörfunk- und Fernsehprogramm wünschen würde, müßte sie damit rechnen, daß die CSU-Mehrheit im Rundfunkrat des Bayerischen Rundfunks ein CSU-Programm fordern könnte. Die vorwiegend föderalistische Struktur des Rundfunk- und Fernsehsystems der Bundesrepublik ist also geeignet, eine Überspannung der Programm- und Personalwünsche der Parteien zu erschweren.

Natürlich wirken nicht nur die Parteien auf die Programme ein. Gelegentlich messen auch die Anstaltsspitzen mit politischer Elle:

Politische Zensur in den Anstalten

– So lief der sozialkritische Film „Rote Fahnen sieht man besser" zwar in zwei dritten Fernsehprogrammen, im ersten Programm aber nur mit Kürzungen.

– Den Film „Nicht der Homosexuelle ist pervers, sondern die Situation, in der er lebt" strahlte im Januar 1973 das erste Programm aus – nur der Bayerische Rundfunk schaltete ab.

– Und der Bayerische Rundfunk war es auch, der im Januar 1973 eine Sendung der Münchner Lach- und Schießgesellschaft „Der Abfall Bayerns" nicht für das Fernsehens freigab, obwohl die Anstalt genau diesen Beitrag im Hörfunk zugelassen hatte.

– Zu ungewöhnlichen Praktiken griff auch der Intendant des Saarländischen Rundfunks Franz Mai, als er eine Woche nach einer Meditation des Pfarrers Hans-Dieter Osenberg in der regionalen Fernsehsendung „Aus kirchlicher Sicht" höchstpersönlich am 17. August 1972 einen Kommentar zum Vietnam-Problem sprach.

5.2 Das politische Hörfunk- und Fernsehprogramm

Hörfunk und Fernsehen dienen vorrangig der Unterhaltung, wie ein Blick auf die Programmstruktur zeigt. Dennoch machen politische Sendungen im weitesten Sinne einen beträchtlichen Anteil des ARD- und ZDF-Fernsehens aus. Innerhalb von zehn Jahren hat sich erfreulicherweise das Interesse der Zuschauer an politischen Sendungen

Wachsendes Interesse an Politik

verdoppelt: 1959 interessierten sich nur 18 Prozent, 1969 jedoch 35 Prozent der Bundesbürger „sehr stark" oder „stark" für politische Fernsehsendungen.

Tabelle 3: **Programmanteile in Hörfunk und Fernsehen 1971**

Programm-sparten	Hörfunk				Fernsehen					
	ARD I – III		ARD-Gemeinschaft		ARD-Regional		ZDF	
	1000 Minuten	vH	1000 Minuten	vH	1000 Minuten	vH	1000 Minuten	vH
Sendezeit insgesamt	10 601	100	160,6	100	321,4	100	188,0	100
darunter: Nachrichten, Politik und Zeitgeschehen	1 295	12,2	58,7	36,5	.	.	48,9	26,0
Musik	5 138	48,4	1,1	0,7	.	.	11,5	6,1
Unterhaltung	185	1,8	26,2	16,3	.	.	18,1	9,6
Hörspiele / Spielfilme	82	0,8	32,1	19,9	.	.	48,8	26,0
Sport	124	1,2	12,1	7,6	.	.	15,9	8,4
Werbung	619	5,8	–	–	42,6	13,3	8,7	4,6

Quelle: Statistisches Jahrbuch der BRD 1972, S. 89 f.

Abbildung 6: **Kosten von Fernsehsendungen**

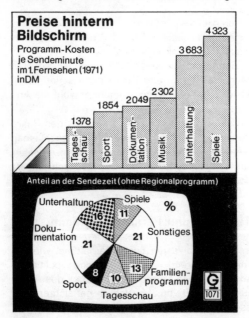

Beim Hörfunk bilden die **Nachrichten** das **Programmgerüst.** In der **Nachrichten** Bundesrepublik senden fast sämtliche Rundfunkanstalten in regel- **im Hörfunk** mäßigen Abständen zu allen Tages- und Nachtzeiten Nachrichten. Im Gegensatz zum stellungnehmenden Kommentar sollen sie nach Mög- lichkeit keine Wertungen des Redakteurs enthalten, der sie formuliert hat. Die Nachrichten sollen allein das wiedergeben, was geschehen ist, was ein Redner gesagt oder ein Gremium beschlossen hat. Diese Forderungen lassen sich aus der **Objektivitätsverpflichtung** der An- stalten ableiten.

Ohne bestreiten zu wollen, daß die Nachrichtenredakteure prinzipiell **Verstöße gegen** bestrebt sind, diese Forderungen zu erfüllen, wird man in der Praxis **das Objektivitäts-** doch wiederholt Verstöße gegen das Objektivitätsgebot feststellen **gebot** können, Verstöße,
- die in dem Unvermögen des Redakteurs begründet liegen können, zwischen Nachricht und Kommentar zu unterscheiden,
- die darauf zurückzuführen sind, daß der Redakteur die Bedeutung eines politischen Ereignisses völlig verkennt,
- denen die mehr oder minder gut getarnte Absicht zugrunde liegt, mit Nachrichten Politik zu machen.

Politik mit Nachrichten
Wer eine bestimmte parteipolitische Linie im Rundfunk begünstigen wollte, hätte bei der Nachrichtengestaltung noch die besten Möglichkeiten, weil hier vom Rund- funk Objektivität erwartet wird und unter der Devise der Objektivität am wirksam- sten meinungsbildend gearbeitet werden kann.
Walter Steigner: Ein Kommentar zum Kommentar, in: Rundfunk und Fernsehen 3. Jg. 1955. H. 1. S. 26.

Für die Zusammenstellung einer Nachrichtensendung stehen dem Re- **Die Nachrichten-** dakteur als Quelle neben Pressediensten, Korrespondentenberichten **auswahl** und Zeitungen vor allem die Nachrichtenagenturen zur Verfügung. Häufig sind der **Subjektivität der Auswahl** klare Grenzen gesetzt: Die Regierungserklärung des Bundeskanzlers, das Grundsatzreferat des CDU-Vorsitzenden auf dem Bundesparteitag, die Ausführungen des FDP-Vorsitzenden vor der Bundespressekonferenz in Bonn – solche Meldungen fehlen in der ersten Nachrichtensendung nach ei- ner derartigen Rede bei keinem deutschen Rundfunksender. Wie aber sieht es mit Agenturmeldungen über Lohnforderungen der **Freund-Feind-** Gewerkschaften oder über politische Ansprüche eines prominenten **Einstellung?** Vertriebenenpolitikers am „Tag der Heimat" aus? In diesen Fällen wird die Entscheidung des Nachrichtenredakteurs A nicht selten ganz anders ausfallen als die seines Kollegen B. Redakteur A und sein Chef vom Dienst sind vielleicht „Gegner" der Gewerkschaften oder der Vertriebenenverbände und bringen deshalb in „ihrer" Nachrichten- schicht von 10 bis 17 Uhr keine Zeile über die Lohnforderungen und die Ansprüche der Vertriebenen. Redakteur B und sein Chef vom Dienst sind unter Umständen gerade „Freunde" der Gewerkschaften oder Vertriebenenverbände und berichten deshalb in „ihrer" Schicht von 17 bis 24 Uhr sehr ausführlich über die Forderungen der Gewerkschaften und Vertriebenen.

Aber abgesehen von der „Freund-Feind"-Einstellung können auch ganz andere Faktoren die Auswahl mitbestimmen: Wenn zum Beispiel der **Stoffanfall** sehr groß ist, der amerikanische Präsident eine Pressekonferenz abhält und die „Prawda" einen wichtigen Artikel veröffentlicht, dann werden gegebenenfalls Redakteur A und B auf die Verbreitung der oben erwähnten Meldungen verzichten müssen.

Die Nachrichtenplacierung

Da es nicht gleichgültig ist, ob eine Meldung am Beginn, in der Mitte oder am Ende einer Nachrichtensendung läuft, ergeben sich auch bei der Placierung von Meldungen für den Nachrichtenredakteur Möglichkeiten, seine individuellen Wünsche, Meinungen und Ambitionen zur Geltung zu bringen. Ob von diesen Möglichkeiten bewußt oder unbewußt, ob überhaupt davon Gebrauch gemacht wird, läßt sich im einzelnen schwer nachweisen.

Die Nachrichtenformulierung

Die Fähigkeit des Journalisten, objektiv zu sein, wird bei der Formulierung von Nachrichten auf eine besonders harte Probe gestellt. Die Nachrichtensendung über den Ausgang der Bundestagswahl von 1961 konnte zum Beispiel so beginnen:

Fall 1: „Bei der Wahl zum vierten Deutschen Bundestag errang die CDU/CSU 45,4, die SPD 36,2 und die FDP 12,8 Prozent der gültigen Stimmen. 1957 entfielen auf CDU und CSU zusammen 50,2, auf die SPD 31,8 und auf die FDP 7,7 Prozent der Stimmen."

Fall 2: „Bei der Wahl zum vierten Deutschen Bundestag haben sich die beiden Unionsparteien CDU und CSU erneut als stärkste politische Kraft behauptet."

Fall 3: „Bei der Wahl zum vierten Deutschen Bundestag haben CDU und CSU ihre absolute Mehrheit verloren."

Fall 4: „Bei der Wahl zum vierten Deutschen Bundestag haben die SPD und die FDP erhebliche Stimmengewinne erzielt. CDU und CSU verloren ihre absolute Mehrheit."

Kommentare in Rundfunknachrichten

Otto Köhler hat die verschiedenen Methoden, „Kommentare in Rundfunknachrichten einzuschmuggeln", im einzelnen untersucht (vgl. Otto Köhler: Der Vorgriff auf die Entscheidung des Hörers, in: Die Zeit Nr. 9, vom 26. 2. 1965, S. 17/18):

Am 5. Juli 1963 lautete eine Meldung im Nachrichtendienst des Bayerischen Rundfunks:
„Die Warnung des britischen Oppositionsführers Wilson vor einer atomaren Bewaffnung der Bundeswehr hat bei deutschen Politikern starke Verwunderung ausgelöst. Regierungskreise in Bonn wiesen die Verdächtigungen Wilsons entschieden zurück. Der Führer der Labour-Party hatte vor dem Unterhaus erklärt, Atomwaffen in den Händen der Deutschen würden das Ende einer konstruktiven Koexistenz zwischen West und Ost bedeuten." Die Bezeichnung der Erklärungen Wilsons als „Verdächtigungen" verleiht der Meldung einen kommentierenden Akzent.
Am 15. Juli 1963 verbreitete der Westdeutsche Rundfunk in einer Nachrichtensendung die Meldung: „Harriman und Lord Hailsham sind mit einem in London sorgfältig aufeinander abgestimmten Programm nach Moskau gekommen. Ihr Maximalziel ist die Einigung mit den Sowjets über ein umfassendes Testverbot, für das jedoch kaum Aussicht besteht, weil Moskau Inspektionen an Ort und Stelle verweigert, wie sie unerläßlich wären, wenn in das Testverbot auch unterirdische Versuche ein-

bezogen würden." In dieser Meldung enthält die Formulierung „. . . weil Moskau Inspektionen an Ort und Stelle verweigert, wie sie unerläßlich wären . . ." insofern eine Stellungnahme des Nachrichtenredakteurs, als das „Unerläßliche" dieser Inspektionen durchaus umstritten ist.

Aussagen eines Politikers werden in Nachrichtensendungen häufig bewertet; Formulierungen wie „X behauptete, daß . . ." oder „Y stellte fest, daß . . ." schränken den Aussagewert ein bzw. erhöhen ihn. Kommentierenden Charakter erhalten Nachrichten ferner durch Zusätze wie „informierte Kreise" und „politische Beobachter".

„Politische Beobachter"

Wenn es in einer Nachrichtensendung beispielsweise heißt: „Bundesaußenminister Scheel trifft heute in Paris mit seinem französischen Kollegen Schumann zusammen. Nach Ansicht politischer Beobachter wird die Reform der NATO im Mittelpunkt der Besprechungen stehen", dann können diese „politischen Beobachter" in Paris arbeitende Korrespondenten des Rundfunksenders oder der Nachrichtenagenturen sein; es ist aber auch möglich, daß sich der Nachrichtenredakteur selbst eine Meinung darüber gebildet hat, welchen Themenkreis die beiden Minister anschneiden werden. In diesem Fall sind also die „politischen Beobachter" nur der anonyme Schutzschild, hinter dem der Nachrichtenredakteur seine eigene Ansicht verbergen möchte.

Derartige erklärende Zusätze sind längst nicht immer als absichtliche „Vorgriffe auf die Entscheidung des Hörers" zu werten. Sie sind zuweilen zum Verständnis einer Nachricht unumgänglich. Die angeführten Beispiele sollten nur zeigen, wie leicht sich in Nachrichten Tendenzen einschleichen können und wie schwer es der Nachrichtenredakteur hat, „objektiv" auszuwählen und zu formulieren.

Bei den Nachrichtensendungen des Fernsehens (1. Programm: „Tagesschau", 2. Programm: „Heute") ist das Problem, „objektiv" zu berichten, ungleich schwerer zu lösen als beim Hörfunk.

„Manipulationen" in Fernsehsendungen

Kurt Wessel hat Beispiele für die Möglichkeit angeführt, Fernseh-Informationen zu manipulieren: „Ein Foto, aus der Froschperspektive auf die Nasenlöcher hin aufgenommen, kann unter Umständen aus einem honetten Menschen eine Karikatur, einen Gegenstand des öffentlichen Gelächters, sogar der Verachtung, machen. Und nun gar das bewegte, das lebende Bild auf dem Fernsehschirm! . . . Es könnte (in einer Diskussionsrunde) eine Aufnahme ausgestrahlt werden von jemand, der sich nicht im Bild glaubt und vielleicht gerade nicht sonderlich geistvoll aussieht . . . Selbst irgendein Zitat, an sich korrekt wiedergegeben, aber von einem ironischen Lächeln begleitet, was nur im Fernsehen geht, ist auch schon eine Manipulation." (Kurt Wessel: Lassen sich Fernseh-Informationen manipulieren?, in: Vierzehn Mutmaßungen über das Fernsehen, hrsg. von Anne Rose Katz. München 1963. S. 75 ff.)

Den Nachrichtensendungen „Tagesschau" und „Heute" (Einschaltquoten: „Tagesschau" 54 Prozent der Fernseh-Haushalte, „Heute" 19 Prozent) wird man schwerlich den Vorwurf einer bewußten Ausnutzung der genannten Manipulierungsmöglichkeiten machen können. Da der vorrangig an der Vermittlung aktueller politischer Ereignisse orientierte Inhalt beider Nachrichtensendungen sowohl durch Vergleich dieser Sendungen untereinander als auch durch die Konfrontation mit Presseberichten vom Zuschauer auf seinen Tendenzgehalt hin überprüft werden **kann,** müssen sich die Redaktionen von „Tages-

„Tagesschau" und „Heute"

schau" und „Heute" schon allein aus diesen Gründen vor Manipulationen hüten.

Mängel der Fernseh-Nachrichten

An der Qualität der Fernsehnachrichten hat Heribert Schatz in einer Untersuchung scharfe Kritik geübt. Er bemängelte, daß sie

- überwiegend Fakten vermitteln, die nur schwer komplexere Problemzusammenhänge erkennen lassen,
- beim Versuch, Nachrichten mediumsgerecht zu präsentieren, illustrierbare Informationen bevorzugen,
- nur wenig gesellschaftspolitische Informationen bringen,
- zu wenig Kritik üben,
- eine starke gouvernementale Komponente haben,
- die jeweilige Regierung gegenüber der Opposition bevorzugen.

(„Tagesschau" und „heute" – Politisierung des Unpolitischen?, in: Manipulation der Meinungsbildung, hrsg. von Ralf Zoll, S. 109 – 123)

Zeitkritische Sendungen

Das Mittel, durch harte Schnitte und raffinierte Kameraeinstellungen Wirkungen zu erzielen, wird vor allem bei zeitkritischen Fernsehsendungen wie „Panorama" oder dem „ZDF-Magazin" verwendet.

Für diese Praxis gibt Klaus Bölling, lange Zeit Chefredakteur beim NDR in Hamburg, jetzt Intendant von Radio Bremen, folgendes Beispiel: „ . . . es fragt sich . . ., ob ein Verfahren nicht reichlich anfechtbar ist, bei dem die Deutschland-Reise des französischen Staatspräsidenten mit der des amerikanischen Präsidenten verglichen und dem Zuschauer der Eindruck suggeriert wird, dem einen sei zugejubelt worden, weil er als aufrichtiger Demokrat gesprochen habe, und dem anderen seien Ovationen dargebracht worden, weil er in seinen Reden auch Demagogie nicht verschmähte. Ein Polizeioffizier, der sich etwas tief vor de Gaulle verneigt, erscheint vor der Kamera plötzlich als der Prototyp des Untertans, und weil ja die assoziative Kraft des Bildes, gerade des bewegten Bildes, so ungeheuer groß ist, wirkt der Mann alsbald typisch deutsch, wie man so sagt; und schon haben wir das Zerrbild teutonischer Würdelosigkeit und Devotion im Umgang mit Ausländern. Denn ein Zerrbild ist es gewiß. Wer sagt uns, ob dieser Offizier wirklich die Lakaiennatur ist, als die er erscheint, ob er nicht trotz dieser übertriebenen Verbeugung ein braver Mann ist, der nur von einem ja gar nicht ehrenrührigen Gefühl der Bewunderung für den großen Mann zu dieser Haltung veranlaßt wird. Es kann so sein, es kann auch anders sein, doch wenn nun ein harter Bildschnitt gemacht wird, und wenn die Kamera in ihrer nächsten Einstellung vielleicht einen dickleibigen Mann zeigt, einen Mann mit Specknacken und fleischiger Nase, einen Mann, der begeistert applaudiert, als er de Gaulle sagen hört, die Deutschen seien ein großes Volk, da entsteht doch gleich wieder die Vision des deutschen Spießers, der seine heimlichen Aggressionstriebe in nationalistischen Rauschzuständen auslebt. Vielleicht stimmt das Bild cum grano salis, vielleicht aber geht in dem Kopf und im Gemüt dieses Mannes doch ganz anderes vor, vielleicht handelt es sich um irgendeinen kleinen Pg., dem bei der Entnazifizierung Unrecht geschehen ist, der bis zu diesem Tage ein Ressentiment gegen die Sieger mit sich herumgetragen, der sich immer noch verquollene Vorstellungen vom Erbfeind gemacht hat und der sich in diesem Augenblick ganz persönlich durch den französischen Staatspräsidenten rehabilitiert fühlt. Auch so könnte es sein, und die Kamera, die sein Gesicht abtastet, kann uns über die Empfindungen dieses Mannes nicht die mindeste Auskunft geben. Sie dokumentiert eine höchst vordergründige Wirklichkeit, ja sie verstellt unter Umständen den Blick auf die eigentliche Wirklichkeit." (Klaus Bölling: Politisches Fernsehen – Gefahr und Auftrag, in: Rundfunk und Fernsehen. 11. Jg. 1963. H. 4. S. 369.)

An zeitkritische Sendungen muß ein anderer Maßstab als an Nachrichtensendungen gelegt werden. Das wird zuweilen von den Zuschauern und häufiger noch von den unmittelbar Betroffenen verkannt. Die Reaktion, mit der manche auf unbequeme Tatsachen antworten, erinnert an die Logik von Kindern, die auf den Stuhl einschlagen, weil sie sich an ihm die Knie gestoßen haben. In den Funkhäusern landen dann Briefe wie: „Als staatliche und vom Steuerzahler subventionierte Einrichtung sollten Sie in Ihren Sendungen mehr Objektivität zeigen. Es ist unerhört, welches Maß an zersetzender Polemik Sie offenbar ungehindert im Fernsehprogramm verbreiten dürfen." Zeitkritische Sendungen, die ebenso strengen Objektivitätsgesetzen wie Nachrichtensendungen unterlägen, würden meinungs- und standpunktlos bleiben.

Anderer Maßstab für Zeitkritik

Derartige Sendungen verstoßen auch nicht gegen die Neutralitätsverpflichtungen der Sender, denn: *„Ob die Neutralität verletzt ist, läßt sich nicht von den einzelnen Sendungen her beurteilen. Sondern neutral ist der Rundfunk, wenn sein Programm als Ganzes betrachtet alle Einzelinteressen so gegeneinander ausgleicht, daß sich keine Parteinahme in irgendeiner Richtung erkennen läßt. Dem steht es nicht entgegen, wenn einzelne Sendungen in pointierter Form einen einseitigen Standpunkt vertreten. Nur muß die Gegenmeinung alsbald an gleichwertiger Programmstelle gleichfalls berücksichtigt werden."* (Günter B. Krause-Ablaß: Die Neutralitätspflicht der Rundfunkanstalten, in: Rundfunk und Fernsehen, 10. Jg. 1962, H. 2, S. 118.) Grundsätzlich sollte natürlich auch für zeitkritische Fernsehsendungen gelten, daß sich die Meinung aus den Tatsachen ergibt und nicht umgekehrt die Tatsachen so ausgewählt werden, daß sie zu einer vorgegebenen Meinung passen.

Neutralität und Zeitkritik

Aus naheliegenden Gründen fällt es der politischen Satire besonders schwer, Objektivitäts- und Neutralitätsverpflichtungen einzuhalten.

Politische Satire

Am 29. 12. 1965 wurde die 17. Sendung der Reihe „Hallo Nachbarn" vom Programm abgesetzt. Der stellvertretende Intendant des Norddeutschen Rundfunks, Freiherr von Hammerstein, der zu derartigen Eingriffen in das Programm nach dem Staatsvertrag über den NDR berechtigt ist, begründete seine Entscheidung mit den Worten: „Eine solche Sendung (wie ‚Hallo Nachbarn') muß einer Reihe von Forderungen entsprechen, die an politische Sendungen in Hörfunk und Fernsehen allgemein gestellt werden. Diese Sendungen müssen von Fakten, nicht von Fiktionen ausgehen. Existierenden Personen, Personengruppen oder Vertretern solcher Gruppen dürfen nicht Äußerungen unterstellt werden, die sie in Wahrheit nicht getan haben. Bewußte Verzerrungen eines Sachverhaltes müssen als solche erkennbar sein, dem darüber nicht informierten Zuschauer dürfen sie nicht als der wahre Sachverhalt erscheinen."

„Hallo Nachbarn"

Die von den Parteien hin und wieder geäußerte Kritik an der „mangelnden Objektivität" politischer Sendungen ist nicht zuletzt auf die Befürchtung der Interessenten zurückzuführen, im Rundfunk und Fernsehen zu kurz zu kommen. Der Drang der Parteien zu den Bildschirmen macht sich vor Wahlen besonders stark bemerkbar. In der Ver-

Wahlsendungen

gangenheit ist es wiederholt zu Auseinandersetzungen der Parteien über die ihnen während des Wahlkampfes zustehenden Sendezeiten gekommen. Die Rundfunkanstalten gehen bei der Sendezeitverteilung an die Parteien vom Grundsatz der Chancengleichheit aus, den einige Anstalten unter Berufung auf Urteile des Bundesverfassungsgerichts auch dann als gewahrt erachten, wenn die Parteien Sendezeit in progressiver Staffelung nach ihrer prozentualen Stärke in dem Parlament, um das der Wahlkampf geführt wird, erhalten.

Verteilung von Sendezeit

Als der Westdeutsche Rundfunk bei den Landtagswahlen in Nordrhein-Westfalen 1962 nach diesem Prinzip handelte und der CDU 65, der SPD 55 und der FDP 25 Sendeminuten im Rundfunk und Fernsehen kostenlos zur Verfügung stellen wollte – hinzu kamen noch für CDU, SPD und FDP je eine Sendung von 25 Minuten, in der ein Vertreter der einen Partei Fragen von Vertretern der beiden anderen Parteien beantwortete –, wandten sich die Freien Demokraten mit einer Beschwerde an das Bundesverfassungsgericht. In ihrem ablehnenden Bescheid argumentierten die Karlsruher sinngemäß:

Bundesverfassungsgericht für gestaffelte Sendezeiten

☐ In einer parlamentarischen Demokratie sollen die Wahlen ein Parlament schaffen, das eine aktionsfähige Regierung bilden kann.

☐ Die zur Verhinderung einer übermäßigen Parteienzersplitterung in das Wahlgesetz eingebaute Fünf-Prozent-Klausel hat das Bundesverfassungsgericht mit dem Grundsatz der Chancengleichheit der Parteien für vereinbar gehalten.

☐ Ausgehend von diesen Überlegungen soll daher auch der Rundfunk bei der Wahlwerbung durch eine Abstufung der Sendezeiten der Aktivbürgerschaft die besondere Bedeutung der Parteien vor Augen führen, durch deren Wirken die bisherige Entwicklung geprägt wurde. Auf diese Weise wird die Wählerschaft gleichzeitig auch über die Gewichtsverteilung zwischen den politischen Gruppen informiert.

☐ Als Kriterien für die Bedeutung der Parteien, entsprechend der die Sendezeiten in begrenztem Ausmaß verschieden bemessen werden dürfen, gelten unter anderem das letzte Wahlergebnis, die Zeitdauer des Bestehens, die Mitgliederzahl und der Ausbau des Organisationsnetzes.

Argumente gegen das Gerichtsurteil

Nach Ansicht des Bundesverfassungsgerichts hielt sich die vom Intendanten des Westdeutschen Rundfunks getroffene Entscheidung im verfassungsrechtlich gebotenen Rahmen, weil sie am Prinzip der formalen Gleichberechtigung der politischen Parteien im Wahlwettbewerb orientiert war und – so weit sie differenzierte – der unterschiedlichen Bedeutung der in Betracht kommenden Parteien angemessen Rechnung trug (Urteil vom 30. Mai 1962).

Folgende Argumente sind gegen die Entscheidung des Bundesverfassungsgerichts vorgebracht worden:

☐ Gestaffelte Sendezeiten vermindern die Wettbewerbschancen der kleinen Parteien.

☐ Der Zementierung des Status quo wird Vorschub geleistet.

Kritiker verlangen deshalb die Zuteilung der gleichen Zahl von Sendeminuten an alle am Wahlkampf beteiligten Parteien.

Dieser Forderung trägt bisher nur das Gesetz über den Hessischen Rundfunk Rechnung, in dem es heißt: „Während des Wahlkampfes ist . . . den politischen Parteien, die in allen Wahlkreisen Wahlvorschläge eingereicht haben, Sendezeit zu gewähren. Die Sendezeit muß gleichlang und gleichwertig sein." Ferner enthält die Satzung des Südwestfunks, nicht der Staatsvertrag, die Vorschrift: „Soweit politische Parteien in einem der vertragschließenden Länder Fraktionsstärke besitzen, ist ihnen angemessene Sendezeit zu gewähren; dies gilt insbesondere während ihrer Beteiligung an öffentlichen Wahlen. Die Sendezeit muß hierbei für alle beteiligten Parteien nach Dauer und Wert gleich sein." In allen übrigen Rundfunkgesetzen ist immer nur von einer „angemessenen" Sendezeit die Rede, also nicht klar, ob gleiche Sendezeiten für alle Parteien gewährt werden.

Die Bundesregierung und die Landesregierungen können jederzeit über Rundfunk und Fernsehen wichtige Erklärungen abgeben.

Verlautbarungsrecht der Regierung

Dieses Verlautbarungsrecht wurde schon während der Weimarer Republik vor allem von der Regierung Papen geltend gemacht. Nach einem Erlaß vom 11. Juni 1932 behielt sich die Reichsregierung vor, „den deutschen Rundfunk täglich für eine halbe Stunde nach Bedarf in Anspruch zu nehmen, um die Öffentlichkeit über ihre Ziele und Absichten zu unterrichten. Für diese Sendungen, die vom Deutschlandsender ausgehen und von allen anderen deutschen Sendern übernommen werden müssen, kommt die Zeit zwischen 18.30 Uhr und 19.30 Uhr in Frage."

Mit dieser „Stunde der Reichsregierung" sind die heute geltenden Bestimmungen nicht zu vergleichen. Im Staatsvertrag über das Zweite Deutsche Fernsehen heißt es zum Beispiel: *„Die Bundesregierung und die Landesregierungen haben das Recht, Gesetze, Verordnungen und amtliche Verlautbarungen ihren Aufgaben entsprechend bekanntzugeben. Hierfür ist ihnen die erforderliche Sendezeit unverzüglich einzuräumen."* In einer Vereinbarung der drei Bundestagsfraktionen und der ARD vom 19. Dezember 1962 wurde festgelegt, daß die Fraktionen vom Deutschen Fernsehen zur Darstellung ihrer Meinung Sendezeiten erhalten, wenn der Bundeskanzler oder ein von ihm beauftragter Minister zuvor Gelegenheit hatte, eine Erklärung im Fernsehen abzugeben, und wenn es sich dabei um kontroverse Fragen handelt, die zwischen Regierung und Parlament diskutiert werden.

Regelung in der Bundesrepublik

Die Interpretation dieser Vereinbarung führte im Oktober 1964 zu einer lebhaften Auseinandersetzung zwischen den Parteien. Als der Norddeutsche Rundfunk am 16. 10. 1964 nach der Sendung „Ein Jahr Erhard" für den 23. 10. eine Fernsehsendung mit dem SPD-Fraktionsvorsitzenden Erler „Ein Jahr Kanzlerschaft Erhard – die Opposition nimmt Stellung" ankündigte, protestierte die Christlich-Demokratische Union. Der geschäftsführende CDU-Vorsitzende Dufhues und der CDU/CSU-Fraktionsgeschäftsführer Rasner verlangten, entweder müsse eine Sendung über die Arbeit der CDU/CSU-Fraktion vorher oder am gleichen Tag stattfinden oder der Fraktionsvorsitzende Barzel müsse an der Erler-Sendung beteiligt werden, oder aber – inzwischen hatte auch der FDP-Vorsitzende Mende Ansprüche geltend gemacht – alle drei Bundestagsfraktionen müßten in einer Sendung zu Wort kommen. Diese Forderungen wies der NDR sofort zurück, denn es handelte sich nicht um eine in der Vereinbarung erwähnte „Erklärung" der Regierung, die den Fraktionen das Recht auf Sendezeiten gegeben hätte. Die Sendung „Ein Jahr Erhard" bestand vielmehr aus einem Gespräch mehrerer Journalisten mit dem Kanzler; es war eine

Streitfall in Westdeutschland . . .

„redaktionell gestaltete Sendung". Die Entscheidung des NDR, eine Woche später die Opposition zu Wort kommen zu lassen, beruhte nicht auf einer aus der Vereinbarung vom 19. 12. 1962 ableitbaren Verpflichtung, sondern auf § 4 des Staatsvertrages über den NDR, wonach die Anstalt „nicht einseitig einer politischen Partei oder Gruppe, einer Interessengemeinschaft oder einer Weltanschauung dienen" darf. Der NDR argumentierte, verfassungspolitisch sei nicht das Parlament in seiner Gesamtheit, sondern nur die Oppositionspartei der Gegenspieler der Regierung. So seien bei Beachtung des § 4 des Staatsvertrages nach der Sendung mit dem Regierungschef nur eine Sendung mit dem Oppositionsführer, nicht aber zusätzliche Sendungen mit den Fraktionsvorsitzenden der Regierungsparteien notwendig. Im vorliegenden Fall mußte der NDR eine Konzession machen, daß sonst mehrere Anstalten die Erler-Sendung nicht übernommen hätten: der Sendetermin wurde um drei Tage verschoben – sie wurde erst 24 Stunden nach den Kommunalwahlen in Hessen, Rheinland-Pfalz und im Saarland ausgestrahlt.

... und in Berlin In West-Berlin hat die in der Opposition stehende CDU mehrfach kritisiert, daß RIAS und SFB dem Regierenden Bürgermeister für die Sendung „Wo uns der Schuh drückt" regelmäßig Sendezeiten zur Verfügung stellten, ohne daß die Opposition eine gleichwertige Möglichkeit erhält, zur Bevölkerung zu sprechen.

Direkt-übertragungen von Debatten im Bundestag In der Bundesrepublik ist immer wieder die gleichzeitige Übermittlung des gesamten Sitzungsgeschehens im Parlament durch Hörfunk und Fernsehen verlangt worden. Diese Forderung stützt sich auf
- Art. 42 Abs. 1 Satz 1 GG: *„Der Bundestag verhandelt öffentlich"*,
- Art. 42 Abs. 3 GG: *„Wahrheitsgetreue Berichte über die öffentlichen Sitzungen des Bundestages und seiner Ausschüsse bleiben von jeder Verantwortlichkeit frei"*
- und Art. 20 Abs. 2 GG: *„Alle Staatsgewalt geht vom Volke aus. Sie wird vom Volke in Wahlen und Abstimmungen und durch besondere Organe der Gesetzgebung, der vollziehenden Gewalt und der Rechtsprechung ausgeübt"*.

Argumente gegen ... Vor allem drei Argumente werden gegen Direktübertragungen genannt:
- ☐ Vermindertes Ansehen des Parlaments (Blick der Kamera auf leere Plätze, Tumulte).
- ☐ Versuchung für die Abgeordneten, Reden zum Fenster hinaus zu halten.
- ☐ Die die Chancenungleichheit fördernde Möglichkeit der Regierung, jederzeit in die Debatte einzugreifen und dabei die Sendezeiten mit der erfahrungsgemäß höchsten Hörer- und Zuschauerbeteiligung (vor allem nach 17 Uhr) ausnutzen zu können.

... und für Direkt-übertragungen Für Direktübertragungen sprechen folgende Überlegungen:
- ☐ Positive Auswirkungen auf die Disziplin der Abgeordneten.
- ☐ Vermittlung eines im Vergleich zu Ausschnittsendungen und zur Presseberichterstattung relativ objektiven Eindrucks von der parlamentarischen Arbeit und Atmosphäre.
- ☐ Einhaltung des Prinzips einer demokratischen Kontrolle des Parlaments.
- ☐ Möglichkeit der Wählerschaft, sich ein Bild von den politischen Ansichten der Parteien zu machen.
- ☐ Werbung für das Verständnis des parlamentarisch-demokratischen Regierungssystems, dessen kennzeichnendstes Merkmal darin zu .

sehen ist, daß die Auseinandersetzungen über die bestmögliche Regelung der politischen Probleme in allen Stadien des politischen Willensbildungsprozesses in Erscheinung treten.

Literatur

Alst, Theo van (Hrsg.): Millionenspiele – Fernsehbetrieb in Deutschland. (Edition Text+Kritik) Boorberg Verlag München 1972, 216 S.

Arbeitsgemeinschaft für Kommunikationsforschung (Hrsg.): Fernsehforschung: Feedback oder Anpassung? Verlag Dokumentation Pullach bei München 1973, 180 S.

Baacke, Dieter (Hrsg.): Mediendidaktische Modelle: Fernsehen. Juventa Verlag München 1973, 272 S.

Burrichter, Clemens: Fernsehen und Demokratie. Zur Theorie und Realität der politischen Information des Fernsehens. (Gesellschaft und Kommunikation Bd. 5) Bertelsmann Universitätsverlag Düsseldorf 1970, 232 S.

Dahlmüller, Götz, Hund, Wulf D., Kommer, Helmut: Kritik des Fernsehens. Handbuch gegen Manipulation. (Sammlung Luchterhand 111) Luchterhand Verlag Neuwied, Berlin 1973, 387 S.

Dygutsch-Lorenz, Ilse: Die Rundfunkanstalt als Organisationsproblem. (Gesellschaft und Kommunikation Bd. 8) Bertelsmann Universitätsverlag Düsseldorf 1971, 232 S.

Flottau, Heiko: Hörfunk und Fernsehen heute. (Geschichte und Staat 164/165) Olzog Verlag München – Wien 1972, 294 S.

Jank, Klaus Peter: Die Rundfunkanstalten der Länder und des Bundes. Eine systematische Darstellung ihrer organisatorischen Grundlagen. (Schriften zum öffentlichen Recht Bd. 60) Duncker & Humblot Verlag Berlin, München 1967, 127 S.

Knilli, Friedrich (Hrsg.): Die Unterhaltung der deutschen Fernsehfamilie. Ideologiekritische Kurzanalysen von Serien. (Reihe Hanser 64) Hanser Verlag München 1971, 118 S.

Longolius, Christian (Red.): Fernsehen in Deutschland. Gesellschaftspolitische Aufgaben und Wirkungen eines Mediums. v. Hase & Koehler Verlag Mainz 1967, 352 S.

Longolius, Christian (Hrsg.): Fernsehen in Deutschland. Die Bundestagswahl 1969 als journalistische Aufgabe. v. Hase & Koehler Verlag Mainz 1969, 336 S.

Menningen, Walter: Fernsehen – Unterhaltungsindustrie oder Bildungsinstitut. Verlag W. Kohlhammer Stuttgart, Berlin, Köln, Mainz 1971, 128 S.

Rundfunkanstalten und Tageszeitungen. Eine Materialsammlung. 5 Bde., hrsg. von der Arbeitsgemeinschaft der öffentlich-rechtlichen Rundfunkanstalten der Bundesrepublik Deutschland (ARD). Frankfurt am Main 1965/1966 und 1969.

Setzen, Karl M.: Fernsehen: Objektivität oder Manipulation? Soziale Faktoren der Fernsehinformation. Heidenheimer Verlagsanstalt Heidenheim 1971, 184 S.

6. Der Film

6.1 Die Spielfilmproduktion

Der politische Maßstab

Die Entwicklung des Films wird in den folgenden Ausführungen – entsprechend der grundsätzlichen Zielsetzung dieses Heftes – vorwiegend unter politischen Gesichtspunkten betrachtet.

Argwohn der Alliierten

Als die Alliierten 1945 Deutschland besetzten, galt ihr Argwohn unter anderem auch dem deutschen Film, der während des nationalsozialistischen Regimes alle Aufgaben erfüllt hatte, die das „Reichsministerium für Volksaufklärung und Propaganda" ihm stellte. Die Alliierten gingen bei ihren Bemühungen um die Schaffung einer Grundlage für den Neuaufbau des deutschen Filmwesens von den Verhältnissen in ihren eigenen Ländern aus. So entstand in den Westzonen die nach privatwirtschaftlichen Prinzipien arbeitende Filmindustrie und in der sowjetisch besetzten Zone die staatlich gelenkte DEFA.
In den Jahren bis zur Währungsreform, bevor also im westlichen Teil Deutschlands die völlige Kommerzialisierung und im östlichen Teil die radikale Politisierung der Filmproduktion eintrat, unternahmen Wolfgang Staudte bei der DEFA mit „Die Mörder sind unter uns" und Helmut Käutner in den Westzonen mit „In jenen Tagen" die ersten „Versuche einer Gewissenserforschung" (Walther Schmieding: Kunst oder Kasse, S. 22).

Die ersten Filme nach 1945

In dieser Epoche befaßten sich Spielfilme wie „Film ohne Titel", „Berliner Ballade" und „Der Apfel ist ab" und etwas später „Liebe 47" und „Herrliche Zeiten" mit politischen und zeitkritischen Fragen. Andererseits sind auch Filme zu verzeichnen, die durch unkritische Darstellung großer Persönlichkeiten autoritären Neigungen Vorschub leisteten (Beispiel: der vordergründig unpolitische „Sauerbruch"-Film). Namhafte Kritiker stimmen darin überein, daß der westdeutsche Film bis Mitte der 50er Jahre System-Mängel eher verdeckte als aufdeckte.

Zeitgeschichte im Film

Ab 1954 griffen zahlreiche Filme zeitgeschichtliche Probleme auf; zu einer kritischen Auseinandersetzung mit der jüngsten Vergangenheit kam es darin nur selten.
„Den Wurzeln des Nationalsozialismus", so urteilte Walther Schmieding, „wurde nicht nachgespürt. Man zeigte vielmehr seine Auswirkungen, die, in der allgemeinen Katastrophe, schließlich jedermann zu seinem Opfer machten. Die Träger des Regimes wurden zwar gezeigt, doch entzog man sich durch ihre Karikierung und Dämonisie-

rung der Gefahr, mit ihnen identifiziert zu werden oder sich mit ihnen **Wenig Gesellschaftskritik**
identifizieren zu müssen. Vor allem die Dämonisierung aber erzeugte
die Vorstellung übermächtiger Gewalten, gegen die Widerstand hoff
nungs- oder sinnlos war. Man sah sich als Objekt der Geschichte . . .
Man hatte die ,goldenen' zwanziger Jahre genossen und war eines
Tages vom Marschtritt der braunen Kolonnen überrascht worden.
Keiner fragte, woher diese braunen Kolonnen gekommen waren und
warum sie so dröhnend zum Sieg marschieren konnten."

Zeit- und gesellschaftskritische Themen wurden, von Ausnahmen abgesehen (Rolf Thiele: „Das Mädchen Rosemarie", Wolfgang Staudte:
„Rosen für den Staatsanwalt" und „Kirmes", Helmut Käutner: „Der
Rest ist Schweigen", Robert Siodmak: „Nachts, wenn der Teufel
kam", Bernhard Wicki: „Das Wunder des Malachias", Laslo Benedek:
„Kinder, Mütter und ein General", Alexander Kluge: „Abschied von
gestern"), relativ selten in deutschen Filmen aufgegriffen. Im Vergleich dazu führten Fernsehspiele häufig eine kritische Auseinandersetzung mit der jüngsten Vergangenheit, analysierten die Gegenwart
scharfsinnig und konfrontierten die Zuschauer mit allgemeinpolitischen Problemen (Beispiele: „In der Sache J. Robert Oppenheimer",
Regie: Gerhard Klingenberg, Autor: Heinar Kipphardt; „Orden für
die Wunderkinder", Regie und Autor: Rainer Erler; „Anfrage", Regie:
Egon Monk, Autor: Günther R. Lys).

Ein Problem für sich sind die Kriegsfilme (bis 1963 von insgesamt **Kriegsfilme**
7153 öffentlich vorgeführten Filmen 985, also 13 Prozent, mit einem
Besucheranteil von etwa 30 Prozent). Nur selten verurteilten deutsche
Filme den Krieg tatsächlich, wie zum Beispiel in Bernhard Wickis
„Die Brücke" und Helmut Käutners „Die letzte Brücke". Meistens beschönigten sie ihn oder stellten ihn als unausweichbares Schicksal
dar.

Ähnlich wie von vielen Kriegsfilmen können auch von Filmen, die
ausschließlich der **Unterhaltung** dienen sollen, **durchaus politische
Wirkungen** ausgehen.

So zeigt sich zum Beispiel in einem Abenteuerfilm wie „Dschingis Khan" eine starke Neigung, kritiklos die schicksals- und geschichtsbestimmenden Handlungen einzelner in den Vordergrund zu stellen.

Diese Tendenz ist natürlich nicht nur bei Filmen feststellbar, die in
der Bundesrepublik hergestellt worden sind. Unterschwellig wird zum
Beispiel in den amerikanischen James-Bond-Filmen an Instinkte appelliert, die nicht anders als faschistisch zu bezeichnen sind.

Das geringe demokratische Engagement des westdeutschen Films **Mangelndes demokratisches Engagement**
läßt sich wohl mit mehreren untrennbar miteinander zusammenhängenden Gründen erklären:

☐ Der Film war offensichtlich Spiegel einer Gesellschaft, die, ganz
  mit dem Wiederaufbau beschäftigt, wenig Neigung zeigte, sich
  mit Vergangenheit und Gegenwart kritisch auseinanderzusetzen.

☐ Viele Menschen suchten eine ihnen in der Wirklichkeit versagte Befriedigung in der Traumwelt bestimmter Filme (zum Beispiel in der „heilen Ordnung" der Heimatschnulzen).

☐ Produzenten und Verleiher fürchteten weithin, daß politisch und gesellschaftlich kritische Filme keine Zuschauer fänden und glaubten, nur mit dem Geschäfte machen zu können, was sie für Massengeschmack hielten.

In den sechziger Jahren fanden experimentierfreudige Filme der „Oberhausener", einer Gruppe junger Regisseure, vorübergehend bei einem breiteren Publikum Anklang. Als jedoch die Zahl der Kinos weiter schrumpfte – von mehr als 7500 im Jahre 1960 haben inzwischen über 4000 die Kassen geschlossen –, setzte die Filmwirtschaft

Porno- und Brutalitäts-Welle
auf die Porno- und Brutalitätswelle (Motto: „Wir zeigen, was das Fernsehen nicht zeigen darf"). Dies erwies sich, von wenigen Ausnahmen abgesehen, als Fehlspekulation. Kassenschlager wurden hingegen neben der Pauker-Serie Trivialfilme wie „Und Jimmy ging zum Regenbogen" und der USA-Import „Love Story".

Produktionsbedingungen
Unter welchen Produktionsbedingungen heute Filmemacher arbeiten, haben Barbara Bronnen und Corinna Brocher am Beispiel von Regisseuren der neuen deutschen Produktion nach Oberhausen (1962) demonstriert. Ob Peter Schamoni oder Volker Schlöndorff, Reinhard Hauff oder Edgar Reitz, Alexander Kluge oder Jean-Marie Straub – sie alle mußten erfahren: „*Der als optimale Wunschvorstellung in der Phantasie des Regisseur-Autors existierende Film ist unter den realen ökonomischen Bedingungen der Filmwirtschaft nicht zu verwirklichen*" (Die Filmemacher, S. 262).

Zu diesen Bedingungen gehört, daß ein Spielfilm zwischen einer halben und einer ganzen Million Mark kostet. Die meisten Regisseure, die um 1965 – also zum Zeitpunkt der Gründung des Kuratoriums Junger Deutscher Film – ihren ersten Spielfilm drehten, erhielten zwar durch Drehbuch- oder Kuratoriumsprämien zwischen 100 000 und 300 000 Mark einen finanziellen Grundstock zur Realisierung ihrer Projekte, doch da sich in der Regel kein Verleih mehr fand, der sich mit einer Garantiesumme an der Produktion beteiligte, mußten neue Finanzquellen erschlossen werden. Sie ergaben sich durch Koproduktion mit den Rundfunkanstalten.

Das zweite Kino
Eher an Qualität als Kommerz orientierte Filme haben trotz des allgemeinen Kinosterbens neuerdings wieder Chancen. Zum einen interessieren sich die in der „Gilde deutscher Filmkunsttheater" organisierten oder mit ihr sympathisierenden 200 Kinos besonders für sie; zum anderen sorgte das sogenannte „2. Kino", das sich auf der Basis des von Städten oder Gemeinden subventionierten kommunalen Kinos entwickelte, für ihre Verbreitung. Zum „2. Kino" sind auch Filmgesellschaften der Volkshochschulen, Jugendfilmclubs und Filmeinrichtungen der beiden Kirchen zu rechnen, die gerade jene Filme zeigen, die das kommerzielle Kino nicht mehr bringen will oder aus kaufmännischen Gründen nicht mehr vorführen kann.

6.2 Die Filmpolitik der Bundesregierung

Nach dem Zweiten Weltkrieg stand jegliche Filmpolitik unter dem Signum „Nie wieder Staatsfilm Goebbels'scher Prägung". Die Reaktion auf die unmittelbare Vergangenheit war so stark, daß der Staat nur sehr zögernd Förderungsmaßnahmen einleitete. **Nie wieder Staatsfilm**

Filme, die geeignet erschienen, *„als Propagandamittel gegen die freiheitliche demokratische Grundordnung oder gegen den Gedanken der Völkerverständigung zu wirken"*, durften – nach dem „Gesetz zur Überwachung strafrechtlicher und anderer Verbringungsverbote" vom 24. Mai 1961 – nicht eingeführt werden. Nach einer Rechtsverordnung der Bundesregierung vom 12. Oktober 1961 bestand eine Vorlagepflicht jedoch nur für Filme aus dem Ostblock. Als Gutachtergremium für das Bundesamt für gewerbliche Wirtschaft, einer nachgeordneten Behörde des Bundeswirtschaftsministeriums, fungierte lange Zeit der Interministerielle Ausschuß für Ost-West-Filmfragen. Inzwischen ist dieser Ausschuß abgebaut worden. Heute liegt die Verantwortung für die Erteilung von Einfuhrgenehmigungen für Filme aus dem Ostblock allein beim Bundesamt für gewerbliche Wirtschaft, das zur Beratung Experten der zuständigen Behörden heranzieht. **Der Interministerielle Ausschuß**

Der Interministerielle Ausschuß, in dem das Wirtschafts-, Innen-, Justiz- und Außenministerium sowie das Ministerium für gesamtdeutsche Fragen vertreten waren, legte über seine Entscheidungen keine Rechenschaft ab. Die rechtliche Legitimation des Ausschusses war umstritten. Nach Ansicht zahlreicher Kritiker verstieß die Tätigkeit dieses Gremiums gegen Art. 5 GG, in dem es heißt: *„Eine Zensur findet nicht statt."* Zensurverbot bedeutet nach herrschender Rechtslehre „Vorzensur-Verbot". Wenn also, wie das beim Interministeriellen Ausschuß der Fall war, Meinungsäußerungen vor der Veröffentlichung einer Zensurstelle vorgelegt werden müssen, dann werde das Grundgesetz mißachtet. **Verstoß gegen das Zensurverbot?**

Bis zum 31. Januar 1963 untersagte der Ausschuß die Einfuhr von insgesamt 116 Filmen. In den letzten Jahren scheint die Handhabung großzügiger geworden zu sein, denn in der Zeit vom 1. Oktober 1963 bis 31. März 1967 wurde nur noch in zwölf Fällen festgestellt, daß die Einfuhr gegen das Verbringungsgesetz verstieß. Jährlich werden etwa 400 Filme zur Prüfung vorgelegt.

Der tschechoslowakische Film „Das höhere Prinzip" wurde zum Beispiel erst nach einjährigem Verbot freigegeben. Nach Ansicht des Ausschusses stellte dieser Film das Zusammenleben von Deutschen und Tschechen in ungünstigem Licht dar und gefährdete damit die Aussöhnung der Völker und das Ansehen der Bundesrepublik. Der Film spielte vom ersten bis zum letzten Meter in der Zeit der Besetzung der Tschechoslowakei durch die Deutschen und wies mit keinem Wort auf das Nachkriegsdeutschland hin.

Bisher wurde gegen zwei Feststellungsbescheide des Bundesamtes für gewerbliche Wirtschaft Widerspruch und Klage erhoben. Das Verwaltungsgericht Frankfurt hat 1967 die Verfassungsmäßigkeit des

Verbringungsgesetzes verneint. Das Bundesverfassungsgericht entschied jedoch 1972 anders. Das Gericht teilte zwar die Ansicht, daß die Regelung des Überwachungsgesetzes dem Wortlaut nach verfassungswidrig ist. Das Einfuhrverbot treffe aber nur solche Filme, deren Inhalt tendenziell auf die Bekämpfung der freiheitlichen demokratischen Grundordnung oder des Gedankens der Völkerverständigung gerichtet sei. Deshalb sei eine Einschränkung der Berichterstattungs- oder Informationsfreiheit zulässig.

Bürgschafts-aktionen

Bis 1956 unterstützten der Bund und die Länder die Spielfilmproduktion vor allem durch mehrere Bürgschaftsaktionen. Der Bund war damals nach Prüfung des Drehbuchs, der Besetzung und des Kostenplans bereit, für einzelne Filme oder ganze Filmstaffeln Bürgschaften zu übernehmen, das heißt: Wenn die Einspielergebnisse eines Films seine Herstellungskosten nicht deckten, die Produzenten also die Bankkredite nicht zurückzahlen konnten, sprang der Bund ersatzweise ein und bezahlte die von den Produzenten aufgenommenen Bankkredite ganz oder zum Teil. Auf diese Weise kontrollierte der Bund fünfzig Prozent der deutschen Spielfilmproduktion bis zur Besetzungsliste, auf diese Weise verlor aber auch der Bund bei seinen Bürgschaftsaktionen insgesamt rund 29 Millionen Mark.

Daß bei der Vergabe von Bürgschaften neben künstlerischen und wirtschaftlichen Erwägungen auch politische eine Rolle spielten, wurde besonders deutlich 1956 am Beispiel des **„Stresemann"-Films.** Kritiker bemängelten an diesem Streifen, daß er in Verzerrung der historischen Perspektiven die Europa-Politik Stresemanns zur Popularisierung der Politik Adenauers benutzte, die parlamentarische Opposition als uneinsichtig gegenüber dem „großen Mann" abwertete und Stresemann zu einer Vaterfigur stilisierte und dadurch die Politik privatisierte.

Unter den über 100 Filmen, die Bundesbürgschaften erhielten, befand sich nach Ansicht vieler Kritiker kein anspruchsvoller künstlerischer oder demokratisch engagierter Film.

Film-Prämien

Seit 1956 beschränkt der Bund seine Hilfsmaßnahmen auf spezielle Auszeichnungen und Prämien. Im Etat für 1972 standen 7,45 Millionen Mark dafür bereit.

Filmförderungs-gesetz

Durch das „Gesetz über Maßnahmen zur Förderung des deutschen Films", das am 1. Januar 1968 in Kraft trat, wurde für die Filmförderung eine neue finanzielle Basis geschaffen. Auf Grund des Gesetzes werden von jeder verkauften Kinokarte zehn Pfennig an die Filmförderungsanstalt abgeführt. Der größte Teil des Geldes (rund 15 Millionen Mark) wird für die Produktion neuer Filme verwendet. Der Rest steht für Kurzfilme, die Renovierung und den Ausbau von Kinos und die Filmwerbung zur Verfügung. Die Filmförderungsanstalt – Sitz in Berlin – ist eine Anstalt des öffentlichen Rechts. Ihr Verwaltungsrat, dem unter anderem Mitglieder des Bundestages und der Filmindustrie angehören, beschließt über alle grundsätzlichen Fragen.

Die Filmförderungsanstalt gewährt dem Produzenten eines Films, der innerhalb von zwei Jahren nach seiner Erstaufführung in einem Filmtheater der Bundesrepublik Bruttoverleiheinnahmen in Höhe von mindestens 500 000 DM erzielt hat, für die Herstellung eines neuen Films als Förderungshilfe 250 000 DM. Filme, die von der Filmbewertungsstelle in Wiesbaden mit dem Prädikat „besonders wertvoll" oder einem Hauptpreis auf einem A-Filmfestspiel (Cannes, Venedig, Berlin, Moskau) ausgezeichnet wurden, brauchen nur 300 000 DM eingespielt zu haben, um als sogenannte Referenzfilme anerkannt zu werden, als Filme, die dem Produzenten für das nächste Projekt eine Förderungshilfe garantieren. Jährlich können auch drei prädikatisierte oder ausgezeichnete Filme gefördert werden, ohne die 300 000-DM-Hürde genommen zu haben. Darüber hinaus werden für Filme, die als „gute Unterhaltungsfilme" eingestuft worden sind, je nach Umsatz bis zu 250 000 DM für die Produktion eines neuen Films zur Verfügung gestellt.

Förderungs-bedingungen

Diese Regelungen zeigen, daß durch das Filmförderungsgesetz **in erster Linie der wirtschaftliche Erfolg honoriert** wird. Kritiker haben erklärt, dadurch würde die Filmwirtschaft in Begünstigte und Außenseiter eingeteilt. In einem Entschließungsantrag betonten die CDU/CSU- und die SPD-Bundestagsfraktion am 1. Dezember 1967 anläßlich der zweiten und dritten Lesung des Filmförderungsgesetzes: „Der künstlerischen Bedeutung und den kulturellen Aufgaben des deutschen Films kann aber in einem Wirtschaftsgesetz (wie dem Filmförderungsgesetz) nicht in dem Maße Rechnung getragen werden, wie es der Sache angemessen wäre. Eine umfassende, von dem Grundsatz der Untrennbarkeit zwischen Filmwirtschaft und Filmkultur ausgehende Filmförderung scheitert an der fehlenden kulturpolitischen Gesetzgebungskompetenz des Bundes. Eine Erneuerung und Weiterentwicklung des deutschen Films auf rein wirtschaftlicher Basis ohne gleichzeitige Qualitätshebung, ohne nachhaltige Förderung der Forschung, Entwicklung und Bildung im Filmbereich und ohne planmäßige und kontinuierliche Unterstützung des Filmnachwuchses sowie der Stärkung bereits vorhandener Reformimpulse bliebe unvollständig. Das Gesetz über Maßnahmen zur Förderung des deutschen Films sollte daher alsbald durch eine von Bund und Ländern gemeinsam getragene verstärkte kulturelle Förderung des deutschen Films ergänzt werden." (Deutscher Bundestag. 5. Wahlperiode. Umdruck 305. Anlage Nr. 6 zum Stenographischen Protokoll der 139. Sitzung vom 1. Dezember 1967. S.7073).

Bund ohne kulturpolitische Gesetzgebungskompetenz

Die Befürchtungen, die 1967 bei der Verabschiedung des Filmförderungsgesetzes geäußert wurden, haben sich als berechtigt erwiesen. Durch das einseitig die Wirtschaftsinteressen der etablierten Filmindustrie berücksichtigende Gesetz wurden die Jungfilmer weitgehend isoliert und geradezu zur Zusammenarbeit mit den Fernsehanstalten gezwungen, die durch Verträge den Weg dieser Filme in die Kinos verbauten. Von den 530 programmfüllenden deutschen Filmen, die von 1967 bis 1971 erstaufgeführt wurden, erhielten 172 von der Berliner Filmförderungsanstalt den Grundbetrag in Höhe von 250 000 Mark (= Grundförderung). Gefördert wurden damit auch Filme wie „Zur Hölle mit den Paukern", „Heintje – mein bester Freund", „Frau Wirtin treibt es jetzt noch toller" und „Die vollkommene Ehe".

Mißerfolg des Gesetzes

Im Mai 1973 beschloß das Bundeskabinett eine **Novelle zum Filmförderungsgesetz.** Darin sind über die bisherige Grundförderung hinaus folgende Hilfen vorgesehen:

☐ Fünf Millionen Mark jährlich als Projektförderung. Dabei will man an Hand von Drehbuch, Produktionsstab und Besetzungslisten Filmvorhaben daraufhin prüfen, ob sie auch einen „guten Unterhaltungsfilm" versprechen. Über die Vergabe entscheidet eine neu zu bildende Projektkommission aus unabhängigen Sachverständigen. Die Förderung wird nach der Novelle als bedingt rückzahlbares Darlehen gewährt. Das bedeutet, daß für einen in die Projektförderung aufgenommenen Film die Förderungssumme (in der Regel bis zu 300 000 Mark, in Ausnahmefällen bis zu 700 000 Mark) nur zurückgezahlt werden muß, wenn der Film Gewinn einbringt.

☐ Filme, die von der Filmbewertungsstelle in Wiesbaden mit einem Prädikat ausgezeichnet worden sind, sollen auch dann in den Genuß der Grundförderung kommen, wenn sie nicht die Mindesteinspielergebnisse (bislang für prädikatisierte Filme 300 000 Mark) erreicht haben.

☐ ARD und ZDF sollen für die erstmalige Ausstrahlung einer Produktion, die als programmfüllender Film in einem Kino erstaufgeführt worden ist, 20 000 Mark an die Filmförderungsanstalt zahlen. Dies gilt nicht für die Dritten Programme der ARD-Anstalten.

6.3 Die Freiwillige Selbstkontrolle der Filmwirtschaft (FSK)

Die in der Spitzenorganisation der Filmwirtschaft e. V. (SPIO) zusammengefaßten Filmhersteller, Verleiher, Filmtheaterbesitzer und Filmtechnischen Betriebe haben 1949 eine „Freiwillige Selbstkontrolle" (FSK) gegründet. Nach den Grundsätzen der FSK sollen keine Filme hergestellt, verliehen oder öffentlich aufgeführt werden, die geeignet sind,

„a) das sittliche oder religiöse Empfinden zu verletzen, entsittlichend

Grundsätze der FSK

oder verrohend zu wirken;

b) antidemokratische (nationalsozialistische, bolschewistische u. ä.), militärische, imperialistische, nationalistische oder rassenhetzerische Tendenzen zu fördern;

c) die Beziehungen Deutschlands zu anderen Staaten zu gefährden oder das Ansehen Deutschlands im Ausland herabzuwürdigen;

d) die verfassungsmäßigen und rechtsstaatlichen Grundlagen des deutschen Volkes in seiner Gesamtheit und in seinen Ländern zu gefährden oder herabzuwürdigen;

e) durch ausgesprochen propagandistische oder tendenziöse Beleuchtung geschichtliche Tatsachen zu verfälschen; die veränderte Darstellung geschichtlicher Vorgänge im Sinne der notwendigen Freiheit künstlerischen Gestaltens wird hiervon nicht berührt. Entscheidend für die Anwendung dieser Bestimmungen ist die Wirkung der unter a) bis e) genannten Darstellungen, nicht deren Inhalt oder die Darstellung als solche."

Zahlreiche Entscheidungen der FSK, deren Mitglieder ursprünglich von der öffentlichen Hand und der Filmwirtschaft gestellt wurden, waren sehr umstritten. Spruchpraxis

So wurde zum Beispiel 1961 der sowjetische Dokumentarfilm „In zwei Stunden durch die Sowjetunion" zunächst abgelehnt. In der Begründung hieß es: „Der grundlegende Unterschied . . . liegt darin, daß der vorliegende Film nicht aus einem Land der freien Welt stammt, sondern eben die UdSSR zeigt, ein Land, das sich als Vorkämpfer des Kommunismus preist . . ."
Andererseits gab die FSK den militaristischen Durchhaltefilm „Alamo" und den eindeutig nazistischen Film „Choral von Leuthen" zur Aufführung frei.
Der Kurzfilm „Die Wechsler im Tempel", der den Mißbrauch der Religion zu Machtzwecken angriff, wurde 1966 wegen „Verletzung religiösen Empfindens und tendenziöser Verfälschung geschichtlicher Tatsachen" abgelehnt.
In mehreren Fällen wurden auch die Entscheidungen der FSK über die Freigabe von Filmen für Jugendliche kritisiert. So gab die FSK zum Beispiel die während der NS-Zeit gedrehten Blut- und Boden-Filme „Aus der Heimat der Bessarabien-Deutschen" und „Burgenland" für Jugendliche ab 6 Jahren zur Vorführung frei.
Die Vertreter von Bund und Ländern, Kirchen- und Jugendverbänden haben sich in den letzten Jahren von der FSK zurückgezogen. Sie betrachten sich nur noch für die „Feiertagsfreigabe" und die „Jugendfreigabe" der Filme als zuständig. Die FSK, die auch bei Pornofilmen eine Feigenblattfunktion erfüllte, hat deshalb heute kaum noch Verbindlichkeit.

Ausgehend von der Kritik an der Spruchpraxis der FSK ist häufig die Frage nach der Verfassungsmäßigkeit dieser „Zensurinstanz" gestellt worden. Die FSK verdankt – wie ihr Name schon sagt – nicht nur ihre Entstehung einer freiwilligen Vereinbarung der beteiligten Kreise der Filmwirtschaft und der öffentlichen Hand, sondern auch ihr Weiterbestehen beruht auf dem ständigen freien Willen der gesamten Filmwirtschaft. Formaljuristisch betrachtet, übt die FSK keine grundgesetzwidrige Vorzensur aus, da zum Beispiel jeder Filmtheaterbesitzer Filme aufführen darf, die nicht der FSK vorgelegen haben. Dabei müßte er das Risiko in Kauf nehmen, daß lokale Polizei und Justiz die Aufführung des Films eventuell wegen Verstoßes gegen grundrechtliche oder strafgesetzliche Bestimmungen untersagen.
In der Praxis kommt es aber gar nicht so weit. *„Heute würde ein Produzent, der es wagte, einen gegen die FSK-Regeln verstoßenden Film herzustellen, dafür keinen Verleih finden; keinem Verleih wäre es möglich, einen nicht von der FSK freigegebenen Film in ein Kino zu bringen; ein Kino, das es doch wagen würde, einen solchen Film zu zeigen, würde bald keinen anderen Film mehr bekommen."* (Enno Patalas: Zensur findet nicht statt, in: Vorwärts-Sonderausgabe, November 1965, S. 31.)
Aus der Sicht der Filmwirtschaft erscheint die FSK als eine Instanz, die sie vor staatlichen Eingriffen und Verboten schützt. Wenn nämlich ein Film von der FSK freigegeben worden ist, können Produzenten,

FSK – verfassungswidrig?

Verleiher und Filmtheaterbesitzer sicher sein, daß der Film nun zum Beispiel nicht mehr gegen die verfassungsmäßige Ordnung oder die guten Sitten verstößt. Politisch betrachtet, ist die Tätigkeit der FSK unbefriedigend, weil sie bei realistischer Einschätzung der ökonomischen Struktur der Filmwirtschaft doch auf eine **Vorzensur** hinausläuft. Fraglich ist allerdings, ob es besser wäre, wenn die Entscheidung über die gesetz- und verfassungswidrigen Verstöße von Filmen allein durch lokale Polizei- und Justizbehörden getroffen würde.

6.4 Die Filmbewertungsstelle (FBW)

Im Gegensatz zur Freiwilligen Selbstkontrolle, einer Institution der Filmwirtschaft, ist die Filmbewertungsstelle Wiesbaden (FBW) eine hoheitliche Einrichtung, die durch eine Verwaltungsvereinbarung der Länder zur Schaffung einheitlicher Unterlagen für die steuerliche Behandlung von Filmen 1951 ins Leben gerufen wurde.

Die FBW fördert die ihr geeignet erscheinenden Filme, soweit sie ihr vorgelegt werden. Die Vergnügungssteuergesetze der Länder sehen eine Steuerbefreiung bzw. -ermäßigung bei Vorführungen „besonders wertvoller" und „wertvoller" Filme vor.

Aufgaben und Organisation der FBW

Über die Vergabe dieser Prädikate befinden zwei Instanzen, der Bewertungs- und der Hauptausschuß der FBW. Dem Bewertungsausschuß, dessen Vorsitzender und gleichzeitiger Repräsentant der FBW von der Ständigen Konferenz der Kultusminister ernannt wird, gehören vier, dem Hauptausschuß sechs von den Ländern nominierte Beisitzer an.

Als Hauptmaßstab für die Bewertung gilt immer der Anspruch, den ein Film nach Stoff und Gattung selbst an sich stellt. Von den 1033 Spielfilmbewertungen, die von der FBW während des ersten Jahrzehnts ihrer Tätigkeit vorgenommen wurden, sind 93 in der Presse angefochten worden.

Spruchpraxis der FBW

Stürmischen Protest, vor allem in Berlin im August 1966, erregte der Film des Italieners Jacopetti „Africa Addio", dem Kritiker verschiedener politischer Richtungen unverhüllten Rassismus vorwarfen („Gesungen wird ein mitreißendes Hohelied auf weißen Ordnungswillen und gegen schwarzes Untermenschentum ... Was hier zu besichtigen ist, das ist die brutale Fratze des Rassismus ..." Der Tagesspiegel. Nr. 6349 vom 31. Juli 1966. S. 4.) Die FBW hatte trotz einiger Bedenken diesen Streifen mit dem Prädikat „wertvoll" ausgezeichnet.

Die Filmbewertungsstelle ist **keine Zensurinstanz.** Filme, die kein Prädikat erhalten haben, können trotzdem aufgeführt werden. Die Entscheidungen der FBW haben jedoch für Kurzfilme (Kulturfilme, Dokumentarfilme) eine besondere Bedeutung. Da nur wenige Verleiher nichtprädikatisierte Kurzfilme, die also nicht in den Genuß einer Steuerermäßigung gekommen sind, in ihren Beiprogrammen zeigen, gelangen Kurzfilme meistens nur dann in die Kinos, wenn die Filmbewertungsstelle ein positives Urteil fällt.

So konnte zum Beispiel Grzimeks „Schwalbe am Spieß", eine Attacke gegen den Vogelmord in Italien, in keinem Lichtspielhaus vorgeführt werden, weil die FBW dem Film ein Prädikat verweigerte.

Literatur

Bronnen, Barbara, und Brocher, Corinna: Die Filmemacher. Der neue deutsche Film nach Oberhausen. C. Bertelsmann Verlag München 1973, 266 S.

Dost, Michael, Hopf, Florian, Kluge, Alexander: Filmwirtschaft in der BRD und in Europa. Götterdämmerung in Raten. Hanser Verlag München 1973, 208 S.

Knilli, Friedrich, und Reiss, Erwin: Semiotik des Films. Mit Analysen kommerzieller Pornos und revolutionärer Agitationsfilme. Carl Hanser Verlag München 1971, 266 S.

Osterland, Martin: Gesellschaftsbilder in Filmen. Eine soziologische Untersuchung des Filmangebots der Jahre 1949 bis 1964. (Göttinger Abhandlungen zur Soziologie Bd. 19) Enke Verlag Stuttgart 1970, VI und 253 S.

Prokop, Dieter: Soziologie des Films. (Soziologische Texte 69) Luchterhand Verlag Neuwied, Berlin 1970, 324 S.

Schmieding, Walther: Kunst oder Kasse. Der Ärger mit dem deutschen Film. Rütten & Loening Verlag Hamburg 1961, 157 S.

Ungureit, Heinz: Filmpolitik in der Bundesrepublik, in: Filmkritik, 8. Jg. 1964, H. 1

Wember, Bernward: Objektiver Dokumentarfilm? Modell einer Analyse und Materialien für den Unterricht. (Didaktische Modelle 2) Colloquium Verlag Berlin 1972, 86 S. mit Beilage Filmprotokoll

Wohland, Werner: Informationsfreiheit und politische Filmkontrolle. Ein Beitrag zur Konkretisierung von Art. 5 GG. (Schriften zum öffentlichen Recht. Bd. 81) Duncker & Humblot Verlag Berlin 1968, 270 S.

7. Neue Medien

Presse, Hörfunk und Fernsehen beherrschen bislang den Medienmarkt – nicht mehr lange, denn nun stehen der
- Erschließung neuer Wellenbereiche für das Fernsehen,
- Einführung von Satelliten-Fernsehen und Kabelfernsehen
- sowie der Verbreitung von Fernseh-Platten und -Kassetten

technisch kaum noch Schwierigkeiten im Wege. Darum erscheint es dringend notwendig, daß die kommunikationspolitische Zentralfrage beantwortet wird: **Wer soll über die neuen Medien verfügen?**

Kassetten-Fernsehen

Auf einem Sektor hat die audiovisuelle Zukunft bereits begonnen – auf dem Gebiet des Kassettenfernsehens. „Das ist", so die Prognose Axel Springers, „ein Milliardenmarkt." Bildtonkassetten mit gespeicherten Filmen ermöglichen optisch, was akustisch längst zur Gewohnheit geworden ist: das Abspielen von Platten und Bändern, also die Reproduktion optisch-akustischer Aufzeichnungen. Einziger Unterschied: An die Stelle des Tonbandgerätes und des Plattenspielers tritt beim Kassettenfernsehen ein Abspielgerät, das an einen Fernsehempfänger angeschlossen wird.

Das neue Medium Kassettenfernsehen befindet sich in der Bundesrepublik bereits **fest im Griff der Konzerne.**

☐ Die audiovisuelle Tochter der **Axel Springer Gesellschaft für Publizistik KG** ist die Ullstein AV, die über die Foto-Quelle GmbH in Nürnberg Spielfilmprogramme und Krimi-Folgen mit Emma Peel, Märchenfilme für Kinder, eine „Weltraum 2000"-Serie von und mit Professor Heinz Haber sowie Hobby- und Sportfilme zum Verleih und Verkauf anbietet.

☐ Speziell zur Produktion eines Ärzteprogramms gründete **Springer** eine Tochtergesellschaft der Ullstein AV – die **mediocolloc GmbH,** deren Kassetten Einzelbeiträge aus allen Bereichen der Medizin nebst Werbespots von Firmen der pharmazeutischen und medizinisch-technischen Industrie enthalten. Analog zum „mediocolloc"-Programm wird ein „denticolloc"-Programm produziert.

☐ An der Zielgruppe Ärzte orientiert sich auch der **Bertelsmann-Konzern,** dessen Ufa-Werbefilm Kassetten herstellt, die der Fortbildung der Mediziner und Unterhaltung der Patienten dienen sollen. Bertelsmann hält ferner – ebenso wie Gruner+Jahr – 50 Prozent der Anteile an der Videophon-Gesellschaft für audiovisuelle Kommunikation, die unter anderem ein „Exotisches Tierlexikon",

„Fußballtraining mit Helmut Schön und seinen Stars" und einen sechsteiligen Säuglingspflegekurs vorbereitet hat.

☐ Kassettenprogramme wollen neben Großverlagen wie **Burda** und **Ganske** auch die **Allgemeine Audiovisionsgesellschaft mbH** (Gesellschafter unter anderem Bank für Gemeinwirtschaft, Edeka Verlag GmbH, CCC-Filmkunst GmbH von Artur Brauner) und die **Allmedia Fernseh-Allianz Produktions-GmbH & Co** (Gesellschafter unter anderem „Hamburger Morgenpost", „Braunschweiger Zeitung", Fernseh-Allianz GmbH als Tochter von Studio Hamburg, „Nordwest-Zeitung", Schleswig-Holsteinische Zeitungsverleger-Gesellschaft mbH) auf den Markt bringen.

Die deutschen Multi-Media-Konzerne haben sich bereits international abgesichert. Der Bertelsmann-Verlag schloß sich im Februar 1971 mit Librairie Hachette (Frankreich), Mondadori (Italien), Bonierföretagen (Schweden), Editions Rencontre (Schweiz) und Verenigde Nederlandse Uitgeversbedrijven (Holland) zur International Publisher's Audiovisual Association (IPA) mit dem Ziel zusammen, ein gemeinsames Produktions- und Vertriebsnetz für Kassetten zu schaffen. Auch Springers Ullstein AV griff über die Grenzen und vereinbarte mit dem Olivetti-Konzern, daß er das Springer-Programm in Italien verbreitet. Internationale Verflechtungen

Bei den öffentlich-rechtlichen Rundfunkanstalten in der Bundesrepublik hat sich inzwischen herumgesprochen, was in Heft 9 der Schriftenreihe des Zweiten Deutschen Fernsehens „Fernsehen in den 70er Jahren" erklärt wird: „*Die Herausforderung (durch das Kassettenfernsehen) ist – ob partielle Konkurrenz, ob mögliche Kooperation – für das Fernsehen öffentlich-rechtlicher Natur letztlich total.*" Die Rundfunkanstalten befürchten, daß Befürchtungen der Rundfunkanstalten

– Spitzenstars aus dem Showgeschäft und der Populärwissenschaft wegen Exklusiv-Verträgen mit der Kassetten-Industrie abwandern,
– Kassetten so billig produziert werden, daß die Anstalten aus Kalkulationsgründen ganze Programm-Pakete aufkaufen müssen, auf deren Inhalt sie kaum noch Einfluß haben.

Um diese Auswirkungen möglicherweise abbremsen zu können, wollen die Rundfunkanstalten selbst ins Kassettengeschäft einsteigen. Man spricht von einer Aufteilung des Kassettenmarkts zwischen den Anstalten (40 Prozent) und den Konzernen (60 Prozent). Die Rundfunkanstalten planen

– eine Überspielung aller Sendungen auf Kassetten,
– eine Doppelauswertung neuer Produktionen (Verbreitung im Fernsehen und durch Kassetten) und
– eine Kooperation mit der Kassetten-Industrie.

Vorerst bieten die Konzerne vor allem Kassetten auf dem **Bildungssektor** an – nicht nur, weil Bildung Mode ist, sondern weil sie viele zur Anschaffung eines Wiedergabegerätes animieren wollen; später – so die sicherlich nicht unberechtigte Kalkulation – läßt sich dann neben Bildung auch Unterhaltung per Kassette absetzen. Die Konse- Kalkulationen der Kassetten-Industrie quenz: Die öffentlich-rechtlichen Rundfunkanstalten verlieren ihr durch die gesellschaftlich-relevanten Kräfte kontrolliertes Monopol der audiovisuellen Versorgung der Bevölkerung. Axel Springer hat mithin die Chance, seine „Bild"-Botschaften auch über Bildkassetten und -platten zu verbreiten – in unterhaltender Form, doch wie man inzwischen zu begreifen beginnt, hat auch unpolitische Unterhaltung durchaus politische Effekte, indem sie gefährliche Klischees und fragwürdige gesellschaftliche Verhaltensweisen vermittelt.

Die Schallplatte hat den Hörfunk nicht bedroht, die Bildkassette wird das Fernsehen nicht verdrängen, aber die Gefahr ist nicht zu übersehen, daß von ihr Auswirkungen auf das Programm der öffentlich-rechtlich strukturierten Rundfunkanstalten ausgehen können. Denkbar ist beispielsweise, daß die Rundfunkanstalten ihr Programm-Angebot den Produktionen der Kassetten-Industrie anpassen müssen, um für die Werbung noch einigermaßen attraktiv zu sein. Hendrik Schmidt befürchtet: *„Jene Programm-Oasen, die noch substantielle Gesellschaftskritik und anspruchsvolle Information bieten, werden dann wohl endgültig verschwinden."* (Kontrolleure für Kassetten, in: medium, Heft 7, 1972, S. 9).

Gigahertz-bereich

Die für das Kassettenfernsehen weitgehend gelösten technischen Probleme sind bei der Erschließung neuer Wellenbereiche für das Fernsehen unvergleichbar größer. Die Bereiche I (Kanal 2 bis 4), III (Kanal 5 bis 12) und IV/V (Kanal 21 bis 60) sind in der Bundesrepublik belegt; sie reichen – abgesehen von einigen Versorgungslücken in abgelegenen Gebieten – für die volle Versorgung des Bundesgebiets und West-Berlins mit dem Ersten, Zweiten und Dritten (Regional-) Programm aus. Seit einigen Jahren erschließt die Deutsche Bundespost den Bereich VI, genannt Gigahertzbereich.

Seine hohen Frequenzen haben für die Ausbreitung allerdings einen Nachteil: Sie verhalten sich wie Licht. Zwischen Empfangsantenne und Senderantenne muß also direkte Sicht herrschen.
Daraus ergibt sich, daß die Sender bestenfalls eine Reichweite von 20 Kilometern haben, da die Wellen durch atmosphärische Störungen wie Regen und Nebel aufgehalten werden. In dicht besiedelten Gebieten mit unterschiedlicher Gebäudehöhe wird mit Reichweiten von nur fünf bis sieben Kilometer gerechnet.

Der Gigahertzbereich kommt wegen des großen Bedarfs an Sendern nur für eine lokale Nutzung in Frage. Die technisch mögliche Kopplung mehrerer Anlagen zu einem regionalen oder bundesweiten System ist aus wirtschaftlichen Gründen nicht zu realisieren.

Kabelfernsehen

Ähnliche Probleme stellen sich beim Kabelfernsehen. Es unterscheidet sich vom herkömmlichen Fernsehen dadurch, daß die Sendungen nicht durch elektromagnetische Wellen im Äther, sondern über Kabel weitergeleitet werden. Vorteil: Der Empfang ist überall, also auch in Gebieten mit Hochhäusern und Bergen, ausgezeichnet. Nachteil: Je nach Örtlichkeit und Bodenbeschaffenheit schwanken die Kosten für die Verkabelung zwischen 6000 Mark und 50 000 Mark pro Kilometer. Grobe Schätzungen gehen davon aus, daß die Verkabelung des gesamten Bundesgebietes etwa 100 Milliarden Mark kosten würde.

Analog der Entwicklung in den USA werden die ersten Kabel- und Gigahertzsysteme in der Bundesrepublik in Ballungszentren entstehen, also in geographisch begrenzten Räumen. Wie sie organisiert sein sollen, ist umstritten. Der SPD-Medienpolitiker Peter Glotz vertritt die Ansicht: *„Gerade lokale Programme müssen öffentlich-rechtlich kontrolliert sein, damit nicht die Kommunalpolitik nur noch von finanzstarken Gruppen (solchen, die Fernsehzeit kaufen können) beherrscht wird."*

Lokalprogramme – in wessen Händen?

Diese Gefahr besteht in der Tat, denn die neue Technik wollen bisher in erster Linie nur jene Gruppen nutzen, die sich aus einer Mischung von Information, Unterhaltung und vor allem Werbung einen Gewinn erhoffen.

Die Rundfunkanstalten selbst zeigen – aus finanziellen und anderen Gründen – wenig Interesse am lokalen Hörfunk und Fernsehen. Der Kommunikationswissenschaftler Walter A. Mahle schrieb dazu im Oktober 1972 in der „Süddeutschen Zeitung": *„Die Rundfunkintendanten befürchten, ein Vorantreiben eigener Pläne könnte den Widerstand der betroffenen Zeitungsverleger verstärken und sie noch weiter in die Arme von Privatfunkinteressenten treiben. Die Zeitungsverleger sehen ihre wirtschaftliche Existenz gefährdet, wenn in ihrem regionalen und lokalen Verbreitungsgebiet Rundfunkprogramme mit Werbung ausgestrahlt werden. Dadurch ist ein rundfunkpolitisches Patt entstanden, bei dem der Hörer und Zuschauer ganz in den Hintergrund gedrängt wurde."*

Im Gegensatz zum Kassetten- und Kabelfernsehen hat das Zeitalter des Satelliten-Fernsehens noch nicht begonnen. Die bisher benutzten Fernmeldesatelliten der Serien Intelsat I bis Intelsat IV sind Punkt-zu-Punkt-Satelliten: Von der Erde werden Signale zum Satelliten gestrahlt, der sie dann an Bodenstationen in einem anderen Kontinent weitergibt. Die Station verteilt die Signale ihrerseits über das herkömmliche Netz an die einzelnen Empfänger. Noch ist es nicht so weit, daß die Satelliten direkt zu den einzelnen Empfängern funken, Fernsehapparate ohne zusätzliche Verstärker Bilder aus dem Weltraum empfangen, Standard Oil und Coca Cola ihre Werbebotschaften über eigene Satelliten direkt in aller Welt verkünden können.

Satelliten-Fernsehen

Direkt-Satelliten werden zunächst wohl für die Entwicklungsländer, die bisher keine eigenen Fernsehsysteme haben, Anwendung finden. Die indische Regierung hat mit der NASA einen Vertrag über die Einrichtung eines solchen Satellitensystems abgeschlossen, mit dem ganz Indien über Dorfgemeinschaftsanlagen versorgt werden soll.

Auf dem Markt der Massenmedien werden die neuen audio-visuellen Medien mit Sicherheit zu Umschichtungen führen:

- Bildungs- und Unterhaltungsprogramme werden tendenziell zur Domäne des Kassetten-Fernsehens werden,
- die aktuelle Information über Gegenstände von überregionaler Bedeutung wird mehr noch als bisher dem Hörfunk und Fernsehen zufallen,
- während die Presse sich darauf einstellen muß, vornehmlich lokale und regionale Informationen sowie ausführliche, vertiefende Zusatzinformationen und Einordnungen zu liefern.

Literatur

Lenhardt, Helmut: Die Zukunft von Rundfunk und Fernsehen. In der Auseinandersetzung mit den neuen elektronischen Medien. Molden Verlag München 1972, 176 S.

Prokop, Dieter (Hrsg.): Massenkommunikationsforschung 1: Produktion, 2: Konsumtion. (Bücherei des Wissens 6151 und 6152) Fischer Taschenbuch Verlag Frankfurt a. M. 1972 und 1973, 425 + 501 S.

Roegele, Otto B.: Die Zukunft der Massenmedien. Fromm Verlag Osnabrück 1970, 52 S.

Schiphorst, Bernd (Hrsg.): Audiovision – Porträts einer Branche. Märkte und Medienverlagsgesellschaft Hamburg 2. Auflage 1972

8. Die Konkurrenz

8.1 Presse und Fernsehen

Grundsätzlich sind Presse, Hörfunk, Fernsehen und Film insofern Konkurrenten, als sie sich alle um die Befriedigung ähnlicher Bedürfnisse (Unterhaltung, Information, Bildung) bemühen. Die Mittel, mit denen sie dieses Ziel zu erreichen suchen, sind aber so unterschiedlich, daß – publizistisch betrachtet – nur mit Einschränkung ein Wettbewerbsverhältnis herrscht. Jedes Massenmedium hat so beträchtliche Vor- und Nachteile, die sich zum großen Teil aus ihrer Technik erklären, daß auch in absehbarer Zeit die völlige Verdrängung des einen Mediums durch das andere nicht zu befürchten ist.

Vor- und Nachteile der einzelnen Medien

Zeitungen und Zeitschriften binden zum Beispiel den Empfänger im Vergleich zu Hörfunk und Fernsehen normalerweise räumlich und zeitlich in sehr viel geringerem Maße, gestatten jedoch ebenso wie der Film nur ein Nacherleben, während bei Direktübertragungen im Rundfunk und Fernsehen ein Miterleben möglich ist.

Trotz der spezifischen Merkmale stehen die einzelnen Medien in Teilbereichen in einem Wettbewerbsverhältnis zueinander, so zum Beispiel die Presse mit dem Hörfunk und Fernsehen bei der Verbreitung aktueller Informationen. Die Massenmedien treten außerdem oft als Konkurrenten auf bei der Anstellung von Mitarbeitern.

Konkurrenz in Teilbereichen

Dabei muß die Frage offen bleiben, ob die Presse, der Hörfunk oder der Film am stärksten unter der Anziehungskraft des Fernsehens zu leiden haben. Wenn heute jedoch von „Wettbewerbsverzerrungen" zwischen den Massenmedien die Rede ist, dann ist damit in erster Linie der Konkurrenzkampf zwischen Presse und Fernsehen um Einnahmen aus der Werbung gemeint.

Umstritten ist vor allem, ob und inwieweit die Werbung im Fernsehen das Anzeigengeschäft der Zeitungen beeinträchtigt und insbesondere für die lokale und regionale Tagespresse existenzbedrohend geworden ist. Aus nebenstehendem Schaubild geht hervor:

☐ Die Brutto-Werbe-Umsätze für Markenartikel und überregionale Dienstleistungen haben nach Einführung des Werbefernsehens 1956 bei allen Werbeträgern beträchtlich zugenommen; insgesamt ist also immer mehr für Werbung ausgegeben worden.

☐ Zunächst ist der prozentuale Anteil der Tageszeitungen an den Werbe-Umsätzen erheblich gesunken, der des Fernsehens wesentlich gestiegen. In absoluten Zahlen sind aber auch die Werbeumsätze der Tageszeitungen seit 1956 enorm gewachsen, neuerdings auch wieder ihre Anteile.

Aufgrund eines Beschlusses des Deutschen Bundestages vom 29. April 1964 berief die Bundesregierung eine „Kommission zur Untersuchung der Wettbewerbsgleichheit von Presse, Funk/Fernsehen und Film".

Ihr gehörten der Vorsitzende des Vorstandes der Salamander AG, Elmar Michel, Direktor Karl Hoffmann, der Schul- und Kulturdezernent der Stadt Darmstadt, Heinz-Winfried Sabais, sowie die Professoren Arnold Gehlen, Walter Leisner, Joachim Mestmäcker und Karl Schwantag an.

In ihrem Bericht kam die Kommission (nach dem Namen ihres Vorsitzenden häufig auch „Michel-Kommission" genannt) 1967 zu folgenden Ergebnissen: *„Alle vorliegenden Daten lassen keinen Einfluß des Fernsehens auf die Auflagenhöhe der Presse oder der Illustrierten erkennen ... Die unterschiedlichen Wachstumsraten in der Auflagenhöhe deuten darauf hin, daß der Wettbewerb der Zeitungen untereinander entscheidend ist."*

Zum Problem des Wettbewerbs der Medien bei der überregionalen Werbung für Markenartikel und Dienstleistungen heißt es in dem Bericht: *„Eine zweiseitige Wettbewerbsbeziehung, die auf das Verhältnis von Tagespresse zu Fernsehen begrenzt ist, gibt es nicht."*

Abbildung 7: **Brutto-Werbe-Umsätze für Markenartikel und überregionale Dienstleistungen** in Millionen DM (und Prozent)

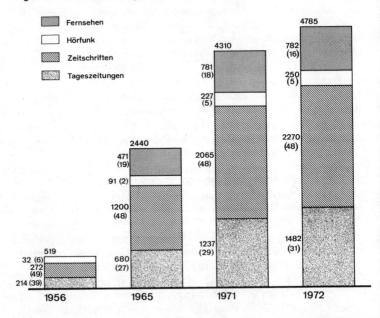

Nicht eingeschlossen sind die Ausgaben für Plakatanschlag, Kino- und Adreßbuch-Reklame sowie sonstige Werbekosten.

Vielmehr ist gerade auf diesem Markt der Wettbewerb der übrigen Medien zu berücksichtigen. Der Wettbewerb der Zeitungen untereinander ist auch in diesem Teil des Anzeigengeschäfts weitaus gewichtiger als der Wettbewerb des Fernsehens." Die Kommission stellte weiter fest, daß sich nur zwischen Illustrierten und Zeitungen quantitative Verschiebungen im Werbeaufkommen zugunsten der Illustrierten und zu Lasten der Zeitungen ermitteln ließen, die mit großer Sicherheit der Konkurrenz der Illustrierten zuzurechnen seien.

Der Bericht befaßt sich auch mit der von den Verlegern immer wieder gestellten Frage: Werden die Zeitungen bei einem Rückgang des gesamten Werbeaufkommens die großen Leidtragenden sein? *„Falls die Werbeaufwendungen im ganzen herabgesetzt werden sollten, kann nicht vorausgesagt werden, ob primär auf die Werbung im Fernsehen oder auf die in Presseerzeugnissen verzichtet wird."* Abschließend erklärte die Kommission: *„Die gegenwärtigen wirtschaftlichen Probleme der Presse sind weder durch die Entwicklung des Fernsehens noch durch das Werbefernsehen erklärbar."*

Der Bundesverband Deutscher Zeitungsverleger hat den Bericht der Michel-Kommission scharf kritisiert. In einer Stellungnahme betonte der Verband: *„Als Ergebnis ihrer zweieinhalbjährigen Untersuchung stellt die Kommission fest, daß der Hauptkonkurrent der Tageszeitungen auf dem Gebiet der Markenartikelwerbung nicht das Fernsehen, sondern die Zeitschriften seien. Das war allgemein bekannt. Die Zeitschriften sind indes natürliche Wettbewerber der Tageszeitungen, auch sie müssen sich privatwirtschaftlich finanzieren. Die Rundfunkanstalten dagegen als Einrichtung mittelbarer Staatsverwaltung sind auf verschiedene Weise begünstigt, vor allem fließen ihnen öffentlich-rechtliche Gebühren zu. Durch die Ausstrahlung von Markenartikelwerbung brechen sie in die private Wirtschaft ein und schmälern das Anzeigenaufkommen der Tageszeitungen in einem Maße, das sich zwar nicht exakt beziffern läßt, für jede einzelne Zeitung aber spürbar, für manche existenzgefährdend ist."*

Kritik der Verleger

Ausgehend von der Kritik an dem „Meinungsmonopol" der Rundfunkanstalten hatte der Bundesverband Deutscher Zeitungsverleger bereits Ende 1964 die Gründung einer „Presse-Fernsehen-AG" durch alle Verleger vorgeschlagen, die Herstellung und Lieferung des gesamten Mainzer Programms (ZDF) einschließlich der Werbesendungen übernehmen sollte. Die Regierungschefs der Länder lehnten den Vorschlag aus „rechtlichen und wirtschaftlichen Gründen" ab. Eine Verwirklichung dieses Plans hätte in der Tat

Verleger-Fernsehen?

— das von den Verlegern selbst so scharf kritisierte Werbefernsehen enorm ausgedehnt,
— den Konzentrationsprozeß in der deutschen Presse beschleunigt,
— durch Zusammenlegung von zwei so bedeutenden Massenmedien in der Hand desselben Personenkreises ein von den Verlegern sonst gerügtes „Meinungsmonopol" geschaffen,

- bei diesem nur durch Werbung finanzierten Programm sicherlich beträchtliche Konzessionen an die untere Grenze des Publikumsgeschmacks unvermeidlich gemacht („Seifenopern" in den USA).

8.2 Film und Fernsehen

Wettbewerb zwischen Film und Fernsehen

Zwischen Film und Fernsehen besteht insofern ein echtes Wettbewerbsverhältnis, als beide sich – technisch gesehen – in sehr ähnlicher Weise an ein breites Publikum wenden. Grundsätzlich muß jeder einzelne Film, soweit er nicht subventioniert wird, die Herstellungskosten (meist über eine Million DM je Spielfilm) durch die Einnahmen der Lichtspieltheater mit Gewinn hereinbringen. Dabei führt die Konkurrenz um die Gunst des Publikums vielfach zu Niveausenkungen. Solange das von öffentlich-rechtlichen Anstalten betriebene Fernsehen zum großen Teil durch monatliche Gebühren, also ein Pauschalentgelt, finanziert wird, ist ein Gesamtprogramm möglich, das nicht durch jede einzelne Sendung um die Gunst des Publikums werben muß. Die Anstalten können es sich deswegen „leisten", auch Programme für „Minderheiten" auszustrahlen.

Ursachen der Filmkrise

Für die Krise, in die die deutsche Filmwirtschaft seit 1958 geraten ist, macht die Spitzenorganisation der Filmwirtschaft (SPIO) vor allem das Fernsehen verantwortlich. Während die Zahl der Filmbesucher von 1959 (671 Millionen) bis 1972 (135 Millionen) um 536 Millionen zurückging, stieg die Zahl der angemeldeten Fernsehgeräte von 2,1 Millionen am 1. Januar 1959 auf 18,3 Millionen am 1. August 1973.

Die „Kommission zur Untersuchung der Wettbewerbsgleichheit von Presse, Funk/ Fernsehen und Film" bemerkte zu dieser Entwicklung in ihrem im September 1967 vorgelegten Bericht: „Besonders nachteilig für das Filmtheater wirken sich die sogenannten ,Halstuch-Ausstrahlungen' (Ausstrahlung von Kriminalserien wie zum Beispiel ,Das Halstuch' oder ,Melissa' von Francis Durbridge) aus. Wenn diese überdies an den Wochenenden gesendet werden, so sind die dadurch entstehenden Einnahmeausfälle für die Filmtheater besonders belastend. Das gleiche gilt für andere Sendungen von großem Allgemeininteresse, etwa für die Übertragung von Sportveranstaltungen."
Weiter heißt es in dem Bericht: „In der Bundesrepublik läßt sich der Fernseh-Einfluß auf den Filmbesuch durch Betrachtung der einzelnen Bundesländer verdeutlichen. Im Ruhrgebiet sanken die Besucherzahlen am stärksten und schnellsten. Zugleich wiesen die dortigen Oberpostdirektionen den schnellsten Anstieg der Fernsehgerätezahlen aus. In Baden-Württemberg dagegen hat die Zahl der Fernsehteilnehmer langsamer zugenommen; die Anzahl der Filmtheaterbesucher fiel zunächst weniger steil."

Filmkrise ist Krise des schlechten Films

Obwohl auch nach den Feststellungen der „Michel-Kommission" der Rückgang der Besucherzahlen eindeutig mit der Entwicklung des Fernsehens in Beziehung steht, wäre es falsch, ausschließlich das Fernsehen für die Filmkrise verantwortlich zu machen. So betonte zum Beispiel die Gilde Deutscher Filmkunsttheater, die sich die Vorführung künstlerisch wertvoller Filme zum Ziel gesetzt hat, auf ihrer

Herbsttagung 1965, in ihren Theatern hätten sich die Besucherzahlen gehalten oder seien gestiegen – ein Beweis dafür, daß die Krise vor allem eine Krise des schlechten Films ist.

Die „Michel-Kommission" hat sich in ihrem Bericht ferner mit dem Argument der Filmwirtschaft auseinandergesetzt, durch das Bestreben der Rundfunkanstalten, ihre Programme weitgehend selbst herzustellen, verminderten sich die Chancen der Filmwirtschaft, als Zulieferer für das Fernsehen zu arbeiten. Die Kommission gelangte zu dem Schluß: *„Die Anstalten sollten nicht wie ein privatwirtschaftlich betriebenes Unternehmen expandieren. Sie sollten vielmehr gehalten sein, die Wirkungen ihres Handelns auf die Marktstruktur in Rechnung zu stellen und darauf Bedacht zu nehmen, in die Märkte privater Unternehmen nicht stärker einzudringen, als es zur Erfüllung ihrer öffentlichen Aufgabe unerläßlich ist. Dabei ist in Rechnung zu stellen, daß der teilweise Verzicht auf Eigenproduktion erst die Voraussetzungen für die Entwicklung eines Angebots schafft, das den Erfordernissen der Anstalten genügen kann."* Diese Zurückhaltung der Rundfunkanstalten, so meint die Kommission abschließend, sei unerläßlich zur Vermeidung von Wettbewerbsverzerrungen zwischen Film und Fernsehen.

Gegen Ausweitung der Eigenproduktionen

Die Zusammenarbeit zwischen Film und Fernsehen – für viele Filmproduzenten schon seit Jahren der einzige Ausweg aus der wirtschaftlichen Misere – hat sich seit 1965 erheblich verstärkt. Die ARD, das ZDF und der Verband Deutscher Film- und Fernsehproduzenten schlossen eine Vereinbarung über den Ankauf der Fernsehrechte an 100 deutschen Spielfilmen aus den Produktionsjahren 1960 bis 1964. Für jeden dieser Filme, die das Fernsehen erst fünf Jahre nach der Uraufführung im Lichtspieltheater ausstrahlen darf, zahlen die Anstalten 100 000 DM.

Zusammenarbeit Film – Fernsehen

In der Vereinbarung heißt es: „Die Fernsehanstalten wollen durch diesen Ankauf der deutschen Spielfilmproduktion helfen, die Filmkrise zu überwinden. Sie hoffen, daß durch diese Aktion deutsche Spielfilme unter günstigeren Bedingungen als bisher produziert werden können. Das Entgelt wird auf ein Sperrkonto des verkaufenden Filmproduzenten eingezahlt und kann nur mit Genehmigung des Verbandes Deutscher Film- und Fernsehproduzenten e. V. zur Herstellung neuer deutscher Spielfilme verwendet werden."
Neuregelungen für die Zusammenarbeit zwischen den Rundfunkanstalten und der Filmbranche sieht eine Novelle des Filmförderungsgesetzes vor (siehe Kapitel 6.2).

Literatur
Bericht der Kommission zur Untersuchung der Wettbewerbsgleichheit von Presse, Funk/Fernsehen und Film. Deutscher Bundestag. 5. Wahlperiode. Drucksache V/2120.
Pressefreiheit und Fernsehmonopol. Beiträge zur Frage der Wettbewerbsverzerrung zwischen den publizistischen Mitteln. Hrsg. Bundesverband Deutscher Zeitungsverleger e. V. Bad Godesberg o. J., 146 S.
Rundfunkanstalten und Tageszeitungen. Eine Materialsammlung. 5 Bde., hrsg. von der Arbeitsgemeinschaft der öffentlich-rechtlichen Rundfunkanstalten der Bundesrepublik Deutschland (ARD). Frankfurt am Main 1965/1966, 1969.

9. Die Wirkungen

9.1 Der Kommunikationsprozeß

Die durch Massenmedien hervorgerufenen Wirkungen kommen in einem äußerst komplizierten Prozeß zustande, an dem zahlreiche, sich gegenseitig beeinflussende Faktoren beteiligt sind. So kann die politische Wirkung einer Zeitung unter anderem davon abhängen,

☐ welche Aufgaben sich ihre politischen Redakteure selbst gesetzt haben – ob sie sich zum Beispiel als Verkünder einer großen politischen Idee verstehen oder sich damit begnügen wollen, die vorherrschenden Meinungen widerzuspiegeln,

☐ in welchem Umfang und in welcher Form politische Informationen verbreitet werden – ob auf zwei Seiten oder auf fünf, ob als Nachricht, Kommentar, Text, Karikatur oder Bild,

☐ welche Vorstellungen die politischen Redakteure von ihren Lesern haben – ob zum Beispiel richtig eingeschätzt wird, in welchem Maß die Leser politisch informiert sind und ob in einer dementsprechenden Sprache geschrieben wird,

☐ welche Ansichten die Leser über die Zeitung haben – ob zum Beispiel die Nachrichten der Zeitung für zuverlässig gehalten werden,

☐ welche persönlichen Erfahrungen, welche Haltungen, Meinungen und Kenntnisse die Leser der Zeitung haben – **nichts ist falscher als die Vorstellung, d e r Leser sei ein passiv aufnehmendes Einzelwesen in der Gewalt anonymer Manipulatoren,**

☐ in welchen Gruppenbeziehungen der einzelne Leser steht,

☐ welche politischen Informationen von welchen und von wie vielen Lesern zur Kenntnis genommen werden,

☐ welche anderen Informationsmittel die Leser noch benutzen.

Die Wirkungen, die eine Zeitung unter bestimmten Bedingungen bei bestimmten Lesern ausübt, können ihrerseits unter bestimmten Bedingungen auf die für die Aufmachung und den Inhalt der Zeitung Verantwortlichen zurückwirken.

Wechselwirkungen können unter anderem dadurch entstehen, daß zahlreiche Leser eines Tages auf den Kauf einer Zeitung verzichten, weil sie die Schlagzeilen des Blattes nicht interessieren, und daß aus diesem Grunde die Zeitung in Zukunft darauf verzichtet, bestimmte (zum Beispiel politische) Themen in der Schlagzeile anzusprechen.

Eine derartige Wechselwirkung trat vielleicht ein, als die Illustrierte „Stern" auf einem Titelbild den auf einem Esel in Griechenland reitenden Bundeskanzler zeigte, erhebliche Auflagenverluste erlitt und zu „unpolitischen" Titelbildern zurückkehrte.

Ähnliche Wechselwirkungen entstanden vielleicht, als die „Neue Illustrierte" 1964 dem Thema „Sex" starke Bedeutung schenkte, die Auflage stieg, und dann dieses Thema noch eingehender behandelte. Nachdrücklich muß jedoch darauf hingewiesen werden, daß es sich bei beiden Beispielen um Vermutungen handelt, das heißt: es kann so gewesen sein. Möglich ist auch, daß ganz andere Faktoren die Auflagenverluste bzw. -gewinne bewirkt haben und ganz andere Faktoren als die Auflage den Inhalt bestimmt haben.

Theoretisch gesehen bieten sich für den einzelnen Leser
– **Kauf** oder **Verzicht auf den Kauf** einer bestimmten Zeitung
– und die Einsendung eines **Leserbriefes**
als Möglichkeiten an, unter Umständen auf den Inhalt der Zeitung einzuwirken. Nach den Feststellungen von Johannes Böttcher (Der Leserbrief in der Presse der Bundesrepublik Deutschland. Diss. Erlangen–Nürnberg o.J. S. 80) schreiben **zwischen ein und zwei Prozent der Leser** einer überregional verbreiteten Zeitung wie der „Welt" einmal im Jahr an die Redaktion. Die Leserbriefe, die bei den Zeitungen eingehen, sind also **in gar keiner Weise repräsentativ** für die gesamte Leserschaft – erst recht natürlich nicht die tatsächlich veröffentlichten Leserbriefe (bei der „Welt" werden 8 Prozent, beim „Spiegel" zwischen 9 und 12 Prozent der eingegangenen Briefe veröffentlicht). Dennoch können Leserbriefe zuweilen Wirkungen haben: Die „Nürnberger Zeitung" stellte zum Beispiel 1957 wegen der Proteste einiger Leser die Veröffentlichung von Horoskopen wieder ein, und die Entscheidung, wie die Kaiser-Wilhelm-Gedächtniskirche im Zentrum Berlins wieder aufgebaut wurde, war vermutlich beeinflußt durch die Fülle von Leserbriefen in der Berliner Presse.

Daß nur ein geringer Prozentsatz der Leserbriefe veröffentlicht wird, hängt damit zusammen, daß die Zeitungen im allgemeinen Briefe von der Veröffentlichung ausschließen,

☐ die von Narren und Eigenbrötlern geschrieben sind (3 – 10 Prozent),
☐ die vertraulich gemeint sind,
☐ die persönliche Sorgen ohne allgemeines Interesse enthalten,
☐ die anonym verfaßt sind,
☐ die Wiederholungen früher veröffentlichter Briefe enthalten.

Analog zu den Leserbriefen bei der Presse gibt es beim Rundfunk
Hörerbriefe.

Zu der Frage „Wer schreibt?" bemerkt Fritz Eberhard: „Menschen, die viel Zeit haben, und Menschen, die sich einigermaßen gewandt ausdrücken können. Häufig sind es daher Rentner, außerdem Angehörige der oberen Bildungsgruppen. Ferner schreiben viel mehr Städter als etwa Bauern. Dazu kommt natürlich eine besondere Gruppe: Außenseiter und Querulanten, deren Meinung nun ganz gewiß nicht für die Hörer repräsentativ ist." (Fritz Eberhard: Der Rundfunkhörer und sein Programm. Ein Beitrag zur empirischen Sozialforschung. Berlin 1962. S. 17/18.)

Hans Heigert, lange Jahre Chefredakteur beim Fernsehen des Bayerischen Rundfunks, unterscheidet zwischen vier Kategorien von Zuschauerbriefen:

„Die einen sind Ergüsse skurriler Kauze aus liebenswert verklemmten Winkeln ...
Von Wert für die Urteilsbildung in den Redaktionen sind sie nicht.
Zur zweiten Kategorie gehören die meist anonymen Beleidigungen, Beschimpfungen,
ja massiven Drohungen. Diese sind mitunter so bösartig (in der Regel aus der anti-
semitischen, faschistischen Ecke), daß Polizei und Staatsanwaltschaft bemüht werden müssen ... repräsentativ sind auch diese Briefe nicht. Sie bleiben gleichwohl
interessant.
Die dritte Kategorie von Zuschauerbriefen ist von der Hand der Interessenten dik-
tiert. Dabei handelt es sich um Beschwerden und um Forderungen aus eng begrenztem Bereich. Berufsstände protestieren, zu kurz weggekommen zu sein. Firmen
verlangen, das Fernsehen möge zu ihrem 20jährigen Jubiläum erscheinen und ausführlich berichten. Es gibt durchaus Fälle, die den Programmverantwortlichen überzeugen, daß in der Tat mit einer bestimmten Sendung wesentliche Interessen oder
Anliegen einer Gruppe verletzt wurden. Solche Verletzungen müssen korrigiert
werden, auch wenn sie nicht im juristischen Sinn faßbar, mithin einklagbar sind.
Jedenfalls tragen solche Hinweise ganz erheblich zur Erweiterung der Erfahrung und
zur Urteilsbildung der Redakteure bei. Die meisten Proteste und Anregungen dieser
Art sind aber zu einseitig interessenbestimmt, als daß sie für das gesamte Programm berücksichtigt werden könnten ...
Die vierte Art der Zuschauerbriefe ist ... Ergebnis eigenen Nachdenkens. Da werden Fragen geäußert und Anregungen gegeben, die sichtlich von einigem Sachver-
stand und differenzierter Überzeugung getragen sind. Am Beispiel verdeutlicht:
Wer etwa schreibt, das Weltjudentum habe wieder einmal die Deutschen erniedrigt
und einen Keil zwischen die edlen Araber und die aufrechten Germanen getrieben,
der wird in den Redaktionen als Symptom für eine fatale Stimmung registriert –
nicht mehr. Wer aber schreibt, die Rüstungshilfe an Israel sei wohl doch nicht der
rechte Ersatz für die Nichtanerkennung des Staates Israel gewesen, der wird als
starke Potenz im Prozeß der Meinungsbildung angesehen." (Hans Heigert: Das Fernsehen, in: Massenmedien, die geheimen Führer. Ein Sachbuch über Presse, Film,
Funk, Fernsehen, hrsg. von Josef Othmar Zöller. Augsburg 1965. S. 210/211.)

Die Wechselwirkungen zwischen Lesern, Zuhörern und Zuschauern
und den entsprechenden Massenmedien sind nur ein kleiner Ausschnitt aus dem gesamten Kommunikationsprozeß. Ein Faktor dieses
Prozesses ist von besonderer Wichtigkeit: die Primärgruppe. Die
beiden amerikanischen Sozialwissenschaftler Katz und Lazarsfeld
(„Persönlicher Einfluß und Meinungsbildung". München 1962) haben
herausgefunden, daß die grundlegenden Meinungen der Individuen,
auf Informationen welcher Quellen sie auch beruhen, überwiegend in
ihren Primärgruppen (also in den Familien, in Freundschafts-, Nach-
barschafts- und Kollegengruppen) entstehen und ausgeprägt, gefördert, kontrolliert und verändert werden, und zwar im Sinne der jeweiligen Interessen, Werte und Normen dieser Gruppe und ihrer Mitglieder. In solchen Gruppen bilden sich typische Denkweisen, Meinungen und Normen aus, die sich der einzelne bewußt oder unbewußt und in mehr oder minder starkem Maße zu eigen macht. Diese
Denkweisen, Meinungen und Normen bestimmen nun zum großen
Teil,

– welche Aussagen der Massenmedien der einzelne überhaupt zur
  Kenntnis nimmt, also was er von dem Informationsangebot aus-
  wählt,

– und wie der einzelne die Aussagen der Massenmedien beurteilt.

Die Primärgruppen wirken in dem eben beschriebenen Sinne jedoch nicht nur indirekt auf den Kommunikationsprozeß ein, sondern auch direkt, weil sich in diesen Gruppen ständig Gespräche über das Gelesene, Gehörte und Gesehene entwickeln. In diesen Gesprächen werden die durch die Massenmedien erhaltenen Informationen weitergeleitet, geformt, zugeordnet, bewertet. Dabei spielen die „Meinungsführer" der Gruppen („opinion leaders") eine große Rolle. Normalerweise gibt es in jeder Primärgruppe einen solchen Meinungsführer, eine Person, die in dieser Gruppe das Gespräch „steuert". **„Meinungsführer"**

Nach den Ermittlungen von DIVO und INFRATEST kann ein Viertel der erwachsenen Bevölkerung der Bundesrepublik als „Meinungsführer", als Personen bezeichnet werden, die in politischen Fragen um ihre Meinung und um ihren Rat gebeten werden. „Meinungsführer" nutzen Fernsehen, Tageszeitungen und Hörfunk wesentlich intensiver als andere. Das gilt vor allem für die Nutzung des politischen Informationsangebots.

Tabelle 4: „Opinion leaders" und Nutzung des politischen Informationsangebotes

FERNSEH-TEILNEHMER	Alle	„Opinion leaders"	Übrige
Basis:	1391	384	1007
	Von 100 unter ihnen sahen regelmäßig oder häufig		
Politische Nachrichtensendungen	86	88	84
Politische/zeitkritische Sendungen	56	73	49
TAGESZEITUNGS-LESER	Alle	„Opinion leaders"	Übrige
Basis:	1829	490	1339
	Von 100 unter ihnen lasen regelmäßig oder häufig		
Politische Nachrichten aus dem In- und Ausland	60	86	50
Politische Leitartikel und Kommentare / zeitkritische Beiträge	53	79	43
HÖRFUNK-HÖRER	Alle	„Opinion leaders"	Übrige
Basis:	1964	499	1465
	Von 100 unter ihnen hörten regelmäßig oder häufig		
Politische Nachrichtensendungen	74	74	74
Politische/zeitkritische Sendungen	25	42	20

(Quelle: Rundfunkanstalten und Tageszeitungen. Eine Materialsammlung. Bd. 4, hrsg. von der Arbeitsgemeinschaft der öffentlich-rechtlichen Rundfunkanstalten der Bundesrepublik Deutschland [ARD]. Frankfurt am Main 1966, S. 33/34.)

Das Modell vom „Meinungsführer" ist in neueren Studien von einem netzartigen Einflußmodell abgelöst worden. Untersuchungen ergaben, daß man nicht zwischen Ratsuchenden und Raterteilenden unterscheiden kann. In Wirklichkeit stehen sich vielmehr zwei Gruppen **Aktive und Passive** gegenüber: die Gruppe jener, die um Rat gefragt wird und auch ihrerseits um Rat fragt, sowie die andere Personengruppe, die nicht um Rat fragt und auch nicht um Rat gefragt wird. Die Ratsuchenden und Raterteilenden, die „givers" und „askers", zeichnen sich durch überdurchschnittlich viel Kontakt zu den Massenmedien aus. Elisabeth Noelle-Neumann schreibt dazu: „*Man kann weiter annehmen, daß die an dem regen Gedankenaustausch nicht Beteiligten dennoch davon erreicht werden, zum Beispiel über aktive Familienmitglieder, so daß es einen Zwei-Stufen-Fluß von Einflußreichen (weil interessierten und artikulierenden) zu dem mehr passiven Bevölkerungsteil gibt. Wenn man sich diesen Prozeß langfristig vorstellt, kann man kaum mehr erwarten, daß die Wirkungen der Massenmedien sich ausgeprägt nur bei den Erstempfängern zeigen, zum Beispiel bei regelmäßigen „Panorama"-Zuschauern ... Man muß annehmen, daß wirksame publizistische Aussagen in die Entwicklung des allgemeinen Meinungsklimas eingehen, insbesondere wenn sie eine große, unmittelbare Reichweite haben, also etwa ein Viertel bis ein Drittel der erwachsenen Bevölkerung erreichen, wie „Bild" oder die Magazinsendungen des Fernsehens"* (Wirkung der Massenmedien, in: Publizistik, hrsg. von Elisabeth Noelle-Neumann, Frankfurt am Main 1971, S. 344).

Wirkungen bei sozial Desintegrierten

Ausgesprochen empfänglich für die Meinungsbeeinflussung durch Massenmedien scheinen

— jene Personen zu sein, die soziale Kontakte wegen ihrer besonderen sozialen Lage schlecht herstellen oder aufrechterhalten können (zum Beispiel kinderlose Hausfrauen),

— und jene, die bestehende soziale Kontakte als besonders spannungsreich und relativ unbefriedigend empfinden.

Bei sozial Desintegrierten können also die Massenmedien eine Fluchttendenz ermöglichen und verstärken; in solchen Fällen werden die Primärgruppen-Einflüsse verdrängt, die Wirkungsmöglichkeiten der Massenmedien erheblich gesteigert.

So identifizieren sich zum Beispiel Kinder, die in ihren Altersgruppen relativ isoliert sind, außerordentlich leicht mit Fabelwesen und Bildschirmhelden von Fernsehprogrammen, und sie neigen auch in relativ großem Maße dazu, diese als Vorbilder und normative Instanzen anzusehen. Typisch sind auch die vereinsamten alten Damen, die allen Ernstes Handschuhe, Jäckchen und Häubchen für Fernsehphantome, nämlich für die Familienmitglieder amerikanischer Fernsehspiele, häkeln.

Wen erreichen die Informationen?

Die Beispiele belegen die Richtigkeit der allgemein von der Wirkungsforschung akzeptierten These, daß die **Wirkung der Massenmedien mehr durch die Eigenschaften des Publikums als durch den Inhalt der Medien bestimmt** wird. Daß andererseits auch der Inhalt von Bedeutung ist, soll damit nicht bestritten werden. Nachweislich ergeben sich überdurchschnittliche Wirkungsmöglichkeiten, wenn

- über eine Frage noch nicht ausführlich diskutiert worden ist,
- ein Problem außerhalb des persönlichen Beziehungssystems liegt (Berichte über fremde Länder),
- ein Thema behandelt wird, das mit Grundüberzeugungen nichts zu tun hat (Werbung).

Vieles spricht auch dafür, daß Meinungen über Personen leichter zu ändern sind als über Sachverhalte und daß emotionelle Argumentation mit direkten Handlungsanweisungen erfolgreicher ist als rationale Argumentation.

Dabei werden dem Fernsehen wegen seiner hohen Glaubwürdigkeit und seines Aktualitätsvorsprungs vor der Presse besonders starke Wirkungsmöglichkeiten eingeräumt.

9.2 Die Reichweite der Massenmedien

Bei der Aufzählung der Wirkungsmöglichkeiten einer Zeitung ist betont worden, daß es unter anderem darauf ankommt, welche politischen Informationen von welchen und von wie vielen Lesern zur Kenntnis genommen werden. Das ist aus den obengenannten Gründen aus den Leserbriefen, die bei den Zeitungen eingehen, nicht zu ersehen, ebensowenig beim Hörfunk aus der Hörer- und beim Fernsehen aus der Zuschauerpost. Um zu erfahren, wie hoch der Anteil der Bevölkerung ist, den ein Medium während eines durchschnittlichen Erscheinungsintervalls (Fernsehzuschauer, Leser von Tageszeitungen und Rundfunkhörer pro Tag) erreicht, sind Repräsentativbefragungen notwendig.

Wirkungschancen

Die folgenden Angaben stützen sich auf Befragungen der Institute DIVO (Frankfurt) und INFRATEST (München) 1970. Die Zahlen beziehen sich jeweils auf einen repräsentativen Querschnitt aller Erwachsenen in der Bundesrepublik über 15 Jahre. (Quelle: „Media-Perspektiven" Heft 9/1971, Heft 2/1972).

Zum Zeitpunkt der Befragung erreichten die drei Medien Fernsehen, Tageszeitung und Hörfunk an einem Durchschnittswerktag (Montag bis Sonnabend) 95 Prozent der Bevölkerung. Für die Nutzung dieser drei Medien verwendete jeder Bundesbürger im Durchschnitt pro Tag drei Stunden und 34 Minuten. Pro Tag erreichten die Tageszeitungen 70, das Fernsehen 72 und der Hörfunk 67 Prozent der erwachsenen Bevölkerung: Von 100 nutzten

Reichweite aller Medien

- 39 alle drei Medien, also Tageszeitungen, Fernsehen und Hörfunk,
- 37 zwei Medien (entweder Tageszeitung und Fernsehen oder Tageszeitung und Hörfunk oder Fernsehen und Hörfunk),
- 18 nur ein Medium.

Diese Zahlen beweisen eindeutig, daß der Exklusiv-Leser, -Hörer und -Seher nicht die Regel, sondern die Ausnahme ist.

Wieviele Leser einige Presseorgane mit einer Ausgabe erreichen, mögen die folgenden Daten veranschaulichen: „Stern" erreicht 9,75 Millionen Leser, „Bild" 10,66

Millionen, „Hör zu" 14,17 Millionen, „Der Spiegel" 5,89 Millionen und „Die Zeit" 1,29 Millionen Leser. Reichweite-Daten sind natürlich vor allem für die Werbung von Interesse. So erreichen zum Beispiel „Neue Revue", „Quick" und „TV Hören + Sehen" insgesamt 28,3 Prozent der Bevölkerung ab 14 Jahre. Der Bauer-Verlag, in dem diese Zeitschriften erscheinen, bietet den Inserenten eine Schwarz-Weiß-Anzeige zum Rabatt-Seitenpreis von 56 192 Mark an.

Tabelle 5: **Leserschaft einzelner Werbeträger-Zeitschriften**

| | | | \multicolumn{13}{c|}{Von 100 Lesern waren} |
| Zeitschrift | Männer | Frauen | \multicolumn{6}{l|}{im Alter von ... Jahren} | \multicolumn{7}{l}{zugeordnet zur sozialen Schicht*} |
			16 bis 20	21 bis 29	30 bis 39	40 bis 49	50 bis 59	60 bis 70	1	2	3	4	5	6	7
Stern	49	51	10	23	19	18	18	12	9	13	21	28	14	10	5
Quick	47	53	10	23	18	18	18	13	9	13	20	29	14	10	5
Der Spiegel	66	34	8	22	17	19	20	14	20	18	22	23	9	5	3
Die Zeit	65	35	8	28	17	13	24	10	37	23	21	12	5	2	–
Heim und Welt	32	68	8	18	17	17	21	19	4	7	17	31	21	11	9
Das Neue Blatt	32	68	10	21	18	17	19	15	4	7	20	32	18	13	6

* Die Zuordnung zu sieben sozialen Schichten erfolgte nach den Kriterien Schulbildung, allgemeines Wissen, Beruf, Einkommen, Besitz sowie Lebensstil und Lebenshaltung. Dabei erhielt Schicht 1 die meisten Statuspunkte, war also die wirtschaftlich leistungsfähigste und gebildetste, während Schicht 7 die wenigsten Punkte bekam, also Personen einfachsten Lebenszuschnitts umfaßte.
Quelle: Werbeträger-Analyse 1965. Werbefunk, Werbefernsehen, Film, Tageszeitungen, Zeitschriften. Hrsg.: Institut für Demoskopie Allensbach 1965.

Tatsächliche Nutzung des Informationsangebots

Nach dem Überblick über die Reichweite der Medien und der Zusammensetzung der Leserschaft einzelner Zeitschriften bleibt die Frage, in welchem Umfang das Angebot von politischen Informationen in den einzelnen Medien von den Zuschauern, Lesern und Hörern auch tatsächlich genutzt wird. Aus Tabelle 4 (Kapitel 9.1) geht hervor, daß beim Fernsehen und Hörfunk Nachrichtensendungen besonders hohe Zuschauer- bzw. Zuhörerquoten haben, die allerdings beim Fernsehen zum Beispiel von Karnevalsveranstaltungen („Mainz – wie es singt und lacht") oder Kriminalfilmserien („Tim Frazer", „Das Halstuch") noch beträchtlich übertroffen werden. Der Lokalteil ist weiterhin die am meisten gelesene Sparte der Tageszeitungen.

Information durch mehrere Medien

Wie oben bereits nachgewiesen, informiert sich die überwiegende Mehrheit der erwachsenen Bevölkerung in der Bundesrepublik durch mehr als ein Medium. DIVO und INFRATEST kamen in ihren Untersuchungen zu dem Ergebnis: *„In der Mehrzahl der Fälle wird der Informationsprozeß eingeleitet durch eine erste Informationsaufnahme im Fernsehen oder im Hörfunk. Nur in wenigen Fällen ist mit diesen Erstkontakten der Informationsprozeß abgeschlossen. In der Regel aber wird die Informationsaufnahme wiederholt bzw. es werden neue zusätzliche Informationen zum gleichen Gegenstand eingeholt. Als weiterinformierendes Medium dominiert eindeutig die Tageszeitung."*

Tabelle 6: Erst- und Folgeinformation über aktuelle Ereignisse (1970)

Von 100 Personen nutzten als erste Informationsquelle	Von je 100 davon bezogen weitere Informationen aus				
	Fern- sehen	Hör- funk	Tages- zeitung	Zeitschrift, Illustrierte	Gespräch in Familie
Fernsehen	55	–	67	84	13	80
Hörfunk	21	70	–	80	15	75
Tageszeitung	9	69	68	–	17	75

Quelle: Media-Perspektiven, Heft 5/1972

Auch nach dieser Umfrage von 1970 dienen Fernsehen und Hörfunk als erste Nachrichtenquellen, verdrängen aber trotz ihres Aktualitätsvorsprungs nicht die Tageszeitung:
– Gut vier Fünftel der Bundesdeutschen, die eine Meldung zunächst über Bildschirm oder Lautsprecher erfuhren, verschaffen sich danach noch Zusatzinformation aus der Presse.
– Umgekehrt schalten über zwei Drittel der Zeitungsleser später noch ihr TV-Gerät oder ihr Radio an, um sich weiter zu informieren.
– Fast zwei Drittel der Befragten erklärten, daß sie von vornherein beabsichtigt hatten, nach der Erstinformation über ein bestimmtes aktuelles Ereignis noch andere Medien zu nutzen.

9.3 Ergebnisse der Wirkungsforschung

Presse, Hörfunk, Fernsehen und Film erzeugen durch ihre Aussagen bei den Lesern, Hörern und Zuschauern unter bestimmten Bedingungen in erster Linie in drei, sich in der Praxis natürlich häufig überschneidenden Bereichen Wirkungen:
1. im Bereich des Verhaltens,
2. im Bereich des Wissens,
3. im Bereich der Meinungen.

Bereich des Verhaltens
Die Massenmedien beeinflussen das Verhalten des Menschen auf zwei Wegen: Zum einen brauchen Leser, Hörer oder Zuschauer für das Zeitunglesen, Rundfunkhören oder Fernsehen ein gewisses Maß an Zeit; auf diese Weise wird ihre Freizeitstruktur verändert.

Neue Freizeit-Gewohnheiten

In einer Fallstudie, die sich auf die Hamburger Jugend von 15 bis 20 Jahren bezieht, hat zum Beispiel Gerhard Maletzke 1957/58 festgestellt, daß durch Fernsehen andere Freizeitbeschäftigungen wie „Rundfunkhören", „Draußensein" (Herumstehen, „Klönen") und „Spazierengehen" deutlich eingeschränkt werden. (Gerhard Maletzke: Fernsehen im Leben der Jugend. Hamburg 1959. S. 106).
Nach jüngsten Untersuchungen sehen Zehn- bis Dreizehnjährige in der Bundesrepublik montags bis freitags täglich durchschnittlich 88 Minuten allein oder gemeinsam mit Erwachsenen fern; für Hausaufgaben wenden sie vier Minuten mehr, für Spielen 40 Minuten auf.

131

Abbildung 8: **Mediennutzung an einem durchschnittlichen Werktag**

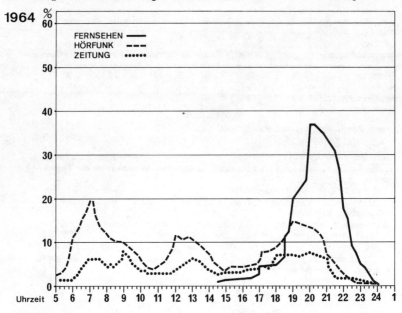

1964

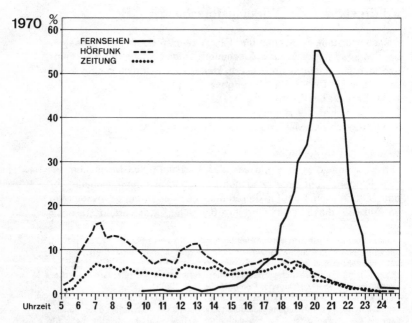

1970

Nach: Media-Perspektiven, Heft 9/1971

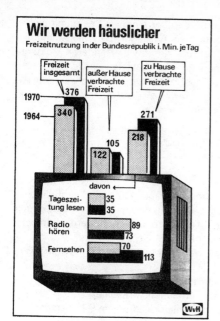

Wir werden häuslicher
Freizeitnutzung in der Bundesrepublik i. Min. je Tag

Freizeit insgesamt
außer Hause verbrachte Freizeit
zu Hause verbrachte Freizeit

1970 — 376
1964 — 340

271
218
105
122

davon ←

Tageszeitung lesen 35 / 35
Radio hören 89 / 73
Fernsehen 70 / 113

WvH

Abbildung 9

Von 1964 bis 1970 haben die Bundesbürger 36 Minuten mehr Freizeit gewonnen. Stammtisch, Sportplatz und Kino besuchen sie jedoch seltener als zuvor. Dafür verbringen sie mehr Zeit zu Hause – vor allem mit Medien. Saßen sie im Schnitt 1964 täglich gut eine Stunde vor der Mattscheibe, so 1970 schon fast zwei Stunden. Für die Zeitung bleibt, wie früher, eine halbe Stunde.

Zum anderen werden Verhaltensänderungen durch den Inhalt der Aussagen von Massenmedien bewirkt.

Verhaltensänderung durch Inhalt der Aussagen

In einer Leseranalyse des Instituts für Demoskopie in Allensbach heißt es zum Beispiel: „Wenn in einer Nummer der Constanze ein Ratschlag stand, wie man einen schadhaften Hemdenkragen erneuert, so probierten das von den Leserinnen dieser Nummer eine Million aus. Ein Ratschlag für das Falten von Servietten wurde von 1,5 Millionen Leserinnen dieser Nummer befolgt. In der Art und Weise, wie man Kinder richtig bettet, hatten sich 700 000 Leserinnen nach einem Ratschlag der Constanze gerichtet. Nahezu zwei Millionen Leserinnen lagerten einige Tage oder Wochen lang stündlich fünf Minuten die Beine hoch, weil das in der Constanze gestanden hatte." (Elisabeth Noelle: Die Wirkungen der Massenmedien, in: Publizistik. 5. Jg. 1960, S. 218)

Auf **politischem Gebiet** werden die Menschen häufig durch die Massenmedien zu bestimmten Verhaltensweisen aufgefordert, beispielsweise zu Streiks, Kundgebungen oder Demonstrationen.
Ein viel diskutiertes Problem ist der Einfluß der Massenmedien auf die Jugendkriminalität. Die Aussagen von Presse, Hörfunk, Fernsehen und Film über Verbrechen und Gewalttaten können, so ist behauptet worden,

Jugend-Kriminalität

– ganz allgemein schädlich sein,
– direkt nachgeahmt werden,
– in besonderen Situationen bei sonst normalen Menschen gewalttätige oder kriminelle Handlungen auslösen,
– ein Ventil für aggressive Impulse bilden.

Im allgemeinen ist man sich heute darüber einig, daß es unmittelbare Kausalzusammenhänge zwischen den Aussagen der Massenmedien und der Jugendkriminalität ohne Mitwirkung vieler anderer Momente nicht gibt. Film und Fernsehen können wohl kriminelle Techniken zeigen, aber keine Verbrecher ausbilden. Offensichtlich wirken die Darstellungen in den Medien als Anreiz in der Regel nur bei jenen, die bereits für Kriminalität anfällig sind.

Die Aussage eines Angeklagten, er sei durch einen Mord im Fernsehen zur Nachahmung angeregt worden, muß häufig lediglich als eine die wahren Motive verdeckende Schutzbehauptung gewertet werden.

Bereich des Wissens
In den Vereinigten Staaten haben mehr als 400 experimentelle Studien, in denen der Lernerfolg bei Schulfernsehen ohne Lehrer mit dem Lernerfolg beim traditionellen Klassenunterricht verglichen wurde, zu folgenden Ergebnissen geführt:
- 65 Prozent dieser Arbeiten wiesen keine Unterschiede im Lernerfolg auf,
- bei 14 Prozent war der Unterricht durch den Lehrer
- und bei 24 Prozent war das Fernsehen wirksamer.

Wenn man einmal von dieser Wissensvermittlung im Rahmen der formalen Erziehung absieht, kann man sagen, daß die überwiegende Mehrzahl der Zeitungsleser, Rundfunkhörer und Fernsehzuschauer ihren Wissensbestand eher beiläufig als absichtlich erweitert.

In Großbritannien hat man bei einer größeren Untersuchung herausgefunden, daß von den Kindern, die fernsehen, nur die Zehn- bis Elfjährigen und weniger Begabten durch das Fernsehen ihre Allgemeinkenntnisse im Vergleich zu jenen, die nicht vor dem Bildschirm saßen, erweitern. Diese Zehn- bis Elfjährigen und die weniger Begabten eignen sich nämlich sonst, wenn sie nicht fernsehen, keine neuen Kenntnisse an, weil sie in dieser Zeit spielen, herumtrödeln und herumbummeln und nicht lesen. Dagegen erweiterten begabte und ältere Kinder ihre Kenntnisse durch Fernsehen nicht mehr als jene, die nicht vor dem Bildschirm saßen. Die Nicht-Fernseher bildeten sich nämlich in der Zeit, in der die Fernseher vor dem Bildschirm saßen, durch Bücher fort. (Hilde T. Himmelweit, A. N. Oppenheim und Pamela Vince: Television and the child. London 1960.)

Wie begrenzt zuweilen die Wirkungsmöglichkeiten sind, erfuhr der Süddeutsche Rundfunk 1955: Nachdem sich herausgestellt hatte, daß sich nur ein geringer Prozentsatz der Hörer etwas unter dem Bundesrat vorstellen konnte, wurde das Wort „Bundesrat" vom Herbst 1954 bis zum Frühjahr 1955 in keiner Nachrichtensendung und in keinem Kommentar benutzt, ohne daß es in irgendeiner Weise deutlich erklärt wurde. Bei einer anschließenden repräsentativen Befragung wurde nicht das geringste Ergebnis dieser Bemühungen sichtbar.

Bereich der Meinungen
Ändern Medien
Meinungen?
Besondere Aufmerksamkeit haben die Wirkungen der Massenmedien als Faktor im Prozeß der politischen Meinungsbildung gefunden. Wegen der Vielzahl der an diesem Prozeß beteiligten Faktoren ist

die Erfassung des unmittelbaren Einflusses der Medien äußerst schwierig. Amerikanische Untersuchungen über das Wählerverhalten haben gezeigt, daß die Wähler bei Präsidentschaftswahlen die Äußerungen gerade des Kandidaten suchen und lesen, den sie ohnehin schon unterstützen. Da Presse, Hörfunk und Fernsehen in den Vereinigten Staaten im allgemeinen in ihrer Berichterstattung die Kandidaten der **beiden** großen Parteien zu Wort kommen lassen, **werden die Wähler normalerweise in ihren Anschauungen durch Massenmedien bestätigt und nur in Ausnahmefällen umgestimmt.**

Tabelle 7: **Parteipolitische Neigungen von Zeitungslesern**

Von 100 Lesern wollten 1972 wählen:	SPD	CDU/CSU	FDP
Süddeutsche Zeitung	45	28	9
Frankfurter Allgemeine	41	37	9
Welt	35	46	8
Bild	46	30	8
Stern	50	28	5
Quick	43	33	4
Zeit	54	24	7
Spiegel	54	25	7

Umfrage des Instituts für Demoskopie Allensbach, nach: „Der Spiegel" vom 18. September 1972, S. 3 (vergleiche Kapitel 4.2.2).

Nach Ansicht des amerikanischen Politikwissenschaftlers Ithiel de Sola Pool, der sich besonders eingehend mit den hier angeschnittenen Problemen beschäftigt hat, liegt die wesentliche Wirkung der Massenmedien während eines Wahlkampfes darin, daß sie die Wahl selbst und die zur Debatte stehenden Probleme in den Mittelpunkt der öffentlichen Aufmerksamkeit rücken. „Sobald die Menschen aufgerüttelt worden sind, wird ihre Entscheidung in der Kürze der Zeit viel mehr von einigen Reizanstößen beeinflußt als durch die Massenmedien. Persönliche Einflüsse durch die Familie, Freunde und Nachbarn fallen ins Gewicht, wenn die Massenmedien eine politische Frage auf jene Stufe öffentlichen Interesses gehoben haben, auf der Leute miteinander darüber diskutieren." (Ithiel de Sola Pool: Die Auswirkung der Kommunikation auf das Wählerverhalten, in: Grundfragen der Kommunikationsforschung, hrsg. von Wilbur Schramm, S. 162.)

Wirkung während des Wahlkampfs

Als ein besonders eindrucksvolles Beispiel für die Möglichkeiten des Fernsehens, auf den Ausgang von Wahlen einzuwirken, gelten die Debatten, die Kennedy und Nixon im Präsidentschaftswahlkampf 1960 im Fernsehen führten. Die beiden Kandidaten stellten sich im Herbst 1960 in vier von den drei größten Fernsehgesellschaften der USA veranstalteten Debatten den amerikanischen Wählern. Meinungsumfragen besagten: Vor den Fernsehdebatten lag Nixon in der Gunst der Wähler vorn, nach den Debatten Kennedy.
Die amerikanischen Sozialwissenschaftler Elihu Katz und Jacob J. Feldman haben 31 amerikanische Studien, die über den Einfluß der Debatten auf den Wahlausgang gemacht wurden, kritisch analysiert. Ihr Ergebnis lautet: Eindeutige Aussagen über

Beispiel Nixon – Kennedy

die Wirkung der Fernsehdiskussionen der beiden Präsidentschaftskandidaten sind nicht möglich (Elihu Katz und Jacob J. Feldman: The Debates in the Light of Research: A Survey of Surveys, in: The Great Debates, ed. by Sidney Kraus. Indiana 1962. S. 211).

Nun haben zwar in Meinungsumfragen sechs Prozent (= vier Millionen) der amerikanischen Wähler angegeben, ihre endgültige Wahlentscheidung sei allein durch die Debatten bestimmt worden, aber auch diese Aussage ist anfechtbar; es bleibt zum Beispiel ungeklärt, ob nicht noch andere Faktoren für die Wahlentscheidung ausschlaggebend waren, die den Wählern gar nicht klar bewußt wurden.

Wirkung von „Panorama"

In kleineren Studien wurde auch für die Bundesrepublik der begrenzte Einfluß des Fernsehens im politischen Bereich belegt. So verglich der Soziologe Ludwig von Friedeburg die Meinungen der regelmäßigen Zuschauer der zeitkritischen Magazin-Sendung „Panorama" mit denen der übrigen Bevölkerung. Ergebnis: Zwischen den „Panorama"-Zuschauern und dem Durchschnitt der Bevölkerung traten kaum Differenzen in den Antworten auf Statements wie „Der Nationalsozialismus hatte auch seine guten Seiten, da herrschte wenigstens Ordnung und Sauberkeit" auf. Die Besinnung auf das Nationale, die Ablehnung von Minoritäten, die Verharmlosung des Nationalsozialismus wurde sowohl bei den „Panorama"-Zuschauern wie bei der gesamten Bevölkerung beobachtet.

Anstieg des politischen Interesses

Befragungen ergaben allerdings, daß nach Anschaffung eines Fernsehgeräts das politische Interesse steigt. Das Fernsehen ändert das Bild der Politik. Zuschauer, die neben dem Fernsehen auch gedruckte Informationsquellen benutzen, gewinnen ein lebendiges und wirklichkeitsnahes Bild der Politik. Ohne ergänzende Lektüre stellt sich den Zuschauern dagegen die Politik als ein wirres, lebhaftes Geschehen ohne Sinnzusammenhang dar.

Literatur

Eberhard, Fritz: Der Rundfunkhörer und sein Programm. Ein Beitrag zur empirischen Sozialforschung. (Abhandlungen und Materialien zur Publizistik Bd. 1), Colloquium Verlag Berlin 1962. 304 S.

Maletzke, Gerhard: Psychologie der Massenkommunikation. Theorie und Systematik. Verlag Hans-Bredow-Institut Hamburg 1963, 311 S.

Pross, Harry: Medienforschung. Film, Funk, Presse, Fernsehen. Habel Verlag Darmstadt 1971, 303 S.

Rundfunkanstalten und Tageszeitungen. Eine Materialsammlung. 5 Bände, hrsg. von der Arbeitsgemeinschaft der öffentlich-rechtlichen Rundfunkanstalten der Bundesrepublik Deutschland (ARD). Frankfurt am Main 1965/1966 und 1969.

Schramm, Wilbur (Hrsg.): Grundfragen der Kommunikationsforschung. Juventa Verlag München, 4. Auflage 1972, 192 S.

Zoll, Ralf, und Hennig, Eike: Massenmedien und Meinungsbildung. Angebot, Reichweite, Nutzung und Inhalt der Medien in der BRD. (Politisches Verhalten Bd. 4) Juventa Verlag München 1970, 336 S.

10. Erfüllen die Massenmedien ihre politischen Funktionen?

In der Einführung sind die politischen Funktionen genannt worden, die den Massenmedien in der Bundesrepublik im allgemeinen zugeordnet werden, nämlich
1. **Information,**
2. **Mitwirkung an der Meinungsbildung,**
3. **Kontrolle und Kritik.**

Wir wissen, daß in den einzelnen Zeitungen und Zeitschriften, Hörfunk- und Fernsehprogrammen und Filmen das Angebot an politischen Informationen unterschiedlich ist.

Angebot politischer Informationen

In der Woche vom 25. bis 30. Januar 1965 betrug zum Beispiel die Zahl der politischen Informationen
- des Deutschen Fernsehens (ARD-Gemeinschaftsprogramm ab 20 Uhr) 207,
- der überregionalen Tageszeitungen „Die Welt" und „Frankfurter Allgemeine Zeitung" 402 bzw. 405,
- der regionalen Tageszeitungen „Kölner Stadt-Anzeiger" und „Braunschweiger Zeitung" 242 bzw. 197
- und der Lokalzeitungen „Ludwigsburger Kreiszeitung" und „Hellweger Anzeiger" 233 bzw. 173.
(Vgl. Rundfunkanstalten und Tageszeitungen, Bd. 4, S. 68.)

Wir wissen weiter, daß in einzelnen Zeitungs- und Zeitschriftenartikeln sowie Hörfunk- und Fernsehsendungen kritisiert und kontrolliert wird.

Aus diesen Hinweisen folgt, daß in den einzelnen Zeitungen, Zeitschriften, Hörfunk-, Fernsehprogrammen und Filmen die politischen Funktionen der Massenmedien in sehr unterschiedlicher Weise erfüllt werden. Die entscheidende Frage, ob die Informationen, die Beiträge zur Meinungsbildung und die Kritik der Massenmedien ausreichen, damit das politische System so funktioniert, wie es funktionieren sollte, ist letztlich eine politische Ermessensfrage, die hier nicht zur Debatte steht.

Es ist allerdings nicht zu übersehen, daß es in der Bundesrepublik rechtliche, politische und wirtschaftliche Hemmnisse gibt, die es den Massenmedien erschweren, ihren politischen Funktionen gerecht zu werden.

Von rechtlicher Seite entstanden vor allem aufgrund der bis 1968 gültigen Bestimmungen des Strafgesetzbuches über den publizistischen Landesverrat und die zeitweilige Interpretation dieser Bestimmungen durch die obersten Gerichte für die Massenmedien Schwierigkeiten, auf dem politisch so wichtigen Sektor der Verteidigungspolitik ihre Funktion zu erfüllen.

Rechtliche Hemmnisse

Der dringende Verdacht des vorsätzlichen Landesverrats und der aktiven Bestechung führten zum Beispiel in der Nacht vom 26. zum 27. Oktober 1962 zu einer Aktion der Bundesanwaltschaft gegen das Nachrichtenmagazin „Der Spiegel", in deren Verlauf der Herausgeber der Zeitschrift, Rudolf Augstein, und eine Reihe seiner Mitarbeiter verhaftet wurden. Die Bundesanwaltschaft durchsuchte vier Wochen lang die Redaktions- und Verlagsräume und beschlagnahmte umfangreiches Archiv- und Redaktionsmaterial. Das Bundesverfassungsgericht hat Anfang August 1966 eine Verfassungsbeschwerde des „Spiegel" abgewiesen; von den acht Richtern des I. Senats hielten nur vier die Aktion für grundgesetzwidrig, die anderen vier hingegen nicht. Dennoch hat dieses Urteil nach Ansicht vieler die Rechtssicherheit für die Presse erhöht.

Martin Löffler bemerkte 1963 zu den Konsequenzen, die sich aus den damaligen Bestimmungen des Strafgesetzbuches über den publizistischen Landesverrat ergaben: *„Der Wagemut und die Entschlossenheit eines Rudolf Augstein mit seinem starken finanziellen Rückhalt können für das Gros der Journalisten nicht als Norm gelten. Der vorsichtige Publizist wird, wer verargt es ihm, kurzerhand darauf verzichten, ein derart mit strafrechtlichen Fußangeln gespicktes Terrain wie die Wehrpolitik zu inspizieren, sehr zur Freude der auf diese Weise ,kritikfrei' gestellten Militärbürokratie. Den Schaden hat unsere Demokratie, deren Kontrolle wichtige Staatsbereiche entgleiten."* (Martin Löffler: Der Verfassungsauftrag der Presse. Modellfall SPIEGEL. Karlsruhe 1963, S. 89.)

Auch von politischer Seite stehen der Erfüllung der politischen Funktionen der Massenmedien zahlreiche Hindernisse entgegen, und zwar

☐ die – legitime – Tendenz der Presse- und Informationsämter der Regierungen auf Bundes- und Landesebene sowie der Parteien und Verbände, die Massenmedien einseitig zu unterrichten,

☐ die mangelnde Auskunftsbereitschaft der Behörden,

Kogon spricht von einer „weiten Verbreitung eines autoritären Behördengeistes, der jede Ausleuchtung wichtiger Vorgänge im amtlich-staatlichen Bereich als ein sozusagen illegales Unterfangen ansieht", vgl. Eugen Kogon: Nehmen die Journalisten ihre Kontrollfunktionen wahr?, in: Der Journalist, 14. Jg. 1964, H. 5, S. 9.

☐ die Möglichkeiten der Parteien und Verbände, über die Rundfunk- und Verwaltungsräte auf die Personalpolitik und die Programmgestaltung bei den Anstalten öffentlichen Rechts (Hörfunk und Fernsehen) einzuwirken (Beispiel: „Panorama", „ZDF-Magazin"),

☐ die von der Bundesregierung intensiv genutzte Gelegenheit, durch die Vergabe von Bürgschaften, Filmprämien und -preisen sowie über den Interministeriellen Ausschuß für Ost-West-Filmfragen bei der Filmproduktion und -einfuhr sowie durch den Aufkauf der Anteile der Deutschen Wochenschau GmbH bei der Wochenschau „Ufa – Dabei" ihren Einfluß geltend zu machen,

☐ die Existenz politischer Tabus.

Negative Tabus, bei denen der Gegenstand also nur mit negativer Tendenz erörtert wird, waren zum Beispiel die Staatseigenschaft und die Qualität der DDR – die Benutzung des Wortes DDR wurde häufig als Tabuverletzung empfunden. Bei wenigen Themen, wie zum Beispiel der Person des Bundespräsidenten, herrscht ein allgemeiner Konsensus, auf Kritik zu verzichten, solange der Bundespräsident nicht politisch aktiv wird. Es handelt sich hier um die für eine Gesellschaft notwendigen positiven Tabus. Zu den verdrängenden Tabus, die also die Eigenart haben, daß der Gegenstand überhaupt nicht erörtert wird, gehörten lange das Thema „Preußen" und unsere Beziehungen zu den Juden.

Auf der wirtschaftlichen Seite begrenzen vor allem folgende Faktoren die Ausübung der politischen Funktionen der Massenmedien:

Wirtschaftliche Hemmnisse

☐ Abhängigkeit von Anzeigenaufträgen,
☐ Abhängigkeit des Journalisten vom Verleger,
☐ Einflußmöglichkeiten großer Presse-Konzerne auf andere Verlage und den Vertrieb anderer Presseerzeugnisse,
☐ Abhängigkeit der Presse und des Films von der Zahl der Käufer bzw. Zuschauer.

Von rechtlicher Seite ergeben sich also für **alle** Massenmedien die gleichen Schwierigkeiten, ihren politischen Funktionen gerecht zu werden; von politischer Seite treten in erster Linie beim Hörfunk, Fernsehen und Film Hindernisse auf; von wirtschaftlicher Seite sind die Hemmnisse bei der Presse am größten.

Hinzu kommen die räumlichen und zeitlichen Begrenzungen. Eine Zeitung kann eben nur auf einer bestimmten Zahl von Seiten politische Informationen bringen; Rundfunk, Fernsehen und Film müssen sich an Sende- bzw. Vorführungszeiten halten. Schon aus diesem Grunde können die Informationen der Massenmedien nur ein winziger Ausschnitt der ganzen Wirklichkeit sein. Der Informationsauslese- und Informationsverlustprozeß verläuft zum Beispiel bei einer kleineren Lokalzeitung so:

Räumliche und zeitliche Begrenzungen

Auf dem Parteitag einer großen Partei der Bundesrepublik spricht ein Delegierter ohne Manuskript. Seine Rede wird von einem Berichterstatter der Deutschen Presse-Agentur mitstenografiert und anschließend gekürzt an die Zentrale der Nachrichtenagentur in Hamburg gegeben. Hier wird der Text noch einmal überarbeitet und dann in gekürzter Fassung an die der Agentur angeschlossenen Zeitungen und Rundfunkanstalten weiterverbreitet. In der politischen Redaktion der kleinen Lokalzeitung wird der Agenturtext noch einmal gekürzt, so daß schließlich der Leser dieser Zeitung von dem vielleicht halbstündigen Referat des Delegierten auf dem Parteitag noch durch einen Satz informiert wird – und der muß noch nicht einmal in jedem Fall richtig sein.

Über das Ausmaß der Informationslücken entscheiden die „Gatekeeper", die Torhüter, die bestimmen, welche Informationen durchgelassen und weitergegeben und welche aufgehalten und zurückbehalten werden sollen. „Gatekeeper" sind in dem oben angeführten Beispiel der Berichterstatter der Nachrichtenagentur, der Redakteur der Agentur in der Zentrale und der politische Redakteur der Lokal-

Die „Gatekeeper"

zeitung. Die „Gatekeeper" können die Auswahl der Informationen natürlich unter **sehr unterschiedlichen Gesichtspunkten** vornehmen, zum Beispiel nach kommerziellen („Was kommt bei Millionen wahrscheinlich an?") und nach politischen.

Wir können in der Bundesrepublik täglich feststellen, wie unterschiedlich sich die „Gatekeeper" – aus welchen Motiven auch immer – bei den einzelnen Zeitungen, beim Rundfunk und Fernsehen entschieden haben: Obwohl sie häufig genau dieselben Informationsquellen haben, erscheinen täglich in einigen Zeitungen Meldungen als Aufmacher, als Hauptschlagzeile, die in anderen gar nicht zu finden sind.

Auch Zeitungen wie die „Frankfurter Allgemeine" und „Die Welt" wählen aus der Fülle der Informationen, die von den Agenturen kommen, aus. Eine quantitative Inhaltsanalyse an 40 ausgewählten Stichtagen während der Bundestagswahl 1961 zeigte, daß die „Frankfurter Allgemeine" etwa 45 Prozent der übermittelten Nachrichten weitergab (als Basis dienten dabei die Nachrichten, wie sie von der Deutschen Presse-Agentur gebracht wurden, ohne Rücksicht darauf, ob die Zeitung die Nachrichten der dpa entnahm oder andere Quellen benutzte). Die Tageszeitung „Die Welt" verwendete einen etwas größeren Teil der angebotenen Nachrichten; bei Regionalzeitungen wie dem „Kölner Stadt-Anzeiger" war die Übermittlung von Informationen erheblich geringer. (Vgl. Rudolf Wildenmann und Werner Kaltefleiter: Funktionen der Massenmedien, Frankfurt am Main, Bonn 1965, S. 63). Wie sich aus der Untersuchung weiter ergab, führte die Auswahl der Nachrichten zu einer bestimmten politischen Tendenz der Zeitungen („Frankfurter Allgemeine" gegenüber der Regierung „wohlwollend", „Die Welt": kritischere Einstellung gegenüber der Regierung als bei der „Frankfurter Allgemeinen").

Folgen der Konzentrationstendenzen

Die genannten Hemmnisse, die der Erfüllung der politischen Funktionen der Massenmedien in der Bundesrepublik entgegenstehen, bedürfen des ergänzenden Hinweises auf die Konsequenzen, die für die Informationsfreiheit des einzelnen Staatsbürgers durch die Konzentrationstendenzen in der deutschen Presse entstehen können. Grundsätzlich besteht bei jedem Pressekonzern immer die Gefahr, daß eines Tages alle Zeitungen und Zeitschriften dieses Konzerns politisch „gleichgeschaltet" werden können. Die Konzentrationstendenzen in der deutschen Presse verdienen daher eine ständige kritische Durchleuchtung. Je mehr sich diese Tendenzen verstärken, desto geringer könnten die Informationsmöglichkeiten werden, wenn gleichzeitig damit der Meinungsspielraum der einzelnen Redaktionen großer Konzerne mehr als bisher eingeschränkt werden sollte. Die Frage, ob trotz der erwähnten Hindernisse von den Massenmedien in der Bundesrepublik insgesamt gesehen alles veröffentlicht wird, was der einzelne Staatsbürger wissen sollte, um zum Beispiel bei Wahlen eine auf Tatsachenkenntnissen beruhende politische Entscheidung treffen zu können, muß offenbleiben. Es unterliegt allerdings keinem Zweifel, daß es beispielsweise nicht ausreichen würde, wenn nur durch die **Gesamtheit aller Aussagen in allen Medien** ein Bild von der politischen Situation in der Bundesrepublik entworfen würde.

Da der einzelne Staatsbürger unter anderem aus Mangel an Zeit, aus

Trägheit, politischem Desinteresse und ungenügender Vorbildung die Aussagen aller Medien gar nicht zur Kenntnis nehmen kann bzw. will, ist es notwendig, daß er in möglichst vielen einzelnen Zeitungen, Zeitschriften, Hörfunk- und Fernsehprogrammen und Filmen so umfassend wie möglich informiert wird. Die Demokratie braucht urteilsfähige, verantwortungsbewußte und handlungsbereite – und das heißt informierte – Staatsbürger.

Obwohl Befragungen ergeben haben, daß gegenwärtig insgesamt 82 Prozent der erwachsenen Bevölkerung ab 15 Jahre in der Bundesrepublik von Massenmedien mit politischen Informationen erreicht werden und viele Staatsbürger die Chance nutzen, sich durch zwei oder mehr Informationsquellen zu unterrichten, besteht kein Grund, mit dem Erreichten zufrieden zu sein. Im Interesse einer funktionierenden Demokratie wird es vielmehr in Zukunft darauf ankommen, die Zahl der Informationswilligen zu erhöhen und die Zahl der Informationslücken zu vermindern. Dies zu erreichen, hat sich die Kommunikationspolitik als Ziel gesetzt.

11. Kommunikationspolitische Konzepte der Parteien

Verstärkte
Diskussion

Kommunikationspolitik ist ein neues Wort für eine alte Sache. Gemeint ist damit das Bestreben, die Struktur des Marktes der Informationen und Meinungen zu bestimmen. Fast zwei Jahrzehnte lang sind die Parteien davon ausgegangen, daß dieser Markt sich selbst überlassen bleiben müsse. Die vor allem von der Außerparlamentarischen Opposition kritisierten Strukturdefekte haben jedoch inzwischen in allen im Bundestag vertretenen Parteien Diskussionen über kommunikationspolitische Konzepte in Gang gebracht – einzelne Maßnahmen, um beispielsweise Presseorgane zu fördern, Informationen zu lancieren, Filme zu subventionieren und auf die Personalpolitik der Rundfunkanstalten Einfluß zu nehmen, hat es natürlich schon seit langem gegeben.

Die SPD ist bislang die einzige Partei, die ein Medienkonzept beschlossen hat. Die CDU/CSU-Medienkommission verabschiedete ein Papier, das im Laufe dieses Jahres in den unteren Gliederungen der Unionsparteien diskutiert und voraussichtlich im Frühjahr 1974 auf einem Parteitag abgesegnet werden soll. Die Freien Demokraten wollen auf ihrem Parteitag im November 1973 über ein Ende Juli von ihrer Medienkommission vorgelegtes Konzept entscheiden.

Das SPD-
Medienpapier

Auf ihrem Bonner Medienparteitag beschloß die SPD 1971 unter anderem:

„Die unterschiedlichen Organisationsformen und Finanzierungsformen beider Medien müssen erhalten bleiben: die **privatrechtlich organisierte Presse** *einerseits und das* **öffentlich-rechtliche Rundfunkwesen** *andererseits."*

„Die **Unabhängigkeit der Journalistenarbeit** *muß institutionell gesichert werden; dabei sind die Kompetenzen von Verleger, Chefredakteur und Redakteuren voneinander abzugrenzen. Den Redakteuren sind spezifische Mitbestimmungsrechte einzuräumen, die dem Grundsatz einer einheitlichen Arbeitnehmervertretung nicht widersprechen dürfen."*

Landes-
presseausschüsse

„Um bei der Informationsverbreitung einem Mißbrauch durch die Alleinstellung einer Zeitung oder eines Konzerns in einer Region entgegenzuwirken, ist eine **Mißbrauchsaufsicht** *einzurichten. Dies kann in Form von Landespresseausschüssen geschehen. Sie müssen vom Staat unabhängig sein. In ihnen müssen die gesellschaftlich relevanten Kräfte angemessen repräsentiert werden: Die Gruppen benennen ihre Vertreter selbst. Eine so konstruierte Mißbrauchsaufsicht sollte folgende Aufgaben und Rechte haben:*
Beobachtung der Entwicklung und Veröffentlichung von Stellung-

nahmen zu festgestellten Mißständen.

Beurteilung von Beschwerden und Veröffentlichungen eigener Stellungnahmen dazu.

Abdruck solcher Stellungnahmen in den betroffenen Zeitungen.

Beobachtung und Veröffentlichung von Monopolbildungen auf dem Vertriebssektor."

*„***Unternehmenszusammenschlüsse** *von Zeitungs- oder Zeitschriftenverlagen* **können untersagt werden,** *wenn die Informations- und Meinungsfreiheit durch diese Fusion gefährdet oder beeinträchtigt, der Wettbewerb beschränkt oder die Entstehung marktbeherrschender Unternehmen begünstigt wird."*

„Die Privatisierung und Kommerzialisierung des Rundfunks muß verhindert werden."

Auf Widerspruch stieß vor allem der Vorschlag, Landespresseausschüsse zu installieren. Er tauchte deshalb in der vom SPD-Parteivorstand am 26. Januar 1973 beschlossenen Resolution zur Medienpolitik unter Punkt vier auch nur in einer revidierten Fassung auf.

Parteivorstand 1973

Die Entschließung hat folgenden Wortlaut (Hervorhebungen von der Redaktion):

„Die Gesetzgebung zur Sicherung der Meinungsvielfalt und des Bürgerrechts auf Information ist in dieser Legislaturperiode besonders wichtig. Ausgehend von der Entschließung ,Zur Lage und Entwicklung der Massenmedien in der Bundesrepublik Deutschland' fordert der Parteivorstand die Bundestagsfraktion auf, folgendes in Angriff zu nehmen:

1. *Das Presserechtsrahmengesetz muß die journalistische Unabhängigkeit vor allem durch klare* **Kompetenzabgrenzung zwischen Verlag und Redaktion** *und spezifische* **Mitbestimmungsrechte** *der Journalisten gewährleisten.*

2. *Im Presserechtsrahmengesetz müssen* **Sorgfaltspflicht und Gesinnungsschutz** *der Journalisten geregelt werden.*

3. *Das Recht der Bürger auf eine möglichst* **umfassende Information,** *die auch die Vermittlung vielfältiger Meinungen einschließt, muß durch gesetzliche Maßnahmen (Presserechtsrahmengesetz und Wettbewerbsrecht) gesichert werden.*

4. *Das Presserechtsrahmengesetz muß eine* **Beschwerdeinstanz** *insbesondere zur Behandlung von Verstößen gegen die Sorgfaltspflicht und das Gebot möglichst umfassender und ausgewogener Informierung des Lesers vorsehen. Die Beschwerdeinstanz muß das Recht haben, entsprechende Stellungnahmen in dem betroffenen Presseorgan zu veröffentlichen.*

5. *Die publizistische Grundhaltung der Presseerzeugnisse, die Besitz- und Beteiligungsverhältnisse der Verlage und der Verlagsobjekte und ihre Auflagenhöhe unterliegen der* **Veröffentlichungspflicht.**

6. *Durch Gesetz oder Staatsvertrag ist eine* **Bundeskommission für das Kommunikationswesen** *zu errichten.*

7. *In den Prozeßordnungen sind das* **Zeugnisverweigerungsrecht** *für*

Journalisten und Verleger zu sichern und das Beschlagnahme-, Sicherstellungs- und Durchsuchungsrecht zur allgemeinen Gewährleistung der Informations- und Meinungsfreiheit neu zu ordnen.

8. *Die* **vorbeugende Fusionskontrolle** *für Medienunternehmen (einschließlich der Vertrieb) muß durch eine Novellierung des Kartellrechts geregelt werden.*

9. *Die Bundesregierung wird aufgefordert,*

a) *einen Bericht über die Situation der* **Altersversorgung für Journalisten** *und Vorschläge zur Harmonisierung vorzulegen,*

b) *einen Bericht über die Lage der* **freien Mitarbeiter** *und Vorschläge zur tarifvertraglichen Sicherung ihrer Arbeitsbedingungen vorzulegen,*

c) *Modelleinrichtungen für die* **journalistische Aus- und Weiterbildung** *u. a. im Gesamthochschulbereich zu entwickeln und zu fördern.*

10. *Um zuverlässige Unterlagen über die Entwicklung im Medienbereich zu erhalten, muß so bald wie möglich ein* **Medienstatistikgesetz** *verabschiedet werden.*

Ausgehend von der Entschließung des Außerordentlichen Parteitages vom November 1971 und der Tatsache der bereits erfolgten gesetzlichen Regelung für Radio Bremen, fordert der Parteivorstand die Bundestagsfraktion und die Landtagsfraktionen auf, durch entsprechende Gesetze bzw. Staatsverträge die **stimmberechtigte Teilnahme von mindestens zwei Arbeitnehmervertretern in den Verwaltungsräten** *oder diesen vergleichbaren Gremien* **der Anstalten** *zu regeln."*

Die SPD hält also an der privatwirtschaftlichen Struktur der Presse fest. Sie will den Journalisten aber „spezifische Mitbestimmungsrechte" gewähren, in diesem Punkt also den Status quo überwinden. Das gilt auch für die Forderung nach einer vorbeugenden Fusionskontrolle.

FDP-Vorstellungen

Soweit bisher erkennbar, widerspricht die FDP diesen Vorstellungen des Bonner Koalitionspartners nicht grundsätzlich. Die Freien Demokraten sind jedoch entschiedene Gegner der ursprünglich von der SPD gewünschten Landespresseausschüsse.

Zu Konflikten zwischen den Koalitionspartnern könnte es vor allem bei der näheren Ausgestaltung der „spezifischen **Mitbestimmungsrechte"** der Journalisten kommen. Um innere Pressefreiheit zu sichern, fordert die FDP-Medienkommission für alle Verlage Redaktionsstatute mit einem Vertretungsorgan und Mitwirkungsrechten, deren Mindestmaß sie gesetzlich vorschreiben will. Nach Anhören der Redaktionsvertretung und der Ressortleiter soll der Verleger die „grundsätzliche publizistische Haltung" seiner Zeitung schriftlich festlegen. Will er sie ändern, muß er zuvor die Redaktionsvertretung hören, die Einspruch einlegen kann. „Setzt sich der Verleger über den Widerspruch einer Zweidrittelmehrheit an Stimmen der Redaktionsvertretung hinweg, haben alle Mitglieder der Redaktion das Recht, unter qualifizierten Bedingungen auszuscheiden". Mit gleicher Mehrheit kann die Redaktionsvertretung auch die Berufung eines Mitgliedes der Chefredaktion und eines Herausgebers ablehnen, indes nur, wenn sie ihn fachlich nicht für geeignet ansieht oder „begründete Zweifel" hat, ob er die Grundlinie der Zeitung einhält. Wird der Verlag veräußert, soll eine „Gesellschaft der Redakteure" ein Vorkaufsrecht haben.

Bei einem Presseunternehmen mit 40 und mehr Prozent Marktanteil könne das Bundeskartellamt ein **Entmonopolisierungsverfahren** einleiten. Insgesamt tritt die FDP entschieden für eine privatwirtschaftlich organisierte Presse, aber öffentlich-rechtliche Rundfunkanstalten ein.

Das von der Medienkommission der CDU/CSU verabschiedete Medienpapier will an der gegenwärtigen Struktur der Massenmedien in der Bundesrepublik im Grunde genommen nichts ändern. Zur **inneren Pressefreiheit** bemerkt das Papier (Hervorhebungen von der Redaktion): **Das CDU/CSU-Medienpapier**

„Charakter, Typ und grundsätzliche publizistische Haltung der Zeitungen werden **vom Verleger bzw. Herausgeber bestimmt.** *Diese Festlegung soll Bestandteil der Anstellungsverträge der Redakteure sein.*

Will der Verleger bei neu auftretenden Fragen von erheblicher, über die Tagesaktualität hinausgehender Bedeutung die Haltung der Zeitung festlegen, so kann dies nur nach eingehender **Aussprache** *mit dem Chefredakteur und den sachlich betroffenen Redaktionsmitgliedern geschehen. Bei der Erörterung haben sich Verleger und Redakteure ernsthaft um eine* **Einigung** *zu bemühen.*

In diesem Rahmen und entsprechend der Redaktionsordnung – in der die Zuständigkeiten und Weisungsbefugnisse innerhalb der Redaktion geregelt sind – gestalten die Redakteure den Textteil im einzelnen. Diese **Detailkompetenz der Redaktion,** *die in der journalistischen Praxis bei weitem überwiegt, sollte von den Verleger- und Journalistenorganisationen durch* **Tarifvertrag** *festgeschrieben werden. Bei Einstellung und Abberufung von* **Chefredakteuren** *ist die Redaktion oder eine etwaige gewählte Vertretung der Redaktion zu hören."*

In der Praxis bedeutet dies: Der Verleger muß zwar die Redaktion oder deren Vertretung hören, entscheidet aber letztlich allein. Zur **Pressekonzentration** heißt es im CDU/CSU-Medienpapier:

„Um die Vielfalt des Informations- und Meinungsangebots aufrechtzuerhalten und die Gefahren zu verhindern, die sich aus zu starken Konzentrationsvorgängen ergeben können, muß die Erhaltung vielfältiger, lebensfähiger publizistischer Einheiten der Zeitungs- und Zeitschriftenpresse zunächst durch **wirtschaftliche Maßnahmen** *wie Rationalisierung und gemeinschaftliche Einrichtungen des Zeitungsbetriebes angestrebt werden; der Staat hat durch* **Steuererleichterungen und Gebührensenkungen** *hierzu beizutragen . . .*

Öffentliche Mittel dürfen nicht dazu benutzt werden, den Qualitäts-

wettbewerb einzuschränken oder zu verfälschen. Die sogenannte Alleinstellung von Tageszeitungen in einem bestimmten Bezirk hat ihre Ursachen in den meisten Fällen darin, daß ein Blatt sich gegenüber ursprünglich vorhandener Konkurrenz durchsetzt. Alleinstellung eines Blattes in einer bestimmten Region erfordert deshalb **besonderes publizistisches Verantwortungsgefühl** *gegenüber allen politisch und gesellschaftlich belangvollen Kräften des Verbreitungsgebiets, vor allem in der Nachrichten- und Berichtstätigkeit. Auch hier hat der Deutsche Presserat wesentliche Aufgaben zu erfüllen. Die CDU/CSU* **lehnt regionale und überregionale öffentlichrechtliche Presseausschüsse** *oder andere Institutionen, die Nachzensur üben sollen,* **mit Nachdruck ab.** *"*

Immerhin möchte auch die Medienkommission der CDU/CSU **bei den Rundfunkanstalten Redakteursausschüsse** erlauben. Das Medienpapier sagt dazu:

Die Meinungsfreiheit der Rundfunkredakteure wie die aller Bürger der Bundesrepublik Deutschland ist durch das Grundgesetz gewährleistet. Daraus ergibt sich, daß kein Journalist veranlaßt werden kann, Meinungen als seine eigenen zu publizieren, die seiner Überzeugung widersprechen.

Die innere Verfassung der Anstalten muß in allen Bereichen, insbesondere bei den Redaktionen, ein Höchstmaß an Information, Anhörung, Beratung und Erläuterung von Entscheidungen vorsehen. Diesen Zielen kann die Bildung von Redakteursausschüssen dienen.

In den Redaktionsordnungen sollen die Rechte und Pflichten niedergelegt werden, die den Redakteuren im Rahmen der geltenden Gesetze, Satzungen und ihrer Arbeitsverträge übertragen sind. Die Vielfalt der Meinungen in den Rundfunkanstalten darf auch nicht durch redaktionelle Mehrheitsentscheidungen behindert werden.

Die Medienkommission der CDU/CSU spricht sich grundsätzlich für die **öffentlich-rechtliche Struktur** als Organisationsform vom Hörfunk und Fernsehen aus, schränkt jedoch ein:

„Wenn die technische Entwicklung eine Vielzahl lokaler und regionaler Programme ermöglicht, sind die Voraussetzungen für andere Organisationsformen zu prüfen. Lokale Meinungsmonopole sind dabei zu vermeiden. Diesem Gesichtspunkt haben Struktur und Organisation Rechnung zu tragen.

Literatur
Schmidt, Hendrik: Kommunikationspolitische Alternativen? Zur Diskussion um eine Reform des Pressewesens in der Bundesrepublik Deutschland. Verlag Volker Spiess Berlin 1972, 85 S.

12. Anhang

12.1 Literatur zur Einführung

Arndt, Helmut: Die Konzentration in der Presse und die Problematik des Verleger-Fernsehens. Metzner Verlag Frankfurt am Main, Berlin 1967. Sehr materialreich. 96 S.

Dröge, Franz: Einführung in die Medienanalyse der BRD. Athenäum Fischer Taschenbuch Verlag Frankfurt am Main 1972, 150 S.

Dröge, Franz: Wissen ohne Bewußtsein. Materialien zur Medienanalyse. Athenäum Fischer Taschenbuch Verlag Frankfurt am Main 1972, 212 S.

Flach, Karl-Hermann: Macht und Elend der Presse. v. Hase & Koehler Verlag Mainz 1967, 224 S. Leicht lesbare Darstellung.

Holzer, Horst: Gescheiterte Aufklärung? Politik, Ökonomie und Kommunikation in der Bundesrepublik Deutschland. Piper Verlag München 1971, 258 S. Systemkritische Studie.

Koszyk, Kurt, und Pruys, Karl Hugo: Wörterbuch zur Publizistik. (dtv 3032) Deutscher Taschenbuch Verlag München, 2. Auflage 1970, 422 S.

Löffler, Martin: Presserecht. 2 Bde. Beck Verlag München, 2. Auflage 1968/1969, XXXI + 830 und IX + 632 S.

Müller, Hans Dieter: Der Springer-Konzern. Eine kritische Studie. Piper Verlag München 1968, 401 S. Flüssig geschriebene, außerordentlich materialreiche Darstellung.

Müller-Doohm, Stefan: Medienindustrie und Demokratie. Verfassungspolitische Interpretation. Sozioökonomische Analyse. Athenäum Verlag Frankfurt am Main 1972, 300 S.

Noelle-Neumann, Elisabeth, und Schulz, Winfried: Publizistik. (Fischer-Lexikon 9) Fischer Taschenbuch Verlag Frankfurt am Main 1971, 392 S. Nachschlagewerk.

Prokop, Dieter (Hrsg.): Massenkommunikationsforschung. 1: Produktion, 2: Konsumtion. (Bücherei des Wissens 6151 und 6152) Fischer Taschenbuch Verlag Frankfurt am Main 1972 und 1973, 425 und 501 S.

Rundfunkanstalten und Tageszeitungen. Eine Materialsammlung. 5 Bände, hrsg. von der Arbeitsgemeinschaft der öffentlich-rechtlichen Rundfunkanstalten der Bundesrepublik Deutschland (ARD). Frankfurt am Main 1965/1966 und 1969. Sehr materialreich, einseitige Auswahl von Aufsätzen und Gutachten.

Zoll, Ralf, und Hennig, Eike: Massenmedien und Meinungsbildung. Angebot, Reichweite, Nutzung und Inhalt der Medien in der BRD. (Politisches Verhalten 4) Juventa Verlag München 1970, 335 S. Sehr materialreich.

Zoll, Ralf (Hrsg.): Manipulation der Meinungsbildung. Zum Problem hergestellter Öffentlichkeit. (Kritik 4) Westdeutscher Verlag Opladen, 2. Auflage 1972, 372 S.

12.2 Zeittafel

Jahr	Technische Entwicklung	Politische Entwicklung	Entwicklung der Medien
um 1450	Erfindung des Drucks mit beweglichen Buchstaben durch Gutenberg		
1529		Einführung der staatlichen Zensur durch den Reichsabschied von Speyer	
1609			Erste gedruckte Wochenzeitung (Straßburg und vermutlich Wolffenbüttel)
1650			Erste Deutsche Tageszeitung (Leipzig)
1722			„Berlinische privilegirte Zeitung", später „Vossische Zeitung", gegründet
1789		Proklamierung der Menschenrechte, darunter auch der Pressefreiheit, durch die französische Nationalversammlung	
1791		Aufnahme der Pressefreiheit im ersten Amendment zur Verfassung der USA	
1814	Benutzung der Schnellpresse durch die „Times"		Gründung des „Rheinischen Merkur" durch Görres
1815		Wiener Bundesakte verspricht Pressefreiheit. Einige Regierungen lösen das Versprechen ein, z. B. Sachsen – Weimar 1816, Württemberg 1817, Bayern 1818	
1819		Karlsbader Beschlüsse beseitigen die Pressefreiheit	
1835/36			Beginn der Massenpresse in den USA und Frankreich
1848		Pressefreiheit in zahlreichen deutschen Verfassungen	
1849			Wolffsches Telegraphenbüro in Berlin gegründet
1856			„Frankfurter Zeitung" von Sonnemann gegründet, zunächst als „Frankfurter Geschäftsbericht"
1860	Erfindung der Rotationsmaschine		
1871			„Berliner Tageblatt" von Mosse gegründet

148

Jahr	Technische Entwicklung	Politische Entwicklung	Entwicklung der Medien
1874		Reichspressegesetz	
1876			SPD gibt „Vorwärts" heraus
1878		Sozialistengesetz	
1883			„Berliner Lokalanzeiger" von Scherl gegründet, Beginn der Generalanzeigerpresse
1884	Erfindung der Linotype-Setzmaschine und des Bildzeilenzerlegers (Nipkow-Scheibe)		
1888	Entdeckung der elektromagnetischen Wellen durch Hertz		
1894	Herstellung der ersten Filme durch die Franzosen Gebrüder Lumière		
1895	Erste Filmvorführung in Deutschland durch die Brüder Skladanowski		
1896	Vierfarbendruck		
1897	Erfindung der drahtlosen Telegraphie durch Mar		
1904			„BZ am Mittag" von Ullstein gegründet, erste deutsche Boulevardzeitung
1916			Hugenberg übernimmt Kontrolle des Scherl-Konzerns
1917			Gründung der Universum-Film-AG (Ufa)
1919		Weimarer Verfassung Meinungsfreiheit in Art. 118	
1921	Erster Lichttonfilm in Deutschland vorgeführt		
1923			Eröffnung des deutschen Rundfunks
1925			Gründung der Reichs-Rundfunk-Gesellschaft m. b. H. als Dachorganisation des deutschen Rundfunks
1928	Tonband erfunden, Aufbau eines Fernschreibernetzes in Deutschland		
1933		Reichsministerium für Volksaufklärung und Propaganda, Beseitigung der Pressefreiheit	

Jahr	Technische Entwicklung	Politische Entwicklung	Entwicklung der Medien
1935			Beginn des ersten regelmäßigen Fernsehprogrammdienstes der Welt in Berlin
1941	Erster Farbfilm in deutschen Kinos		
1945–48 1946		Lizenzpresse Rundfunksender als Anstalten öffentlichen Rechts errichtet	Rundfunk-Zeitschrift „Hör zu", Nachrichten-Magazin „Der Spiegel", Wochenzeitung „Die Zeit" erscheinen
1948	Kopenhagener Wellenplan beschlossen	NWDR als erste Rundfunkanstalt nicht mehr unter Besatzungshoheit	
1949		Grundgesetz, Artikel 5: Pressefreiheit	Deutsche Presse-Agentur (dpa) gegründet
		Lizenzzwang aufgehoben	„Frankfurter Allgemeine Zeitung" erscheint
1950		Arbeitsgemeinschaft der öffentlich-rechtlichen Rundfunkanstalten Deutschlands (ARD) gegründet	
		Union Europäischer Rundfunk-Anstalten gegründet (Eurovision)	
1952			NWDR beginnt tägliches Fernsehen als erste Anstalt; Springers „Bild"-Zeitung erscheint
1953			Gemeinschaftsprogramm des Deutschen Fernsehens; Sender Freies Berlin gegründet
1955	Erste Stereophonie-Schallplatte in BRD		Dritte Hörfunkprogramme
1956		Deutscher Presserat gegründet	Erste Werbesendungen im BRD-Fernsehen Springer kauft sich in Berlin bei Ullstein ein
1958	Erste Stereophonie-Hörfunksendung in BRD	Zeitungsverleger fordern privates Werbe-Fernsehen	
1961		Bundesverfassungsgericht urteilt im Fernsehstreit; Ministerpräsidenten der Bundesländer gründen Zweites Deutsches Fernsehen (ZDF)	

Jahr	Technische Entwicklung	Politische Entwicklung	Entwicklung der Medien
1962	Computer-Schriftsatz Über Erdsatelliten „Telstar" empfängt Eurovision die erste Live-Sendung aus USA	Aktion der Bundesanwaltschaft gegen „Spiegel"	Oberhausener Manifest der Jungfilmer Erste Sendung des Deutschlandfunks
1963			ZDF nimmt Sendebetrieb auf
1964		Zeitungsverleger fordern Übernahme der ZDF-Programmgestaltung	Bayerischer Rundfunk strahlt als erste Anstalt Drittes Fernsehprogramm aus
1964–66		Bundesländer (außer Bayern) erlassen Landespressegesetze	
1965			Kuratorium „Junger Deutscher Film" nimmt Arbeit auf
1967	Erste Farbfernsehsendungen in der BRD	Filmförderungsgesetz Saarland erlaubt durch Gesetz Privat-Hörfunk u. -Fernsehen	
1968	In USA beginnt Entwicklung des Flach-Bildschirms	Günther-Kommission berichtet über Pressekonzentration und Meinungsfreiheit	
1969		Erste Redaktionsstatute bei Presse-Unternehmen	
1971	Internationale Absprachen über Gigahertz-Wellenbereich	SPD beschließt Medienpapier	Internationale Pressekonzern-Verbindungen zur Produktion von Kassettenprogrammen
1972		CSU-Mehrheit verabschiedet Novelle zum Bayerischen Rundfunkgesetz Bundesverwaltungsgericht entscheidet gegen Pläne für privaten Rundfunk	
1973		Beim NDR tritt erstes Redaktionsstatut einer Rundfunkanstalt in Kraft Medienkommissionen der CDU/CSU und der FDP legen Medienpapiere vor Volksentscheid „Rundfunkfreiheit in Bayern	

12.3 Auflagenstatistik (Bundesrepublik Deutschland)

Stand vom 4. Quartal 1972 (Quelle: Informationsgemeinschaft zur Feststellung der Verbreitung von Werbeträgern e. V. IVW) (Angaben in Tausend).

12.3.1 Verkaufte Auflage von Tages- und Sonntagszeitungen (über 100 000)

Bild	3 425	Rhein-Zeitung (Koblenz)	197
Bild am Sonntag	2 126	Neue Westfälische	183
Westdeutsche Allgemeine (Essen)	747	Hessische Allgemeine (Kassel)	179
Rheinische Post (Düsseldorf)	354	Allgemeine Zeitung (Mainz)	178
Express (Köln)	349	Mannheimer Morgen	175
Welt am Sonntag	339	Schwäbische Zeitung (Leutkirch)	173
Nürnberger Nachrichten	324	Münchner Merkur	172
Hannoversche Allgemeine Zeitung	303	Kölnische Rundschau	161
BZ (Berlin)	294	Stuttgarter Zeitung	157
Augsburger Allgemeine	285	Westfälische Nachrichten	156
Hamburger Abendblatt	283	Frankfurter Rundschau	155
Süddeutsche Zeitung	278	Badische Neueste Nachrichten	155
Frankfurter Allgemeine	262	Weser Kurier	153
Neue Ruhr/Rhein-Zeitung	255	Mainpost	143
Südwest Presse (Ulm)	250	Neue Württemberger Zeitung	140
Braunschweiger Zeitung	250	Westfalen Blatt	140
Ruhr-Nachrichten	236	Badische Zeitung	139
Nordwest-Zeitung	232	Bremer Nachrichten	134
Die Rheinpfalz	229	Abendpost	131
Die Welt	228	Frankfurter Neue Presse	131
Westfälische Rundschau	225	Südkurier	127
Abendzeitung/8-Uhr-Blatt	224	Passauer Neue Presse	121
Kölner Stadt-Anzeiger	223	tz, München	118
Saarbrücker Zeitung	221	Schwarzwälder Bote	114
Neue Osnabrücker Zeitung	216	Der Tagesspiegel (Berlin)	110
Westdeutsche Zeitung	215	Kieler Nachrichten	109
Berliner Morgenpost	200	Stuttgarter Nachrichten	103

12.3.2 Verkaufte Auflage der in West-Berlin erscheinenden Tageszeitungen

BZ	294	Der Abend	63
Berliner Morgenpost	200	Die Welt (Berliner Ausgabe)	etwa 30*
Bild-Zeitung (Berlin-Ausgabe)	114	Spandauer Volksblatt	23
Der Tagesspiegel	110	* Keine IVW-Angabe	

12.3.3 Verkaufte Auflage von Wochenzeitungen

Der Spiegel (Hamburg)	909	Deutsches Allgemeines Sonntagsblatt	
Die Zeit (Hamburg)	324	(Hamburg)	133
Deutsche Zeitung/		Deutsche National-Zeitung (München)	86
Christ und Welt (Stuttgart)	155	Rheinischer Merkur (Koblenz)	55
Bayern-Kurier (München)	163	Das Parlament (Bonn)	18

12.3.4 Verkaufte Auflagen von Illustrierten

12.3.5 Verkaufte Auflage von Programmzeitschriften

12.4 Auszug aus dem Berliner Pressegesetz vom 15. 6. 1965
(in der Fassung vom 6. März 1970)

§ 1
Freiheit der Presse

(1) Die Presse ist frei. Sie dient der freiheitlich demokratischen Grundordnung.

(2) Die Freiheit der Presse unterliegt nur den Beschränkungen, die durch das Grundgesetz unmittelbar und in diesem Rahmen durch die geltenden Gesetze zugelassen sind.

(3) Sondermaßnahmen jeder Art, die die Pressefreiheit beeinträchtigen, sind verboten.

(4) Berufsorganisationen der Presse mit Zwangsmitgliedschaft und eine mit hoheitlicher Gewalt ausgestattete Standesgerichtsbarkeit der Presse sind unzulässig.

§ 2
Zulassungsfreiheit

Die Pressetätigkeit einschließlich der Errichtung eines Verlagsunternehmens oder eines sonstigen Betriebes des Pressegewerbes darf nicht von irgendeiner Zulassung abhängig gemacht werden.

§ 3
Öffentliche Aufgabe der Presse

(1) Die Presse erfüllt eine öffentliche Aufgabe.

(2) Die Presse hat alle Nachrichten vor ihrer Verbreitung mit der nach den Umständen gebotenen Sorgfalt auf Inhalt, Wahrheit und Herkunft zu prüfen.

(3) Die Presse nimmt berechtigte Interessen im Sinne des § 193 StGB wahr, wenn sie in Angelegenheiten von öffentlichem Interesse Nachrichten beschafft und verbreitet, Stellung nimmt, Kritik übt oder in anderer Weise an der Meinungsbildung mitwirkt.

§ 4
Informationsrecht der Presse

(1) Die Behörden sind verpflichtet, den Vertretern der Presse, die sich als solche ausweisen, zur Erfüllung ihrer öffentlichen Aufgabe Auskünfte zu erteilen.

(2) Auskünfte können nur verweigert werden, soweit

1. Vorschriften über die Geheimhaltung entgegenstehen oder

2. Maßnahmen ihrem Wesen nach dauernd oder zeitweise geheimgehalten werden müssen, weil ihre Bekanntgabe oder ihre vorzeitige Bekanntgabe die öffentlichen Interessen schädigen oder gefährden würde oder

3. hierdurch die sachgerechte Durchführung eines schwebenden Verfahrens vereitelt, erschwert, verzögert oder gefährdet werden könnte oder

4. ein schutzwürdiges privates Interesse verletzt würde.

(3) Allgemeine Anordnungen, die einer Behörde Auskünfte an die Presse verbieten, sind unzulässig.

(4) Der Verleger einer Zeitung oder Zeitschrift kann von den Behörden verlangen, daß ihm deren amtliche Bekanntmachungen nicht später als seinen Mitbewerbern zur Verwendung zugeleitet werden.

§ 10
Gegendarstellungsanspruch

(1) Der verantwortliche Redakteur und der Verleger eines periodischen Druckwerks sind verpflichtet, eine Gegendarstellung der Person oder Stelle zum Abdruck zu bringen, die durch

eine in dem Druckwerk aufgestellte Tatsachenbehauptung betroffen ist. Die Verpflichtung erstreckt sich auf alle Nebenausgaben des Druckwerks, in denen die Tatsachenbehauptung erschienen ist.

(2) Die Pflicht zum Abdruck einer Gegendarstellung besteht nicht, wenn die betroffene Person oder Stelle kein berechtigtes Interesse an der Veröffentlichung hat, wenn die Gegendarstellung ihrem Umfang nach nicht angemessen ist oder bei Anzeigen, die ausschließlich dem geschäftlichen Verkehr dienen. Überschreitet die Gegendarstellung nicht den Umfang des beanstandeten Textes, so gilt sie als angemessen. Die Gegendarstellung muß sich auf tatsächliche Angaben beschränken und darf keinen strafbaren Inhalt haben. Der Abdruck der Gegendarstellung kann von dem Betroffenen oder seinem Vertreter nur verlangt werden, wenn die Gegendarstellung dem verantwortlichen Redakteur oder dem Verleger unverzüglich, spätestens innerhalb von drei Monaten nach der Veröffentlichung, zugeht. Die Gegendarstellung bedarf der Schriftform.

(3) Die Gegendarstellung muß in der nach Empfang der Einsendung nächstfolgenden, für den Druck nicht abgeschlossenen Nummer in dem gleichen Teil des Druckwerks und mit gleicher Schrift wie der beanstandete Text ohne Einschaltungen und Weglassungen abgedruckt werden; die Gegendarstellung darf nicht in Form eines Leserbriefes erscheinen. Der Abdruck ist kostenfrei; dies gilt nicht für Anzeigen. Wer sich zu der Gegendarstellung in derselben Nummer äußert, muß sich auf tatsächliche Angaben beschränken.

(4) Für die Durchsetzung des vergeblich geltend gemachten Gegendarstellungsanspruchs ist der ordentliche Rechtsweg gegeben. Auf Antrag des Betroffenen kann das Gericht anordnen, daß der verantwortliche Redakteur und der Verleger in der Form des Absatzes 3 eine Gegendarstellung veröffentlichen. Auf dieses Verfahren sind die Vorschriften der Zivilprozeßordnung über das Verfahren auf Erlaß einer einstweiligen Verfügung entsprechend anzuwenden. Eine Gefährdung des Anspruchs braucht nicht glaubhaft gemacht zu werden. Ein Verfahren zur Hauptsache findet nicht statt.

(5) Die Absätze 1 bis 4 gelten nicht für wahrheitsgetreue Berichte über öffentliche Sitzungen der gesetzgebenden oder beschließenden Organe des Bundes, der Länder, der Gemeinden (Gemeindeverbände), der Bezirke sowie der Gerichte.

(6) Auf den Rundfunk (Hörfunk und Fernsehen) finden die Absätze 1 bis 5 entsprechende Anwendung. Der Gegendarstellungsanspruch richtet sich gegen die Rundfunkanstalt, die für die redaktionelle Gestaltung der Sendung verantwortlich ist. Die Gegendarstellung muß unverzüglich für den gleichen Bereich sowie zu einer gleichwertigen Sendezeit wie die beanstandete Sendung verbreitet werden.

§ 12
Anordnung der Beschlagnahme

(1) Die Beschlagnahme eines Druckwerks kann nur der Richter anordnen.

(2) Die Beschlagnahme darf nur angeordnet werden, wenn

1. dringende Gründe für die Annahme vorliegen, daß das Druckwerk eingezogen oder die Einziehung vorbehalten wird und
2. in den Fällen, in denen die Entscheidung über die Einziehung einen Antrag oder eine Ermächtigung voraussetzt, dringende Gründe für die Annahme vorliegen, daß der Antrag gestellt oder die Ermächtigung erteilt wird.

(3) Die Beschlagnahme darf nicht angeordnet werden, wenn

1. der mit ihr verfolgte und erreichbare Rechtsschutz offensichtlich geringer wiegt als ein durch die Beschlagnahme gefährdetes öffentliches Interesse an einer unverzögerter Unterrichtung durch das Druckwerk oder
2. ohne weiteres feststeht, daß die nachteiligen Folgen der Beschlagnahme außer Verhältnis zu der Bedeutung der Sache stehen.

§ 14
Verbreitungsverbot
für beschlagnahmte Druckwerke

Während der Dauer einer Beschlagnahme ist die Verbreitung des von ihr betroffenen Druckwerks oder der Wiederabdruck des die Beschlagnahme veranlassenden Teiles dieses Druckwerks verboten.

§ 15
Aufhebung der Beschlagnahme

(1) Die Beschlagnahmeanordnung ist aufzuheben, wenn nicht binnen eines Monats die öffentliche Klage erhoben oder die selbständige Einziehung oder Unbrauchbarmachung beantragt ist.

(2) Reicht die in Absatz 1 bezeichnete Frist wegen des Umfanges des Verfahrens oder infolge erheblicher Beweisschwierigkeiten nicht aus, so kann der Staatsanwalt bei dem Gericht beantragen, die Frist um höchstens sechs Monate zu verlängern.

(3) Solange weder die öffentliche Klage erhoben noch ein Antrag auf selbständige Einziehung oder Unbrauchbarmachung gestellt ist,

ist die Beschlagnahmeanordnung aufzuheben, wenn der Staatsanwalt dies beantragt. Gleichzeitig mit dem Antrag tritt das Verbot nach § 14 außer Kraft. Der Staatsanwalt hat die Betroffenen von der Antragstellung zu unterrichten.

§ 18
Zeugnisverweigerungsrecht
für Angehörige von Presse und Rundfunk

(1) Wer bei der Herstellung, Veröffentlichung oder Verbreitung eines periodischen Druckwerks oder als Angehöriger eines Rundfunks bei der Herstellung oder Verbreitung von Nachrichten, Tatsachenberichten oder Kommentaren in Wort, Ton und Bild mitwirkt oder mitgewirkt hat, kann über die Person des Verfassers, Einsenders oder Gewährsmannes von Beiträgen und Unterlagen sowie über die ihm anvertrauten Tatsachen das Zeugnis verweigern. ·

(2) Die Beschlagnahme von Schriftstücken und Unterlagen, die sich im Gewahrsam der nach Absatz 1 zur Verweigerung des Zeugnisses berechtigten Personen oder der Redaktion, des Verlages, der Druckerei, der Rundfunkanstalt, der sie angehören, befinden, ist nicht zulässig, wenn sie zu dem Zweck erfolgt,

1. die Person des Verfassers, Einsenders oder Gewährsmannes von Beiträgen oder Unterlagen zu ermitteln oder

2. Tatsachen zu ermitteln, die den zur Verweigerung des Zeugnisses berechtigten Personen anvertraut sind.

(3) Für Durchsuchungen gilt Absatz 2 entsprechend.

12.5 Redaktionsstatut der „Süddeutschen Zeitung"

1.

Die Süddeutsche Zeitung ist eine politische Tageszeitung, unabhängig von Parteien, Interessengruppen und Wirtschaftsverbänden. Sie bemüht sich um unverfälschte und möglichst vollständige Information über alle Ereignisse von öffentlichem Interesse. Sie verteidigt und erstrebt freiheitliche, demokratische Gesellschaftsformen nach liberalen und sozialen Grundsätzen.

Die Süddeutsche Zeitung ist der im Grundgesetz der Bundesrepublik Deutschland festgelegten rechtsstaatlichen und demokratischen Ordnung verpflichtet. Sie achtet die Glaubens-, Gewissens- und Meinungsfreiheit des einzelnen und lehnt alle Bestrebungen radikaler Gruppen ab, welche die rechtsstaatliche Ordnung gefährden.

2.

Den redaktionellen Teil der Süddeutschen Zeitung gestaltet die Redaktion im Rahmen des Artikels 1) dieses Statuts wie bisher frei und unbeeinflußt unter der Verantwortung der Chefredaktion. Der Meinungsbildung darüber dient die Redaktionskonferenz unter der Leitung des Chefredakteurs oder des Vorsitzenden der Chefredaktion oder eines Vertreters.

Die Redaktion nimmt bei ihrer Arbeit auf das Gesamtinteresse der Süddeutschen Zeitung Rücksicht; in Fragen von besonderer Bedeutung stimmen sich Redaktion und Verlagsleitung wie bisher miteinander ab und handeln einvernehmlich.

Anzeigen und anzeigenorientierte Beilagen sind vom redaktionellen Teil deutlich erkennbar zu trennen.

3.

An den Sitzungen der Geschäftsleitung des Süddeutschen Verlags nimmt der Chefredakteur oder der Vorsitzende der Chefredaktion der Süddeutschen Zeitung teil, soweit Fragen besprochen werden, welche die Süddeutsche Zeitung betreffen.

Der Chefredakteur oder der Vorsitzende der Chefredaktion kann sich von einem Mitglied der Chefredaktion vertreten lassen.

4.

Der Chefredakteur und seine Stellvertreter bzw. die Mitglieder der Chefredaktion werden von der Gesellschafterversammlung des SV bestimmt. Diese Wahl begründet der Verlag gegenüber den anderen Mitgliedern der Chefredaktion, den Ressortchefs, den leitenden Redakteuren und dem Redaktionsausschuß. Widersprechen wenigstens zwei Drittel dieser Redaktionsmitglieder, so wird die Berufung oder Abberufung nicht vorgenommen; dies gilt auch für Veränderungen innerhalb des in Satz 1) genannten Personenkreises. Der Widerspruch muß sachlich begründet sein.

5.

Sonstige personelle Veränderungen in der Redaktion nimmt die Chefredaktion im Einvernehmen mit der Verlagsleitung und mit dem zuständigen Ressortchef nach Unterrichtung des Redaktionsausschusses vor. Betreffen diese Veränderungen Ressortchefs und leitende Redakteure, so ist darüber hinaus die mehrheitliche Zustimmung der Gesamtheit der anderen Ressortchefs, der anderen leitenden Redakteure und des Redaktionsausschusses erforderlich.

6.

Von Maßnahmen, die aus zwingenden wirtschaftlichen Gründen getroffen werden müssen, bleiben die im Statut niedergelegten Grundsätze und Verfahrensweisen unberührt; dabei wird vorausgesetzt, daß das Ziel dieser Maßnahmen erreicht wird.

7.

Alle Teilnehmer an Beratungen nach Ziffer 3 bis 6 dieses Statuts können zu Stillschweigen verpflichtet werden.

8.

Die Redaktion der Süddeutschen Zeitung wählt alle zwei Jahre im April in geheimer Abstimmung den aus fünf Mitgliedern bestehenden Redaktionsausschuß. Wahlberechtigt sind alle festangestellten Redakteure sowie Korrespondenten und freie Mitarbeiter, die den Status eines Redaktionsmitgliedes haben. Wählbar sind alle festangestellten Redaktionsmitglieder, die zum Zeitpunkt der Wahl nach vollendeter Ausbildung mindestens ein Jahr der Redaktion der Süddeutschen Zeitung angehören, mit Ausnahme der Mitglieder der Chefredaktion. Der Redaktionsausschuß nimmt die in diesem Statut niedergelegten Aufgaben und Rechte wahr. Er berät die Chefredaktion bei der Wahrung von Redaktionsrechten und kann bei Differenzen innerhalb der Redaktion oder zwischen Angehörigen der Redaktion und dem Verlag vermitteln. Er kann Beschwerden oder Vorschläge von Redaktionsmitgliedern der Redaktionskonferenz, der Redaktionsversamm-

lung oder anderen Zuständigen in Redaktion oder Verlagsleitung unterbreiten, sofern solche Beschwerden oder Vorschläge Interessen der gesamten Redaktion berühren oder wenn ein Einzelfall Ausdruck eines allgemeinen Problems ist, das jedes Redaktionsmitglied betrifft oder betreffen kann.

9.

Der Redaktionsausschuß gibt sich eine Geschäftsordnung und wählt einen Sprecher. Beschlüsse des Redaktionsausschusses sind von mindestens vier seiner fünf Mitglieder zu fassen. Der Redaktionsausschuß kann im Benehmen mit dem Chefredakteur oder der Chefredaktion jederzeit eine Redaktionsversammlung einberufen. Mindestens einmal im Jahr berichtet der Ausschuß der Redaktionsversammlung über seine Arbeit. Auswärtige Redaktionsmitglieder werden schriftlich informiert. Auf Antrag der Mehrheit der wahlberechtigten Redaktionsmitglieder muß der Ausschuß neu gewählt werden. Der Redaktionsausschuß nimmt keinen Einfluß auf die redaktionelle Arbeit der Ressorts- oder Redaktionsmitglieder.

10.

Die Mitglieder des Redaktionsausschusses haben während der Zeit ihrer Zugehörigkeit zum Ausschuß den Kündigungsschutz von Betriebsratsmitgliedern nach dem Betriebsverfassungsgesetz. Die Zuständigkeiten des Betriebsrats nach dem Betriebsverfassungsgesetz werden durch dieses Redaktionsstatut nicht berührt.

11.

Dieses Statut ist eine Betriebsvereinbarung, deren Inhalt und Geltungsdauer durch Änderungen in den Besitzverhältnissen des Süddeutschen Verlags nicht berührt werden. Das Statut gilt für fünf Jahre und weitere fünf Jahre, wenn es nicht ein Jahr vor Ablauf der ersten Frist gekündigt wird. Eine Kündigung durch den Redaktionsausschuß bedarf der Billigung der Redaktionsversammlung. Eine Kündigung durch den Verlag bedarf eines Gesellschafterbeschlusses.

12.6 Arbeitsmittel für den Unterricht

Ausgewählt vom Didaktischen Dienst der Landesbildstelle Berlin, 1 Berlin 21, Wikingerufer 7 (Telefon: 391 10 21). Nähere Auskünfte können die Referenten für politische Bildung geben: Herr Metto (Zimmer 152a) und Herr Thiele (Zimmer 256) für den schulischen und Herr Wicher (Zimmer 255) für den außerschulischen Bereich.

Die Landesbildstelle Berlin verleiht diese Medien nur und unentgeltlich an Berliner Mittler politischer Bildung. Westdeutsche Interessenten fragen bitte bei ihren Stadt-, Kreis- oder Landesbildstellen nach.

12.6.1 Filme

FT 611   **Eine Zeitung entsteht**   **Presse**
Institut für Film und Bild in Wissenschaft und Unterricht (FWU), 1962
20 Minuten, schwarz-weiß, Lichtton
(Herstellungsprozeß einer Ausgabe am Beispiel der „Süddeutschen Zeitung" – 1962).

FT 2178   **Wie entsteht der Nachrichtenteil einer Tageszeitung?**
Regie: Günter Wagner, Produktion: Taunus-Film Wiesbaden/FWU, 1969
15 Minuten, schwarz-weiß, Lichtton
(Arbeitsphasen in der Nachrichtenredaktion einer Tageszeitung: Sichten und Ordnen der einlaufenden Nachrichten, Beschaffung zusätzlicher Informationen, Hauskonferenz, endgültige Auswahl der Nachrichten, Abfassung der Meldungen, Umbruch, Endkorrektur).

FT 626   **Besuch im Fernsehstudio**   **Fernsehen**
Regie: Walter Koch, Produktion: Bayerisches Fernsehen, 1962
14 Minuten, schwarz-weiß, Lichtton
(Entstehung und Ablauf einer Fernsehsendung von Planung über Proben bis Ausstrahlung).

XLT 682   **Nachrichten im Fernsehen: Tagesschau**
(FT 734)   Regie: Karl Koch, Produktion: Institut für Film und Bild in Wissenschaft und Unterricht (FWU) München, 1964
24 Minuten, schwarz-weiß, Lichtton
(Organisation, technischer Ablauf, Funktion und Probleme einer Fernseh-Nachrichtensendung am Beispiel der ARD-„Tagesschau" vom 27. Februar 1964).

FT 629   **Werbung im Fernsehen**
Produktion: Insel-Film, 1962
8 Minuten, schwarz-weiß, Lichtton
(15 Fernseh-Werbespots, kommentarlos).

XLT 1088 **Filmstunde**
Regie: Edgar Reitz, Produktion: Studienprogramm des Bayerischen Rundfunks, 1968
110 Minuten, schwarz-weiß, Lichtton
(Im Frühjahr 1968 hielt der Ulmer Dozent für Filmkunst, Reitz, in der 8. Klasse eines Mädchengymnasiums 4 Wochen lang Filmunterricht in den Fächern Deutsch und Kunst. Der Film dokumentiert Unterricht und Unterrichtserfolg, unter anderem in eingeblendeten Filmen der 26 Schülerinnen).

XLT 1186 **Zwei Texte**
Regie und Produktion: Karl Schedereit, München, 1970
11 Minuten, Farbe, Lichtton
(Möglichkeiten der Manipulation eines „Dokumentar"-Films durch Kommentar, vorgeführt am Beispiel zweier politisch gegensätzlicher Texte zu demselben Film über eine chilenische Kupfermine im Besitz des US-Konzerns „Anaconda").

FT 2302 **Ein Film – drei Texte**
Regie und Produktion: Karl Schedereit, FWU, 1972
21 Minuten, Farbe, Lichtton
(Dreimal dieselben Bildsequenzen über Puerto Rico, jedesmal mit anderem Kommentar; Touristenwerbung; aus pro-amerikanischer Einstellung; aus anti-amerikanischer Einstellung).

XLT 754 **Werbung – am Beispiel Persil 65**
Regie: Gerhard Schmidt, Produktion: Staatsbürgerliche Bildungsstelle des Landes Nordrhein-Westfalen, 1965
19 Minuten, Farbe, Lichtton
(Entwicklung und Durchführung einer Werbekampagne am Beispiel des Waschmittels „Persil 65").

XLT 922 **Image**
Regie: Gerhard Schmidt, Produktion: Köper und Schmidt, 1968
23 Minuten, Farbe, Lichtton
(Zeigt am Beispiel „Pril rosé" und britischer Fremdenverkehrswerbung, wie ein Image gemacht wird und welche Funktionen es hat. Als Ergänzung dazu: XLT 942).

XLT 942 **Soldaten und Seife zu verkaufen – Weltmacht Image**
Staatsbürgerliche Bildungsstelle des Landes Nordrhein-Westfalen, 1967
40 Minuten, schwarz-weiß, Lichtton
(Beispiele von Image-Pflege kommerzieller Unternehmen, Kirchen und Bundeswehr, verglichen mit Images der zwanziger Jahre. Ergänzung zu XLT 922).

XLT 1159 **Public Relations**
Regie: Jürgen Hilgert, Produktion: books and films Köln, 1971
24 Minuten, Farbe, Lichtton
(Zeigt an ausgewählten Beispielen aus der Praxis Wesen, Möglichkeiten, Probleme und Gefahren dieser Form der Meinungsbeeinflussung).

12.6.2 Bildreihen

Was man vom Film wissen muß
L 787 Film als Ware
32 Bilder, schwarz-weiß
L 788 Film als Kunst
48 Bilder, schwarz-weiß
L 789 Wirkungen des Films
42 Bilder, schwarz-weiß
L 1439 **Filmerleben des Kindes**
16 Bilder, schwarz-weiß
(Studien über Reaktionen von Kindern beim Filmsehen).

12.6.3 Tonbildreihen

TBR 4 **Die Eltern waren ahnungslos.**
Die Welt der Schund- und Schmutzliteratur
141 Bilder, 55 Minuten, Farbe
TBR 5 **Reich mir die Hand, Prinzessin.**
Die Welt der Illustrierten und die Wirklichkeit
130 Bilder, 60 Minuten, Farbe
TBR 9 **Jugend vor dem Bildschirm**
72 Bilder, 30 Minuten, Farbe
TBR 19 **Ich möchte träumen.**
Schlager, Schnulzen, Hits und Show
100 Bilder, 45 Minuten, Farbe

TBR 23   **Kaufst du was, dann bist du was.**
          Die Methoden der Werbung und ihre Einflüsse
          100 Bilder, 45 Minuten, Farbe

12.6.4 Tonbänder

Tb 499   **Förderung des guten Films**
          29 Minuten
          (Gespräch mit Vertretern der Filmbewertungsstelle der Länder).
Tb 1016   **Zur Bildungsrelevanz des Fernsehens**
          82 Minuten
          (Vortrag von Professor Paul Heimann, PH Berlin, geeignet für Lehrer-
          weiterbildung).
Tb J 43   **Lieblinge des Volkes**
          20 Minuten
          (Gespräche über das Wesen von Filmstars, unter anderem mit Martin
          Held).

12.7 Verzeichnis der Tabellen und Abbildungen

Tabellen:

Abbildungen:

ZUR POLITIK UND ZEITGESCHICHTE

COLLOQUIUM VERLAG BERLIN